Leonardo Boff

Der Heilige Geist

Leonardo Boff

Der Heilige Geist

Feuer Gottes – Lebensquell – Vater der Armen

Aus dem Portugiesischen
von Bruno Kern

HERDER

FREIBURG · BASEL · WIEN

Ich widme dieses Buch den Frauen, die das Leben zur Welt bringen oder in den Tiefen unseres Landes, im Amazonasgebiet oder im trockenen Land des Nordostens Brasiliens, im Sertão, ihr Leben hingeben, um bedrohtes Leben zu retten. Sie sind dem Geist, dem »Lebensquell«, wesensverwandt.

MIX
Papier aus verantwortungsvollen Quellen
FSC
www.fsc.org
FSC® C083411

Titel der Originalausgabe:
Leonardo Boff, O Espírito Santo. Fogo do céu,
Doador de vida e Pai dos pobres, Editora Vozes, Petrópolis 2013

Die Übersetzung der Bibelzitate
orientiert sich an:
Die Bibel. Die Heilige Schrift
des Alten und Neuen Bundes.
Vollständige deutsche Ausgabe DIE BIBEL

www.herder.de
Umschlaggestaltung: Verlag Herder
Umschlagmotiv: © SSilver, Fotolia
Satz: Barbara Herrmann, Freiburg im Breisgau
Herstellung: CPI books GmbH, Leck

Printed in Germany

ISBN 978-3-451-33339-2

Inhalt

Vorwort

Pfingsten war erst der Anfang

Nach vielen Jahren des Forschens und Nachdenkens lege ich hier eine kleine Abhandlung über den Heiligen Geist im Kosmos, in der Menschheitsgeschichte, in den Religionen, in den Kirchen und in jedem einzelnen Menschen, insbesondere in den Armen, vor.

Die bedrohlichen Zeiten, in denen wir leben, rufen nach einem ernsthaften Nachdenken über den *Schöpfergeist*. Seine Schöpfung ist es, die bedroht ist. Und innerhalb dieser Schöpfung sind es die Armen und Ausgegrenzten, die unter großer Unterdrückung leiden und Befreiung fordern. Die Bedrohung kommt nicht von irgendeinem auf die Erde zurasenden Meteoriten her, wie das vor 65 Millionen Jahren der Fall war, als die Dinosaurier ausgerottet wurden, die mehr als hundert Millionen Jahre auf der Erde gelebt hatten. Der Meteorit, mit dem wir es heute zu tun haben, nennt sich *homo sapiens et demens*, und zwar vor allem *demens*: Aufgrund seiner aggressiven Haltung der Erde mitsamt all ihren Ökosystemen gegenüber kann er das menschliche Leben auslöschen, unsere Zivilisation zerstören und die ganze Biosphäre schwer schädigen.

Mit Recht sagt man, dass wir in ein neues Erdzeitalter eingetreten sind, ins *Anthropozän*. Das heißt, der Mensch ist nun die große Gefahr für das System Erde und für das System Leben.

In einem solchen Kontext denken wir über den Heiligen Geist nach. Doch wir tun dies mit aller gebotenen theologischen Sorgfalt. Wir versuchen innerhalb der Geschichte jene Erfahrungen aufzuspüren, die es uns ermöglichen, den Geist wahrzunehmen. Dieser ist zuerst im Kosmos gegenwärtig, und erst danach in uns.

Vom Geist schreiten wir weiter fort zum Geist Gottes bis hin zum Heiligen Geist, der dritten Person der göttlichen Dreieinigkeit. Die Quellen, aus denen wir hierbei schöpfen, sind die menschlichen Erfahrungen und die Grundlagentexte des biblischen Glaubens: Das Alte und das Neue Testament (die wir hier im Blick auf unsere jüdischen Wurzeln, die uns tragen, lieber das Erste und das Zweite Testament nennen wollen).

Über diese Arbeit der Rekonstruktion hinaus interessiert uns vor allem ein Punkt von paradigmatischer Bedeutung. Den Geist zu denken heißt die Bewegung, das Wirken, den Prozess, die Emergenz, die Geschichte und das Hereinbrechen des Neuen und Überraschenden zu denken. Es heißt, das Werden, das ständige Ins-Sein-Kommen, zu denken. Dies kann nicht mit den klassischen Kategorien erfasst werden, mit welchen der herkömmliche, traditionelle theologische Diskurs im Westen entwickelt wurde. Gott, Christus, die Gnade und die Kirche wurden hierbei im Rahmen einer Metaphysik der Substanz, des Wesens und der Natur gedacht, das heißt als etwas Statisches und immer schon unwandelbar Feststehendes. Dies ist das griechische Paradigma, welches die christliche Theologie offiziell übernommen hat.

Um den Heiligen Geist in angemessener Weise zu denken, muss man ein anderes Paradigma wählen, eines, das der modernen Kosmologie nähersteht. Diese sieht alle Dinge im Werden, hervorgehend aus einem Grund unnennbarer, geheimnisvoller und liebender Energie vor jedem Zuvor, am Nullpunkt von Raum und Zeit. Sie erhält das Universum und alle Seinsformen, die es in ihm gibt und die noch kommen werden, und durchdringt die ganze Schöpfung vollständig.

Die Aufgabe, den dritten Artikel des christlichen Credo – »Ich glaube an den Heiligen Geist« – in dieser Form neu auszusagen, ist nicht ohne Schwierigkeiten. Wir verwenden unsere besten Kräfte darauf, sind uns aber dessen bewusst, dass wir hinter dem zurückbleiben, was Gottes Geist uns als Aufgabe abverlangt.

Die theologische Reflexion ist niemals das Werk eines Einzelnen, sondern einer ganzen Gemeinschaft, die, vom Glauben durchdrungen, dorthin Licht zu bringen versucht, wo der Horizont sich verdunkelt. Doch schließlich sind wir uns dessen bewusst, dass diese Dunkelheit dem Geheimnis eigentümlich ist. Es offenbart sich stets, doch es verhüllt sich auch. Die Aufgabe der Theologen und Theologinnen ist es, unaufhörlich dieser Offenbarung nachzugehen.

Es ist dem Geist eigentümlich, sich zu verbergen. Es ist dem Menschen eigentümlich, ihn zu entdecken. Der Geist weht, wo er will, und wir wissen nicht, woher er kommt und wohin er geht (vgl. Joh 3,8). Doch dies dispensiert uns nicht von der Aufgabe, ihn zu ent-decken. Und wenn er überraschend hereinbricht, dann freuen wir uns und feiern, feiern wir und be-geistern uns, begeistern uns und sind trunken von seiner Gnade und seinen Gaben.

Pfingsten war erst der Anfang. Es setzt sich fort im Lauf der Geschichte und es erreicht uns selbst in den Tagen, an denen es uns zufällt, zu leben und zu leiden.

I.
Komm, Heiliger Geist, komm bald!

Die Lage der Welt, der Religionen, der Kirchen und der Armen lässt uns rufen: »Komm, Heiliger Geist! Beeile dich und komm bald!« Unser Schrei steigt aus den Tiefen einer schrecklichen Krise empor, die uns in den Abgrund stürzen oder einen Quantensprung auf eine neue Art des Menschseins hin, auf eine neue Art hin, unser einziges gemeinsames Haus, die Mutter Erde, zu bewohnen, bewirken kann.

In diesem Klima des Schreckens und der Angst ertönen in uns die realistischen Worte der Pfingstsequenz:

Ohne dein lebendig Wehn
kann im Menschen nichts bestehn,
kann nichts heil sein noch gesund.[1]

Doch eine weitere Strophe erfüllt uns mit Hoffnung:

In der Unrast schenkst du Ruh,
hauchst in Hitze Kühlung zu,
spendest Trost in Leid und Tod.[2]

Die Gegenwart des Geistes in den großen Krisen

Der Heilige Geist ist stets in der Geschichte am Werk. Doch in besonderer Weise zeigte er sich in den kritischen Augenblicken des Universums, der Menschheit oder des persönlichen Lebens. Die erste »Singularität«, das heißt der Urknall, jene ursprüngliche Instabilität oder jene stille Explosion (es gab noch keinen Raum und keine Zeit, die einen hörbaren Schall möglich gemacht hätten) des winzigen Punktes, der unendlich kleiner war als ein Stecknadelkopf und dennoch den Ursprung des uns bekannten Universums bildet, war von der intensivsten Gegenwart des Geistes geprägt. Genau davon zeugt die erste Schöpfungserzählung in der Bibel, wenn es darin heißt, dass der Geist Gottes über dem Chaos (»tohu wa bohu«) schwebte (Gen 1,1). Er war es, der über das äußerst subtile Gleichgewicht all der Faktoren wachte, ohne welche sich weder die Grundenergieformen noch die Materie (das »Gottesteilchen« und das »Higgs-Feld«) hätten entfalten können und ohne die die großen roten Sterne (»rote Riesen«) nicht entstanden wären. Diese explodierten dann nach Abermillionen Jahren und lieferten damit das Material, aus dem sich die Galaxienhaufen, die Sterne, die Planeten und schließlich wir selbst uns formten.

Der Geist war am Werk, als die Materie den hohen Grad an Komplexität erlangte, der vor 3,8 Milliarden Jahren die Entstehung des Lebens ermöglichte. Er war auch zur Zeit der 15 großen Katastrophen der Erde gegenwärtig, die zu einer Auslöschung der Arten in hohem Ausmaß führten. Besonders zu erwähnen ist hier die Katastrophe des Kambriums vor 570 Millionen Jahren, in deren Verlauf 80 bis 90 % der lebenden Arten von der Erde verschwanden. Und er war wiederum gegenwärtig, als vor 245 Millionen Jahren im Perm der eine große Kontinent, Pangäa genannt, zerbrach und es zur Entstehung der heute bekannten Kontinente kam.

In besonderer Weise gegenwärtig war er, als vor 65 Millionen Jahren ein riesiger Meteorit mit einem Durchmesser von 9,7 km in der Karibik einschlug und ein wahres ökologisches Armageddon verursachte. Er zerstörte einen großen Teil der lebenden Arten, insbesondere die Dinosaurier, die 133 Millionen Jahre lang alle Regionen des Planeten bevölkert hatten. Nach dieser

Auslöschung im großen Stil kam es, als ob sich die Erde rächen wollte, zur größten Blütezeit der Artenvielfalt in der Erdgeschichte.

Dies war auch die Zeit, in der sich unser Vorfahr entfalten konnte, der, zitternd vor Furcht, von den Dinosauriern gefressen zu werden, auf den Gipfeln der hohen Bäume gelebt hatte. Seit jener Zeit intensivierte der Geist seine Gegenwart in einzigartiger Weise und ließ aus der Tierwelt den Menschen entstehen, der sich durch Bewusstsein, Intelligenz und die Fähigkeit zu Fürsorge und Liebe auszeichnet. Dieses geheimnisvolle Ereignis vollzog sich vor sieben bis neun Millionen Jahren, bis dann vor etwa 100.000 Jahren der *Homo sapiens sapiens* entstand, also jene Spezies von Mensch, als die wir heute – als Mann und Frau – existieren.

Für die Christen stellt es die stärkste Manifestation der Gegenwart des Geistes dar, dass er auf Maria herabkam. Er kam zu ihr und verließ sie daraufhin nicht mehr. Aus dieser fortdauernden Gegenwart ging die heilige Menschennatur Jesu hervor. Und mit Jesus zeigte er sich in der menschlichen Geschichte gegenwärtig, insbesondere in seiner Menschwerdung und in seinem Leben als Wanderprediger und Verkündiger einer großen Utopie, des Reiches Gottes. In der Kraft des Geistes heilte Jesus Kranke und erweckte Tote zum Leben. Nach seiner Hinrichtung am Kreuz wurde er auferweckt und wurde so zum »neuen Adam« (1 Kor 15,45).

Der Geist war gegenwärtig, als er in einem großen Brausen in Gestalt von Feuerzungen auf die versammelten Jünger Jesu herabkam, die verängstigt und verwirrt waren, weil sie nicht verstanden, dass ein Mensch, der »durch die Welt zog, um das Gute zu tun«, am Kreuz sein Ende finden konnte und schließlich von den Toten auferstand. Er war da, als sie nicht wussten, welchen Weg sie einschlagen sollten, und schließlich den Entschluss fassten, in die Welt hinauszugehen und die befreiende

Botschaft Jesu zu verkündigen. Die Apostel haben dies ausdrücklich in Worte gefasst: »Uns und dem Heiligen Geist hat es gefallen« (Apg 15,28), hinauszugehen zu den Völkern.

So könnten wir fortfahren, weitere Beispiele von entscheidenden Umbrüchen aufzuzählen, die nur durch das Wirken des Geistes möglich waren. Das Zweite Vatikanische Konzil stellt in der Tat fest: »Der Geist Gottes, dessen wunderbare Vorsehung den Lauf der Zeiten leitet und das Antlitz der Erde erneuert, steht dieser Entwicklung bei.« (*Gaudium et spes*, 26) Vier entscheidende Umbrüche, die uns zeitlich nahe stehen, verdienen eine besondere Erwähnung: die Durchführung des Zweiten Vatikanischen Konzils (1962–1965) sowie der Zweiten Generalversammlung der lateinamerikanischen Bischöfe in Medellín (1968), das Entstehen der Kirche der Befreiung und die katholische charismatische Erneuerung.

Mit dem Zweiten Vatikanischen Konzil bestimmte die Kirche ihren Kurs innerhalb der modernen Welt mit ihren Freiheiten. Insbesondere etablierte sie einen Dialog mit Technik und Wissenschaft, mit der Welt der Arbeit, mit der säkularen Gesellschaft, mit der Ökumene, den nichtchristlichen Religionen und hinsichtlich der Grundrechte des Menschen. Der Geist verjüngte die vor sich hindämmernde Institution Kirche durch Frischluftzufuhr.

In Medellín bestimmte die Kirche ihren Kurs im Hinblick auf die »Unterwelt« der Armut und des Elends, die den lateinamerikanischen Kontinent bis heute kennzeichnen. In der Kraft des Geistes fassten die lateinamerikanischen Hirten den Mut, eine Option für die Armen und gegen die Armut zu treffen. Und sie entschlossen sich, eine Pastoral der ganzheitlichen Befreiung ins Werk zu setzen – einer Befreiung nicht bloß von unseren persönlichen und kollektiven Sünden, sondern von der Sünde der Unterdrückung, der Verarmung der Massen, der Diskriminierung der indigenen Völker, der Verachtung der Schwarzen und der Herrschaft der Männer über die Frauen, wie sie sich seit der Jungsteinzeit durchgesetzt hat.

Aus dieser Praxis ging, ebenfalls unter dem Einfluss des Wirkens des Geistes, die Kirche der Befreiung hervor. Sie wurde sichtbar in der Bibellektüre des einfachen Volkes, in einer neuen Art, Kirche zu sein, wie sie in den Basisgemeinden anzutreffen ist, in vielfachen Formen der Sozialpastoral (Pastoral der indigenen Völker, der Schwarzen, der Erde, der Gesundheitsvorsorge, der Kinder etc.) und in deren Reflexion in Gestalt der Theologie der Befreiung. Diese Kirche der Befreiung brachte Christen hervor, die sich politisch an der Seite der Unterdrückten und gegen die Militärdiktaturen engagierten. Sie erlitten Verfolgung, Kerker, Folter und Tod. Die lateinamerikanische Kirche dieser Zeit ist wohl eine der wenigen, die so viele Blutzeugen aufzuweisen hat: Laien, Ordensleute, Priester, Theologen, ja sogar Bischöfe wie Angelelli in Argentinien und Romero in El Salvador.

Der vierte Umbruch, dem wir uns weiter unten ausführlicher widmen wollen, ist die Entstehung der katholischen charismatischen Erneuerung, die im Jahr 1967 in den USA und Anfang der Siebzigerjahre des 20. Jahrhunderts in Lateinamerika ihren Anfang nahm. Sie rückte das Gebet, die Spiritualität sowie die gelebten Charismen des Geistes wieder in den Mittelpunkt und schuf hierfür Gemeinschaften, in denen das Gebet und die Gaben des Geistes gepflegt werden. Diese Erneuerungsbewegung trug dazu bei, die Starrheit der kirchlichen Organisation sowie die Kälte der dogmatischen Formeln zu überwinden und brach mit dem Monopol der Kleriker hinsichtlich der Wortverkündigung, indem sie Räume schuf, innerhalb derer sich die Gläubigen frei äußern konnten.

Diese vier entscheidenden Umbrüche werden theologisch dann in rechter Weise gewürdigt, wenn wir sie aus der Perspektive des Heiligen Geistes betrachten. Er ist stets innerhalb der

Geschichte am Werk, und innerhalb der Kirche wirkt er als erneuernde Kraft. So wird sie zur Quelle der Hoffnung und der Freude am Glauben und am Leben. In diesem Handeln erweist sich der Geist als der »Vater der Armen« *(pater pauperum)*, als der er auch in der Pfingstliturgie gepriesen wird, indem er sie dazu ermutigt, sich zu organisieren und die Freiheit anzustreben, die ihnen von der Gesellschaft verwehrt wird.

Heute machen wir wahrscheinlich die größte Krise der Geschichte überhaupt durch. Sie ist deshalb die größte Krise, weil sie die finale Krise sein könnte. Wir haben tatsächlich die Mittel für unsere Selbstzerstörung in der Hand. Wir haben Todeswerkzeuge geschaffen, die uns allesamt töten und unsere gesamte Zivilisation vernichten können, die in abertausenden Jahren schöpferischer Arbeit so umsichtig aufgebaut wurde. Und mit uns könnte ein großer Teil der lebendigen Arten vernichtet werden. Wenn es zu dieser Tragödie kommt, dann wird die Erde ihren Lauf zwar fortsetzen, aber mit Leichen übersät, verwüstet und karg und ohne uns.

Deshalb sagen wir, dass wir mit unserer Todestechnologie ein neues Erdzeitalter eingeleitet haben: das *Anthropozän*. Das heißt: Der Mensch erweist sich als der große Meteor, der auf die Erde zurast und sie bedroht; er erweist sich als derjenige, der seine Selbstzerstörung und die perverse Schädigung der Erde, der lebendigen Gaia wählen kann, anstatt seinen Lebensstil und sein Verhältnis zur Natur und zur Mutter Erde zu ändern. So wie früher die Juden in Palästina für die Freilassung des Barrabas anstelle Jesu plädierten, so können auch die heutigen Feinde des Lebens für Herodes optieren und nicht für die unschuldig getöteten Kinder um Betlehem, wo Jesus geboren wurde. Sie können sich faktisch als Satan der Erde erweisen anstatt der Schutzengel der Schöpfung zu sein.

In dieser Situation flehen wir inbrünstig:

Komm herab, o Heilger Geist,
der die finstre Nacht zerreißt,
strahle Licht in diese Welt.[3]

Ohne die Gegenwart des Geistes laufen wir Gefahr, dass die Krise eben keine Chance zur Läuterung, Reinigung und Reife ist, sondern zur unabwendbaren Tragödie wird.

Wenn wir seinerzeit sogar die dreiste Kühnheit besaßen, den Sohn Gottes, der einer von uns sein wollte, zu beseitigen und ihn ans Kreuz zu hängen, warum sollten wir dann nicht auch die Bosheit besitzen, alles zu zerstören, was in unserer Reichweite liegt, auch unsere eigene Zukunft?

Doch wir glauben fest daran, dass der Geber allen Lebens, der »Schöpfergeist«, »was befleckt ist, rein waschen, Dürrem Leben eingießen und heilen wird, wo Krankheit quält«[4]. Dem Anthropozän setzen wir das *Ökozän* entgegen. Anstelle der Kultur der Verwüstung im Dienst des unbegrenzten Wachstums bieten wir eine Kultur der Erhaltung allen Lebens an. Dem nur wenigen Menschen zugänglichen materiellen Wohlstand setzen wir das erfüllte Leben entgegen, das für alle erreichbar ist. Gott, der im Buch der Weisheit als »der souveräne Liebhaber des Lebens« vorgestellt wird, wird nicht zulassen, dass sich dieses Leben selbst zerstört.

Alle großen Katastrophen haben das Leben selbst letztlich nicht vernichtet. Das Leben hat sich stets behauptet, hat den Sieg davongetragen und nach Tausenden von Jahren der Evolution seine gesamte unüberschaubare Artenvielfalt wiederhergestellt. Auch jetzt wird es unserer Unverantwortlichkeit nicht gelingen, das Leben selbst zu zerstören. Es wird mit Sicherheit einen düsteren, angsterfüllten und schmerzhaften Karfreitag durchmachen. Doch es wird nicht gelingen, die unbesiegbare, triumphierende und herrliche Auferstehung zu verhindern.

Die Erosion der Sinnressourcen

Es wurde bereits gesagt, und das mit Recht, dass der Mensch von zweierlei Hunger getrieben ist: dem Hunger nach Brot und dem Hunger nach Spiritualität. Den Hunger nach Brot kann man stillen, wenn auch Millionen Menschen noch immer nicht genug zu essen haben. Wir stillen diesen Hunger nicht, weil wir die Nahrungsmittel, das Wasser, die Böden und das Saatgut zu Waren gemacht haben, die auf dem Weltmarkt gehandelt werden. Das stellt einen Angriff auf das Leben selbst dar, denn alles, was direkt mit dem Leben zu tun hat, insbesondere das Wasser, das in allen Nahrungsmitteln enthalten ist, ist heilig und darf nicht dem Spiel von Angebot und Nachfrage unterworfen sein. Der Tisch ist reichlich gedeckt, doch die Armen verfügen nicht über das nötige Geld, um sich das zu kaufen, was sie zum Essen brauchen. Wir können den Hunger der ganzen Welt stillen, wir tun es aber nicht, weil wir unseren Nächsten nicht lieben und den Sinn für Mitleid und Solidarität mit der gesamten Menschheit verloren haben.

Der Hunger nach Spiritualität hingegen ist unstillbar. Was ihn ausmacht, ist Gemeinschaft, Solidarität, uneigennützige Liebe, Offenheit für alles, was erhaben und heilig ist, Dialog und Gebet zum Schöpfer aller Dinge. Diese Werte, die den heimlichen Inhalt der Sehnsucht der Menschen bilden, kennen keine Grenzen des Wachstums. Es gibt einen Ruf des Unendlichen, der in uns allen verborgen liegt. Nur ein wirklich Unendliches lässt uns zur Ruhe kommen. Ein solches Unendliches wird uns nun von der Gesellschaft, wie sie sich heute darstellt, nicht angeboten. Deren Interesse bildet das Materielle und nicht das Spirituelle. Doch das Materielle ist kein angemessenes Ziel für unseren unendlichen inneren Antrieb. Deshalb lassen die übermäßige Konzentration auf Anhäufung materieller Güter und deren Genuss am Ende eine große Leere und Enttäuschung in uns zurück. Es gibt in uns den Schrei nach etwas Größerem, Menschlicherem. Hinter diesem Etwas verbirgt sich die Gegenwart des Heiligen Geistes.

Dies ist die Dimension, innerhalb derer sich die Frage nach dem Sinn des Lebens stellt. Es ist ein unabdingbares Bedürfnis des Menschen, einen tragfähigen Sinn des Lebens und der Geschichte zu finden. Die Leere und das Absurde erzeugen Angst und das Gefühl, allein und entwurzelt zu sein. Die Industriegesellschaft, die postindustrielle und die konsumistische Gesellschaft, deren Grundlage die kalte und berechnende funktionelle Vernunft ist, haben das Individuum und dessen Einzelinteressen in den Mittelpunkt gestellt. Damit wurde die Wirklichkeit zerstückelt, jeder regelnde Rahmen für die Gesellschaft wurde aufgelöst, die heiligsten Dinge wurden der Lächerlichkeit preisgegeben und man belächelte die großen Überzeugungen, die man nun auch »große Erzählungen« nennt und als Ausdruck einer essentialistischen Metaphysik betrachtet, die in sich geschlossenen Gesellschaften entspricht und einer anderen Zeit angehört. Nun herrscht das »anything goes«, die Beliebigkeit verschiedener Arten von Rationalität und Haltungen gegenüber der Wirklichkeit bzw. Deutungen derselben. Es entstand ein »totaler Relativismus« in dem Sinne, dass nichts wirklich zählt, weil nichts der Mühe wert ist.

Dies hat man Postmoderne genannt. Für mich stellt sie die höchste Entwicklungsstufe und zugleich dekadenteste Phase der im Überfluss lebenden weltweiten Bourgeoisie dar. Nicht damit zufrieden, die Gegenwart zu zerstören, will sie auch die Zukunft zunichte machen. Da sie sich selbst im Zustand des Verfalls befindet, zeichnet sie sich durch völliges Desengagement im Hinblick auf die Veränderung der Welt und durch eine selbstbewusst propagierte Gleichgültigkeit im Hinblick auf eine bessere Menschheit aus.

Eine solche Haltung zeigt sich in einer bewussten Verweigerung von Solidarität mit dem tragischen Schicksal von Abermillionen, die um ein Leben mit einem Minimum an Würde kämpfen, die darum kämpfen, ein wenig besser hausen zu können als Tiere und einen Zugang zu den kulturellen Gütern zu erhalten, die ihre Sicht der Dinge bereichern könnte. Keine Kultur überlebt ohne eine kollektive Erzählung, die Zusammenhalt, Würde, Aufrichtigkeit, Motivation und Sinn für den gemeinsamen Weg des Volkes vermittelt. Die Postmoderne spricht dieser ursprünglichen Sehnsucht die Legitimität ab.

Im Gegensatz zu dem, was die Postmoderne annimmt, entwickeln die Menschen überall auf der Welt Sinngebungen für ihre Arbeit und ihr Leid und suchen nach Leitsternen, die dem Leben Orientierung geben und ihnen einen Horizont der Hoffnung eröffnen. Wir können zwar ohne Glauben leben, nicht aber ohne Hoffnung. Ohne sie befinden wir uns auf einem Weg zielloser Gewalt, der Banalisierung des Todes und letztlich des Selbstmordes.

Die Instanzen jedoch, die im Lauf der Geschichte die dauerhafte Schaffung von Sinn gewährleistet haben, befinden sich in langsamem Verfall. Niemand, weder der Papst noch Seine Heiligkeit der Dalai Lama, kann mit Sicherheit sagen, was für alle gut oder schlecht oder was dieser weltweiten Phase der Menschheitsgeschichte wirklich angemessen ist.

Die weltweite Krise unserer planetarischen Zivilisation rührt zu einem großen Teil vom Fehlen einer Spiritualität her, die ihr eine Zukunftsvision entwerfen, ihr neue Wege aufzeigen und einen Sinn vermitteln könnte, der imstande wäre, sich angesichts der größeren Widrigkeiten zu bewähren. Krisen werden dann überwunden, wenn man eine neue Erfahrung des wesenhaften Seins macht, aus der eine lebendige Spiritualität hervorgehen kann (vgl. dazu Boff 2012 b).

Früher gaben die unterschiedlichen philosophischen Entwürfe und Spiritualitäten eine Antwort auf diese grundlegende Frage der Menschheit. Doch sie wurden immer formaler und verloren den schöpferischen Impuls. Sie verzetteln ihren Scharfsinn immer mehr im bereits Bekannten, das sie immer wieder von Neuem durchkauen und bis zur Ermüdung wiederholen, doch der Mut, neue Visionen, hoffnungsvolle Träume und motivierende Utopien zu entwerfen, ist ihnen abhanden gekommen.

Wir erleben einen »Tiefstand der Zivilisation«, der dem ähnelt, der dem Fall des Römischen Reiches vorausging. Unsere »Götter« sind, ebenso wie die damaligen, nicht mehr glaubwürdig. Die neuen »Götter«, die sich überall zeigen, sind nicht stark genug, dass man sie anerkennen und verehren würde und dass sie allmählich zu den Altären des historischen Prozesses erhoben würden.

Der Geist in der Geschichte: Die großen Veränderungen

Wir haben nicht vor, das komplexe Thema des Wirkens des Geistes in der Geschichte erschöpfend zu behandeln. Doch jede tiefergehende Analyse wäre unzulänglich, würden wir nicht den Zerfall des riesigen Sowjetreiches, das auf dem Fundament des Staatssozialismus errichtet war, der sich als atheistisch verstand und die Rechte des Individuums missachtete, in Verbindung mit dem Heiligen Geist bringen. Überraschenderweise brach die zweitgrößte Weltmacht, die über das militärische Potenzial verfügte, die gesamte Menschheit zu vernichten, zusammen, ohne dass dies mit gewaltsamen Rebellionen und Bürgerkriegen einherging. Das große Ereignis war der Fall der Berliner Mauer. Wie im Dominospiel erklärte eine Sowjetrepublik nach der anderen ihre Unabhängigkeit vom Moskauer Zentrum, bis die Sowjetunion insgesamt zusammenbrach und das Entstehen der russischen Republik ermöglichte.

Dieses Ereignis, das Züge aufweist, an denen das transzendente Geheimnis innerhalb der Geschichte sichtbar wird, war von keinem renommierten Analytiker vorhergesagt worden und bereitete der Zweiteilung der Welt in eine westliche, kapitalistische, und in eine östliche, sozialistische, ein Ende. Der Kalte Krieg war beendet. Dieses Ereignis verstärkte den Prozess der Globalisierung unter der Vorherrschaft des westlichen Kapitalismus mit allen Reduktionismen, die er nach sich zog.

So kritisch wir die *Globalisierung* auch in ihrem wirtschaftlichen und politischen Aspekt sehen müssen: Sie ist doch vor allem ein anthropologisches Phänomen, das man besser Planetarisierung nennen sollte. Die Menschheit, die bislang in vielen Weltregionen zerstreut mit jeweils unterschiedlichen Kulturen, Geschichten und Traditionen lebte, beginnt nun, sich gemeinsam auf den Weg zu machen. Alle befinden sich an einem einzigen Ort, in dem einen gemeinsamen Haus, auf dem Planeten Erde. Hier entdecken wir uns selbst als eine einzige Gattung, die ein gemeinsames Geschick verbindet.

Dieses Phänomen nimmt das vorweg, was Pierre Teilhard de Chardin bereits im Jahr 1933 von seinem ihm von der Kirche zugewiesenen Verbannungsort China aus sagte: Wir befinden uns im Vorfeld einer neuen Phase der Menschheitsgeschichte, der Phase der Noosphäre, das heißt der Konvergenz von Geist und Herz der Menschen, die die Menschheitsgeschichte mit der Geschichte der Erde selbst vereint. Auch dies stellt ein Hereinbrechen des Geistes dar, der ein Geist der Einheit, der Versöhnung und des Zusammenwirkens inmitten der Vielfalt ist.

Die *Weltsozialforen*, die seit dem Jahr 2000 (damals in Porto Alegre, Brasilien) stattfinden, machen in ganz besonderer Weise das überraschende Wirken des Geistes deutlich. In der Liturgie wird der Heilige Geist als *pater pauperum*, als der Vater der Armen und Verteidiger der kleinen Leute, besungen. Zum ersten Mal in der Geschichte der Neuzeit ist es den Armen aus der ganzen Welt gelungen, den Treffen der Reichen in Davos etwas entgegenzusetzen und so viel Kraft und Fähigkeit zur Vernetzung zu entfalten, dass Tausende von ihnen zu diesen weltweiten Treffen – zuerst in Porto Alegre und danach in anderen Städten auf der ganzen Welt – zusammenfinden, um von geleistetem Widerstand und erlebter Befreiung zu sprechen, ihre Erfahrungen darüber auszutauschen, wie man Alternativen zum herrschenden System im Kleinen schafft, wie man einen kollektiven Traum am Leben hält, um in die Welt hinauszuschreien: Eine andere Welt ist möglich, eine andere Welt ist notwendig!

Bei den verschiedenen Treffen des Weltsozialforums auf regionaler und internationaler Ebene konnte man die Keime des neuen Paradigmas der Menschheit erkennen, eines Paradigmas, das uns in die Lage versetzen kann, Produktion und Konsum auf andere Weise zu organisieren, für die Erhaltung der Natur und – angefangen mit den Allerletzten – die Integration der gesamten Menschheit zu sorgen, und zwar im Zuge eines gemeinsamen Projektes, welches die Zukunft des Lebens und Hoffnung für alle gewährleistet. Das macht seine große Bedeutung aus: Aus den Tiefen der Verzweiflung steigt mitten aus dem Müllhaufen der Menschheit Rauch auf, der auf ein nicht zu löschenden inneres Feuer hinweist. Es wird sich zur Glut und zu einem Leuchten verwandeln, das den neuen Weg der Menschheit erhellt.

Der *Arabische Frühling*, der den gesamten Norden Afrikas erfasste, stand unter dem Zeichen der Suche nach Freiheit, nach Respektierung der Menschenrechte und nach Integration der Frauen als Gleichberechtigte in die gesellschaftlichen Prozesse. Diktaturen wurden gestürzt, demokratische Wege ausprobiert und der Faktor Religion für den Aufbau der Gesellschaft erfährt mehr und mehr Anerkennung, wobei man jedoch fundamentalistische Aspekte beiseite lässt. Solche historischen Fakten müssen über ihre säkulare und soziopolitische Deutung hinaus als Ausdrucksgestalten des Geistes der Freiheit und der Kreativität interpretiert werden.

Wer könnte bestreiten, dass innerhalb einer biblisch-theologischen Lesart nicht auch die Krise des Jahres 2008, die vor allem das Zentrum der wirtschaftlichen und finanziellen Weltmacht betraf, das Zentrum der Institutionen, in denen sich die wirtschaftliche Macht konzentriert, die von der Spekulation auf Kosten der Destabilisierung anderer Länder und um den Preis der Verzweiflung von deren Bevölkerung leben, ein machtvolles Auftreten des Heiligen Geistes gewesen ist? Er erfüllt seine Sendung, die in der Liturgie der Kirche mit den Worten besungen wird:

»Was befleckt ist, wasche rein,
Dürrem gieße Leben ein,
heile du, wo Krankheit quält.
Wärme du, was kalt und hart,
löse, was in sich erstarrt,
lenke, was den Weg verfehlt.«

Sind die Lösungen der Krise nicht auf diesem Weg der Katharsis und Reinigung zu finden?

Die Bewegungen der Opfer des herrschenden Wirtschafts- und Finanzsystems selbst, die sich in Spanien, Großbritannien und anderen europäischen Ländern unter der Bezeichnung »Die Empörten« organisieren, in den USA als »Occupy-Wallstret-Bewegung«, legen eine Energie des Protestes und der Suche nach neuen Formen der Demokratie und der Organisationsweisen der Produktion selbst an den Tag, deren Hintergrund in einer Deutung vom Glauben her der vom Heiligen Geist selbst entfachte Enthusiasmus ist.

Das wachsende ökologische Bewusstsein erfasst eine immer größere Anzahl von Menschen in allen Ländern der Erde. Die Fakten können nicht geleugnet werden: Wir erfahren die Grenzen der Tragfähigkeit der Erde. Die Ökosysteme erschöpfen sich zunehmend. Die fossile Energie, der eigentliche Motor unseres Industrialisierungsprozesses, neigt sich ihrem Ende zu.

Die Wetterextreme häufen sich zunehmend: übermäßige Hitze auf der einen Seite und extreme Kälte auf der anderen Seite; das Abschmelzen der Polkappen; Wasserknappheit; der Rückgang der Artenvielfalt in einer Größenordnung von etwa zehntausend Arten, die pro Jahr von der Erde verschwinden (Daten aus dem Jahr 2013); die Ausbreitung der Wüsten; die Abholzung der Wälder und die globale Erwärmung, die unaufhörlich ansteigt, bis sie in einigen Jahrzehnten möglicherweise die gesamte Biosphäre und die Gattung Mensch bedroht: All diese Probleme sind ein Appell an das Gewissen aller. Der Geist ist es, der uns wachrüttelt und uns dazu bringt, uns für neue Wege zu entscheiden.

Wir sind die Hauptverantwortlichen für dieses ökologische Desaster. Entweder wir schlagen eine andere Richtung ein, indem wir die Wirtschaft, die Politik und die Ethik neu gestalten, oder wir erleiden möglicherweise dasselbe Schicksal wie die Dinosaurier vor uns. Ein anderes Paradigma der Zivilisation ist dringend nötig – ein Paradigma, das Visionen in sich aufnimmt, die in der Menschheit bereits wirksam sind, wie etwa das »erfüllte Leben« *(bien vivir)* oder das »erfüllte Zusammenleben« *(sumak kawsay)* der Andenvölker, das »Bruttoinlandsglück«, das Buthan an die Stelle des Bruttoinlandsprodukts gesetzt hat, der Ökosozialismus, die solidarische und biozentrierte Ökonomie, eine wohlverstandene grüne Ökonomie oder Projekte, in deren Zentrum das Leben, die Menschheit und die lebendige Erde, Gaia, steht und in deren Dienst Wirtschaft, Politik, Kultur und Ethik zu stehen haben (vgl. dazu vor allem Boff 2012 c).

Die Erstarrung der Religionen und der Kirchen

Die Religionen und Kirchen waren seit je her privilegierte Orte der konkreten und existenziellen Sinnerfahrung und der Erfahrung eines noch darin verborgenen Sinnes (Sinn der Sinne). Sie sprechen von unendlichen Werten. Doch sie wurden von der weltweiten Krise unserer Zivilisation infiziert. Sicherlich behalten sie ihren bleibenden Kern bei. Doch die Art und Weise, wie dieser innere Kern in Ausdrucksweise, Riten, dogmatischen Lehrinhalten und der institutionellen Disziplin präsentiert wird, ist erstarrt. Diese Institutionen klammern sich an die Vergangenheit, ohne die Art und Weise, wie sie ihre Botschaft vermitteln, zu erneuern. Sie sind immer noch Quellen, aber sie münden in toten Gewässern.

Leider hat eine solche Krise die Institution der katholischen Kirche voll erfasst. Anstatt sich der weltweiten Krise mutig zu stellen, hat sich die Kirche in sich selbst verkrochen, sich in die Errungenschaften der Vergangenheit geflüchtet und sich in ein Bollwerk des Konservatismus, des Patriarchats und der Reaktion verwandelt. Wenn es Institutionen gibt, die bis an die Grenzen der Häresie kühne Wagnisse eingehen könnten, weil sie um den Beistand des Geistes wissen, dann sind dies die christlichen Kirchen. Sie könnten Lösungsvorschläge vorantreiben, Wege der Erneuerung erschließen und Perspektiven des Neuen eröffnen. Doch sie tun es nicht, denn sie haben sich zu Geiseln des ekklesialen Systems gemacht, sich monolithisch abgekapselt und sich hinter ihren vorgeblichen Ausschließlichkeitsanspruch verschanzt. Sie haben die Ideologie erfunden, dass sie angeblich göttlichen Rechts und deshalb unantastbar seien. Überdies sind sie von Ängsten, Verdächtigungen und Verurteilungen geprägt. Wir wissen nun aber, dass das Gegenteil des Glaubens nicht der Unglaube oder der Atheismus ist, sondern die Angst.

Die katholische Kirche war in den letzten Jahrzehnten von der Wahnvorstellung der Bedrohung durch den Relativismus befallen. Sie bekämpfte ihn im Geist eines Absolutismus, der ebenso schädlich ist wie der Relativismus, denn er legt der Geschichte einen Gipsverband an, beraubt den Willen, Neues zu schaffen, jeglicher Lebenskraft und entfernt sich von der Überlieferung Jesu, von der José Comblin in seiner großartigen Pneumatologie gesprochen hat (s. weiter unten, S. 157–164). In Wahrheit ist alles in der Geschichte relativ, außer Gott, der Hunger und das Leid Unschuldiger. Die Kirche muss eine Form finden, in der Welt präsent zu sein, die auf der Höhe der Zeit ist und zu einer Quelle von Sinn und Lebensfreude wird. Die Mehrheit der Christen macht einen so traurigen Eindruck, dass es nicht den Anschein hat, sie wären erlöst und würden an die Auferstehung des Fleisches glauben. Die Menschen haben ein Recht darauf, die befreiende Botschaft Jesu in einer verständlichen und lebbaren Weise zu vernehmen. Und das wird nicht durch die Wiederholung von Sätzen aus dem Katechismus gewährleistet, der in der Vergangenheit ausgearbeitet und in der Gegenwart kodifiziert wurde, ohne dass man Verständigungswege mit der neuen Zeit der Wissenschaften und der Globalisierung des Schicksals der Menschheit gesucht hätte.

Es verschärft sich zudem noch ein Problem, das niemals gelöst wurde: das Spannungsverhältnis von Charisma und Macht. In der Kirche gibt es die Macht, denn die Gemeinschaft muss sich selbst organisieren und ihre Kontinuität innerhalb der Geschichte sicherstellen. Man sagt, dies sei der petrinische Aspekt (abgeleitet von Petrus, dem Gewährsmann der apostolischen Tradition). Wie oben beschrieben, ist diese Macht monarchisch und absolutistisch geworden und hat alles in den Händen einer kleinen Minderheit von Christen konzentriert: in den Händen des Klerus mit dem Papst als Oberhaupt. Ausgehend von dieser strukturellen Ungleichheit, die dem ausdrücklichen Willen Jesu widerspricht, wurde durch strikte Unterwerfung aller eine fiktive Einheit hergestellt, die unmündige Christen ohne echte Kreativität hervorgebracht hat. Was die allgemeine Lehre betrifft, hat die kirchliche Organisation den Heiligen Geist ausgeschaltet. Man hat vergessen, dass der Geist Paulus zufolge allen gegeben ist und seine Gnadengaben nach seinem Ratschluss schenkt, und nicht nach Gutdünken und Billigung durch die Hierarchie.

Mit anderen Worten: Der paulinische Aspekt (Paulus als Vertreter des Prinzips der christlichen Freiheit) ist verloren gegangen. Die Kirche ist nun aber auf dem Fundament beider Apostel, des Petrus und des Paulus gleichermaßen, errichtet. Wenn eine der beiden Seiten beseitigt oder vernachlässigt wird, dann entstellen wir das Antlitz der Kirche, das dann nicht mehr der Überlieferung Jesu entspricht. Es ist wichtig zu erkennen: Wo die Macht um sich greift, selbst, wenn dies unter dem Deckmantel des Heiligen geschieht *(sacra potestas)*, da weichen Liebe, Mitleid und Kreativität. Die Macht muss, um wirklich Macht zu sein, stark werden und sich mit anderen Mächten verbinden. Die Geschichte beweist es: Die Charismatiker, die Reformatoren und Erneuerer wurden von der Macht verfolgt und verurteilt, ja sogar eliminiert.

Die Einrichtung der Inquisition (die Änderung der Bezeichnung ist nicht von großer Bedeutung; heute heißt sie »Kongregation für die Glaubensehre«) war und ist nach wie vor das große Instrument der Kontrolle, der Unterdrückung und der Verurteilung all derer, die in irgendeiner Form eine Bedrohung für die etablierte Macht darstellen. Sie ist vielleicht die Instanz, die die Verkündigung des Evangeliums und den Dialog mit anderen Gesprächspartnern am meisten erschwert, denn sie predigt eher die Ordnung als das Leben, eher die Disziplin als die Kreativität, eher die Selbstbehauptung als die Öffnung auf den anderen hin.

Traurig ermahnt Paulus dazu: »Löscht den Geist nicht aus!« (1 Thess 5,19) In den letzen Jahrhunderten ist eben genau das am häufigsten passiert, dass nämlich der Geist von der institutionalisierten Macht ausgelöscht wurde, die es nicht verstand, die schöpferische Spannung zwischen den beiden legitimen Polen Macht und Charisma aufrechtzuerhalten. Dies ist die zentrale These und der Hauptgegenstand meines Buches *Kirche: Charisma und Macht*, das ebenfalls von der ehemaligen heiligen Inquisition verurteilt wurde (Boff 1985). Man achte genau darauf, dass der Titel nicht lautet: »Kirche: Charisma *oder* Macht«. Wir brauchen das Moment der Macht, um die Fortdauer der Botschaft Jesu innerhalb der Geschichte zu gewährleisten. Wir brauchen das Charisma, um die Macht auf ihre Dienstfunktion zu beschränken und nicht zuzulassen, dass die Überlieferung Jesu in Lehrsätzen, Riten und Paragrafen des Kirchenrechts erstarrt. Das Charisma soll also die Botschaft angesichts der historischen Veränderungen ständig aktualisieren und erneuern. Ohne die dialektische und schwierige Ausbalancierung dieser beiden Energien wird das Gleichgewicht zerstört, das notwendig ist, um eine gesunde, zugleich geordnete und schöpferische Gemeinschaft hervorzubringen. Ohne dieses Aufeinanderbezogensein der beiden Pole wird die Macht zur Geistvergessenheit beitragen, wie es innerhalb der lateinischen Tradition des abendländischen Christentums weitgehend der Fall war, in der die heilige Gewalt der Hierarchie die Vorherrschaft erlangte und die Manifestationen des Geistes ihrer Kontrolle unterwarf.

Der große deutsche Theologe Johann Adam Möhler († 1838) sagte einmal ironisch: »Gott schuf die Hierarchie, und auf diese Weise stellte er großzügigerweise alles bereit, was bis ans Ende der Zeiten notwendig ist.« Das ist eine traurige Ansicht, die sich jedoch in eine offizielle Lehre verwandelte: Die Päpste Gregor XVI. († 1846) und Pius X. († 1914) betonten, dass die Kirche eine Gesellschaft von Ungleichen, eine hierarchische und vollkommene Gesellschaft *(societas perfecta)* sei. Sie bestehe einerseits aus der Hierarchie, die lehrt und anordnet, und auf der anderen Seite aus den Laien, die hören und gehorchen. Wörtlich heißt es bei Papst Gregor XVI: »Niemandem kann es unbekannt sein, dass die Kirche eine ungleiche Gesellschaft ist, in der Gott die einen zum Herrschen und die andern zum Dienen bestimmt hat. Diese sind die Laien, jene die Kleriker.« (zitiert bei Schmaus 1970, 102) Und man lehrte überdies, dass die Aufspaltung in Kleriker und Laien göttlichen Rechts und deshalb nicht reformierbar sei. Hierin liegt der Grund dafür, dass diese Auffassung von Macht bald Hierarchien, Diskriminierungen und Ungleichheiten schuf – all das sind Eigenschaften, die den Geist und seine Gaben vergessen oder seinem Wirken Hindernisse in den Weg legen. In diesem Zusammenhang ist die katholische charismatische Erneuerung von Bedeutung, die das charismatische Moment stärkt und die Macht dazu aufruft (oder aufrufen müsste), Dienst zu sein und nicht Herrschaft.

Heue setzt sich nicht nur die Hierarchie, sondern auch der unter Papst Johannes Paul II. herausgegebene Weltkatechismus an die Stelle des Heiligen Geistes. Mit Recht stellt José Comblin dazu fest: »Dieser Weltkatechismus trägt alles auf derselben Ebene auf und lässt keine tiefergehende Nachforschung zu. Er zwingt allen Kontinenten in den unterschiedlichen Kulturkreisen dieselbe Deutung auf. Alle Kulturen müssen das Wort der Offenbarung so hören, wie Rom es versteht. Diese Interpretation bleibt zwangsläufig abstrakt und verhindert eine Deutung im Lichte der historischen Situation oder läuft Gefahr, unwirksam zu bleiben. Die Veröffentlichung dieses Katechismus geht davon aus, dass das Wirken des Geistes nutzlos ist. Er muss nun nichts mehr tun, da bereits alles für alle im Katechismus erklärt ist.« (Comblin 2012, 116)

Abgesehen von dieser Aufblähung der heiligen Gewalt, die dem Heiligen Geist wenig Raum lässt, muss man noch feststellen, dass fast alle Religionen und auch Kirchen krank, von der Krankheit des Fundamentalismus befallen sind. Dies ließ in ihnen die Anmaßung der Ausschließlichkeit entstehen, die Selbsteinschätzung, dass sie die einzigen Träger der Wahrheit und der einzige Weg zu Gott sind. Der Fundamentalismus führt immer zur Gewalt und zu Mechanismen der Ausgrenzung, egal, ob es sich um eine Form des politischen oder des religiösen bzw. kirchlichen Fundamentalismus handelt. Er zerreißt die Einheit des Netzes, das uns Menschen miteinander verbindet, und zerstört damit das Werk, das der Geist in allen Völkern und allen Herzen vollbringt. Der Geist kommt immer vor dem Missionar, denn da, wo Liebe, Vergebung, Barmherzigkeit und Geschwisterlichkeit sind, da ist der Geist mit all seinen Gaben. Und wir können nicht in Abrede stellen, dass solche Werte in allen Völkern und Kulturen zu finden sind.

Als Reaktion auf den Fundamentalismus entstand der »Experientalismus«, das heißt die einseitige Berufung auf die persönliche Erfahrung. Jede Art von Erfahrung wird darin gerechtfertigt. Doch die Erfahrung ist ihrer Natur gemäß etwas, das der menschlichen Subjektivität eignet, das reichhaltig und fruchtbar ist und das stimuliert und respektiert werden muss. Der Geist zeigt sich mittels Erfahrungen von Sinn und der Wahrnehmung des Heiligen. Doch wenn diese Erfahrungen nicht mit kritischer Unterscheidung einhergehen, dann wird aus Subjektivität sehr bald ein Subjektivismus der Erfahrungen; diese gelangen nicht über die Grenzen des Subjektiven hinaus. Der Subjektivismus schafft Raum für exotische Glaubensüberzeugungen wie das Horoskop, die Lebensführung mittels des I-Ging, Esoterik jeglicher Art, oberflächlichen Schamanismus und Magie. Man erhofft einen glücklichen Ausgang des menschlichen Dramas von Kräften, die außerhalb von uns liegen und nicht unserer Kontrolle unterworfen sind – was den Menschen von einem persönlichen Engagement dispensiert.

Aus diesem Grund erleben wir heute eine Fülle von spirituellen Erfahrungen jeglicher Art, die aus dem fernen Osten, von indigenen Völkern, aus alten Traditionen wie etwa der keltischen usw. herstammen. Es entsteht eine mystisch-spirituelle Mixtur, die den Menschen angesichts der Herausforderung, eigenständig und von seiner Kreativität und Freiheit dazu stimuliert, einen Weg der Selbstverwirklichung zu suchen, entfremdet. Hier verwandelt sich das dem Geist eigene Charismatische in Psychisches, das den inneren Wirrnissen des Menschen entspricht. Nicht ohne Grund unterscheidet Paulus zwischen den *psychikoí* (den Psychikern) und den *pneumatikoí* (den vom Geist Geleiteten).

Was darüber hinaus heute noch hoch im Kurst steht, ist die unüberschaubare Selbsthilfe-Literatur. Es entstand ein beachtlicher Markt, der seine Gurus und spirituellen Meister hat. Es handelt sich um eine Art von Literatur, die aus Bruchstücken verschiedener spiritueller und religiöser Traditionen, aus der Tiefenpsychologie, von einigen Elementen der neuen Kosmologie und der Kommunikationstheorien zusammengesetzt ist und bei den Lesern und Leserinnen die Illusion des leicht zu erlangenden Glücks, des unmittelbaren Erfolgs und des inneren Friedens erzeugt. Sie sind trügerisch, denn sie setzen sich über die realen Bedingungen des menschlichen Daseins mit seinen Widersprüchen, seinen Höhen und Tiefen hinweg und bieten stattdessen Heilmittel an, die in Wirklichkeit Placebos sind. Letztlich lassen sie die Menschen enttäuscht zurück, oder sie führen dazu, dass sie in einem endlosen Kreislauf von einem Selbsthilfebuch zum nächsten greifen. Dies dispensiert den Menschen davon, sich der Herausforderung des menschlichen Lebens ehrlich zu stellen – eines Lebens, das stets voller Widersprüchlichkeiten steckt und dessen Einheit wir von innen her in ernsthafter Auseinandersetzung mit den guten und schlechten Anteilen in uns schaffen müssen, bis wir ein angemessenes Verhältnis zur

Welt, zur Natur, zu den anderen, zu uns selbst und zur Letzten Wirklichkeit finden, die uns tatsächlich einen wahren Frieden beschert.

Die Irrationalität der modernen Vernunft

Die Moderne wurde auf dem Fundament der instrumentellen, analytischen Vernunft errichtet. Ihr Gebrauch brachte die modernen Wissenschaften auf der Grundlage von Mathematik und Physik hervor. Alles wurde zum Objekt der Erkenntnis und damit zum Ausgangspunkt des Eingreifens in die Wirklichkeit gemacht. Hierdurch wurde die Erde in ihrem physikalisch-chemisch-ökologischen Grundbestand verändert, denn sie war im Zuge der Industrialisierung jeglicher Art von Ausplünderung all ihrer Güter und Fähigkeiten unterworfen. Diese Art von Vernunft wurde von den politisch Mächtigen als wirksame Waffe gebraucht, um andere, technisch weniger entwickelte Völker und Kulturen in Afrika, Lateinamerika und allgemein auf der ganzen Welt zu beherrschen. Sie ermöglichte die Kolonisierung und Unterwerfung der Völker, deren natürliche Reichtümer den Interessen der europäischen Mächte zu dienen hatten. Dem Projekt liegt die Idee des Fortschritts zugrunde, von der die Moderne geradezu besessen ist und die im Sinne von grenzenlosem materiellem Wachstum verstanden wird. Man setzt dies unberechtigterweise mit Entwicklung gleich, was dieser Fortschritt keineswegs ist, denn Entwicklung betrifft den Menschen in seinen vielfachen Dimensionen, insbesondere in seiner Fähigkeit, sein Leben und sein Geschick in Freiheit selbst zu gestalten.

Dieses eifrige Bestreben nach immer mehr Wachstum drückt sich im Willen zur Bereicherung ohne humanitäre oder ethische Grenzen aus. Es hat die Zerstörung der Natur und große soziale Ungleichheiten, einer Ungerechtigkeit auf Weltebene, zur Folge. Die derzeitige ökologische Krise, die unter anderem in der globalen Erwärmung und den Grenzen des kleinen, endlichen Planeten sichtbar wird, steuert einem Höhepunkt entgegen. Eine endliche Erde kann ein Projekt der Grenzenlosigkeit nicht aushalten. Die Erde, die lebendig, Gaia, ist, wird auf irgendeine Weise reagieren und sich wehren, wie sie nur kann. Doch sie wurde bereits so sehr ausgeplündert, dass sie in beträchtlichem Maße ihre Regenerationsfähigkeit verloren hat. Mit anderen Worten: Die Erde verliert ihre Tragfähigkeit. Entweder wir ändern unser praktisches Verhalten, oder wir erleben möglicherweise unvorstellbar katastrophale ökologisch-soziale Folgen.

Diese Praxis brachte das rationalistische, objektivistische, materialistische und utilitaristische Paradigma unserer Zivilisation hervor, das jeglichen Sinn für Ganzheit vermissen lässt und die Wirklichkeit aufspaltet, um sie besser zu erkennen und zu beherrschen. Innerhalb dieses Paradigmas gibt es wenig Raum für den Geist und die Spiritualität. Im Gegenteil, die Vernunft ist verrückt geworden, denn sie wurde verabsolutiert und zum einzigen Gültigkeitskriterium und Kriterium gesellschaftlicher Akzeptanz gemacht. Heute erleben wir die Irrationalität der Vernunft, die, wie wir bereits erwähnt haben, die Mittel schuf, um sich selbst ein Ende zu bereiten und der Biosphäre schweren Schaden zuzufügen. Die auf ganze Gruppen von Menschen angewandte »intelligente« Gewalt dezimierte einen großen Teil der indigenen Kulturen Lateinamerikas, brachte überaus zerstörerische Kriege und schließlich die Schoah hervor, das heißt die Massenvernichtung von Juden, Sinti, Roma und Menschen mit Behinderungen. Heute kann das bestehende Arsenal an chemischen, biologischen und atomaren Waffen die gesamte Menschheit mehrfach auslöschen. Diese Vernunft ist irrational, brutal und lebensfeindlich.

Die Hauptursache dafür, dass die Vernunft verrückt geworden ist, liegt in ihrer Verabsolutierung und der systematischen

Zurückdrängung der emotionalen und affektiven Intelligenz des Herzens. Man behauptete, sie würde die Objektivität der Erkenntnis trüben. Doch die Naturwissenschaften selbst wurden sich, ausgehend von der Quantenphysik und der neuen Kosmologie, in jüngerer Zeit dessen bewusst, dass jegliche Erkenntnis von Gefühlen und Elementen der persönlichen und gesellschaftlichen Subjektivität durchdrungen ist.

Die Vernunft hat ihren Wurzelgrund in etwas Ursprünglicherem: der Affektivität, die im limbischen System im Gehirn verankert ist. Dieses wurde von der Evolution vor mehr aus zweihundert Millionen Jahren hervorgebracht, als die Säugetiere die Bühne des Lebens betraten. Mit ihnen trat auf der Erdoberfläche etwas in Erscheinung, was es zuvor nicht gegeben hatte: das Gefühl, die Fürsorge und die Liebe. Das Tiefste in uns ist die Fähigkeit zu empfinden, für andere zu sorgen und zu lieben. Dies bildet die Grundlage für die Werte und das gesamte System der Ethik.

Aus diesem affektiven Wurzelgrund brach die Vernunft recht spät, vor etwa sieben Millionen Jahren, hervor, als sich neben dem limbischen System die Großhirnrinde entsprechend ausbildete. Mit deren Hilfe bilden wir Begriffe sowie rationale Systeme und entwerfen wir Weltanschauungen. Und der analytischen Vernunft noch übergeordnet ist die Intelligenz, das heißt die Einsichtsfähigkeit, die das Ganze erfasst und betrachtet und sich in Gestalt der Weisheit zu erkennen gibt. Die Vernunft liegt also in der Mitte zwischen dem ältesten und dem jüngsten Anteil.

Wir können auf die Vernunft nicht verzichten, denn mit ihrer Hilfe organisieren wir unsere Welt und sorgen wir für die Befriedigung unserer Bedürfnisse. Doch sie muss heute durch die affektive Vernunft des Herzens ergänzt und bereichert werden. Diese Art von Vernunft ist es, die uns für die Ernsthaftigkeit der gegenwärtigen Krise sensibel macht, die uns das Flehen der Armen und den Schrei der unterjochten Erde vernehmen lässt. Die

Vernunft des Herzens, die Vernunft, die ihre Grundlage im Herzen hat, ist es, die uns die Erde als Mutter umfangen lässt, die in uns das Mitleid mit allen, die leiden, weckt und die uns zur Liebe, Fürsorge und Achtsamkeit gegenüber allem, was existiert und lebt, ermuntert.

Der Geist ist es, der die Vernunft durch die Spiritualität heilt. Er ist es, der sie erleuchtet, damit sie dem Leben dient und nicht der Geschäftemacherei; er ist es, der in uns die strahlendsten Tugenden erweckt, die uns vor dem Abgrund retten können, an dessen Rand wir geraten sind.

Der Beitrag des weltweiten Feminismus

Es war das Verdienst des französischen Wissenschaftstheoretikers Gaston Bachelard und des russischen Theologen Evdomikow, den männlichen, machistischen Charakter der modernen Wissenschaften aufgezeigt zu haben. Und zwar deshalb, weil sie die Dimension des »animus«, der Macht, des Willens zur Herrschaft und der Akkumulation allzu sehr aufblähte und dagegen die Dimension der »anima«, des Gefühls, des Empfindens, des Spirituellen und dessen Verknüpfung mit den Lebensprozessen zurückdrängte. Doch den wichtigsten Beitrag leisteten der Feminismus und der Ökofeminismus. Die Frauen entlarvten nicht nur die andauernde Herrschaft des Mannes über die Frau (Geschlechterfrage), sondern insbesondere unsere gesamte patriarchalische Kultur.

Wir haben es dem Feminismus zu verdanken, dass uns die beiden Energien zu Bewusstsein kamen, die die Identität des Menschen ausmachen; die »anima« und der »animus«, wie dies C.G. Jung so gut herausgearbeitet hat. Sie sind in jedem Menschen vorhanden und wirksam, ganz gleich, ob Frau oder Mann. Die Frau ist zwar nicht ausschließliche, aber vornehmliche Trägerin der Dimension der *anima*. Sie entspricht allem, was es im Mann oder in der Frau an Empfindsamkeit, Kooperationsbereitschaft, Fähigkeit, Botschaften der Realität zu vernehmen, und der Dimension der Ehrfurcht bzw. der spirituellen Seite des Lebens gibt.

Das Eindringen der Frauen in alle Gebiete menschlichen Handelns, in die Arbeitswelt, in die Zentren der Wissenschaft, in die Politik und in die Kunst, das vor allem mit einer überaus wirkmächtigen Reflexion ausgehend von den Bedingungen der Weiblichkeit verbunden ist, muss als ein kraftvolles Hereinbrechen des Geistes in unsere Geschichte gesehen werden.

Die Dimensionen des Weiblichen, die wir zuvor angesprochen haben, sind heute dringend erforderlich, wenn wir die globale Krise überwinden wollen. Das Leben ist bedroht. Die Frau ist dem Leben von Natur aus verbunden, denn sie gebiert es und umgibt es die ganze Zeit hindurch mit ihrer Fürsorge. Ihr eignet eine messianische, heilbringende Sendung wie niemals zuvor in der Geschichte. Wie wir weiter unten noch sehen werden, erlangte der Geist durch die Frau Maria historische Konkretheit. Es gibt eine Affinität zwischen dem Geist (in den Sprachen des Mittleren Ostens ist das grammatikalische Geschlecht des Geistes weiblich) und der Frau.

Das 21. Jahrhundert wird das Jahrhundert der Frauen sein, das Jahrhundert derer, die aufgrund der Schwäche der Männer in ihrer Überheblichkeit und entmenschlichenden Machtausübung immer mehr kollektive Verantwortung übernehmen werden, wie man es bereits in fast allen Ländern feststellen kann. Durch sie wird die Krise überwunden werden, durch sie wird sich die Etablierung des neuen Paradigmas vollziehen, in dessen Zentrum die Werte stehen, die in grundlegender Weise von den Frauen gelebt und bezeugt werden: das Leben, die Humanität und die Erde. Auf diesen Säulen kann ein neuer zivilisatorischer Versuch errichtet werden, der mit Sicherheit stärker auf Fürsorge, Zusammenarbeit, Solidarität, die ihren Ausgangspunkt bei den Letzten nimmt, Mitleid mit allen, die in der Gesellschaft und in der Natur leiden, und Liebe als Kraft des Zusammenhalts und der Verwirklichung des Glücks der Menschen hin orientiert sein wird.

Die katholische charismatische Erneuerung: Die Gemeinde erneuern

Die Kirche der Befreiung hat die Konsequenzen aus der befreienden christlichen Botschaft gezogen und die Kirchen dazu gebracht, auf der Seite der Opfer zu stehen, neue Formen der Pastoral und mit den Kirchlichen Basisgemeinden und den verschiedenen Zweigen der Sozialpastoral insgesamt eine neue Art, Kirche zu sein, zu entwickeln und den Akzent auf die verändernde und befreiende Praxis zu legen. Die charismatische Erneuerung ergänzt nun diese Erfahrung durch ein unverzichtbares Element: das Gebet und die Spiritualität, die ihre Grundlage in der Erfahrung des Geistes haben, der in den Einzelnen und innerhalb der Welt am Werk ist. Diese Erfahrung vollzieht sich innerhalb einer Praxis der spirituellen Durchdringung des christlichen Lebens im persönlichen Bereich und innerhalb der Gemeinschaft.

Es wäre eine von Vorurteilen geprägte und verkürzte Sichtweise, wenn man die Kirche der Befreiung der charismatischen Kirche entgegensetzte. Beide entspringen demselben Geist. Die Impulse, die innere und die äußere Welt zu verändern, gehen aus dem Geist als ihrer ursprünglichen Quelle hervor.

Die Bitte »Komm, Heiliger Geist, komm bald!« ist erhört worden. Zusammen mit der Kirche der Befreiung ließ der Geist die katholische charismatische Erneuerung entstehen. Es ist jedoch wichtig, nicht zu vergessen, dass sich ein ähnlicher Aufbruch mehr als zwei Jahrhunderte zuvor innerhalb der protestantischen Kirchen vollzog, die eine »Erweckung des Geistes« und die »Geisttaufe« kannten.

Und man sollte an John Wesley (1703–1791), den Gründer der Methodisten, erinnern. Er war Sohn eines anglikanischen Pfarrers und wurde selbst ebenfalls einer. Angesichts der Erstarrung seiner Kirche fasste er im Jahr 1738 den Entschluss, als Wanderprediger zu wirken und die Laien dazu zu ermutigen, selbst Prediger zu werden, insbesondere im Arbeitermilieu, das von einer brutalen Ausbeutung des gerade im Entstehen begriffenen Kapitalismus gekennzeichnet war. Er verstand das Christentum als eine lebendige Begegnung mit Gott. Wesley sprach von der »Religion des Herzens«, die ihm zufolge nichts anders ist als »Gerechtigkeit, Friede und Freude im Heiligen Geist«. Solche Wirklichkeiten können nicht einfach gedanklich entworfen, sie müssen im Leben selbst erfahren werden, andernfalls bleibt das Christentum eine tote Angelegenheit. Der Methodismus Wesleys breitete sich von Großbritannien (1729) her aus und erfasste dann den gesamten Norden Europas, die USA, Afrika und schließlich Lateinamerika.

Die katholische charismatische Erneuerung hat ihre Wurzeln in erster Linie bei den protestantischen Gemeinden seit 1956 und dann innerhalb der katholischen Kirche selbst an der Universität Duquesne in Pittsbourgh (1966) sowie an der Universität Notre Dame im Bundesstaat Indiana (1967). Den Anfang bildete ein Einkehrwochenende vom 17. bis 19. Februar 1967. Eine Gruppe von Studenten und Professoren machte sich auf, um den Pfingstgeist zu leben. Zu Pfingsten wurde die Kirche geboren, und aus Pfingsten müsse auch die Erneuerung der Kirche hervorgehen.[5]

Bereits Papst Leo XIII. nahm in seiner Enzyklika *Divinum illud munus* aus dem Jahr 1897 die Bedeutung des Geistes vorweg. Er beklagte darin das Vergessen dessen, der in den Gläubigen und in der Kirche selbst wirksam sei, und lud alle zur Anbetung und Verehrung des Heiligen Geistes ein. Doch die Manifestation des Geistes selbst leitete Johannes XXIII. ein, als er am 25. Dezember 1961 das Zweite Vatikanische Konzil einberief. Er rief zu einem »neuen Pfingsten« für die Kirche auf. In Reaktion auf dieses Wort sagte Papst Paul VI. in einer Audienz am 20. November 1972, dass die Kirche ein »ständiges Pfingsten« brauche. Papst Johannes Paul II. widmete dem Heiligen Geist die Enzyklika *Dominum et Vivificantem* (1986).

Wir möchten hier keine Geschichte der Entstehung und Entwicklung der katholischen charismatischen Erneuerung bieten. Wir möchten lediglich hervorheben, in welchem Kontext sie einen Ausdruck der Herabkunft des Heiligen Geistes darstellt und wie sie zur Verjüngung der Kirche beiträgt.

Wie wir zuvor schon sagten, kommt der Geist in Augenblicken schwerer Krisen herab und begibt sich mitten in die Wirrnisse hinein, um daraus Ordnung entstehen zu lassen und schöpferische Geister zu erwecken. Innerhalb der Weltgesellschaft ist eine barbarische Vermehrung der Massen von Armen und eine Zerstörung kultureller Identitäten zu beobachten. Zurzeit kann man ein Niederwalzen der Subjektivität durch die Unterhaltungsindustrie und das Marketing feststellen. Innerhalb der Gesellschaft haben Regulierungen, Bürokratien und übermäßige Kontrollen das Leben allzu sehr technifiziert. Trotz des *aggiornamento* stehen die katholische Kirche wie auch die traditionellen protestantischen Kirchen immer noch unter der Vorherrschaft eines dogmatischen, ritualistischen und übertrieben verkopften Stils, der wenig Raum für den leiblichen Ausdruck und für Kreativität lässt.

In diesem Kontext kommt der Heilige Geist herab und zeigt sich in Gestalt von Gebetsgruppen und freiem körperlichen Ausdruck, in spontaner Rede und spontanem Gebet, die nicht länger vom Klerus kontrolliert werden.

In Brasilien fasste die charismatische Erneuerung im Jahr 1969 Fuß, als zwei nordamerikanische Jesuiten – P. Haroldo Rahm und P. Eduardo Dougherty, die in Campinas wohnten – entsprechende Exerzitien anboten. Von dort aus breitete sie sich wie ein Lauffeuer über ganz Brasilien aus, zunächst durch andere Ordensleute, die die Bewegung aus den USA kannten, und dann unabhängig davon. Entscheidend war das Buch Pater Haroldos, *Sereis batizados no Espirito* (»Ihr werdet im Geist getauft werden«), das den Gebetsgemeinschaften zur theoretischen wie praktischen Orientierung diente. Diese Gemeinschaften vermehrten sich so rasch, dass bereits im Jahr 1973 in Campinas das erste landesweite Treffen der charismatischen Erneuerung stattfinden konnte.

Die katholische charismatische Erneuerung bekam einen neuen Impuls durch die Bewegung *Neues Lied* (Canção Nova) unter der Leitung des reichlich konservativen Paters Jonas Abib aus Cachoeira. Seine Anhänger konnten über einen eigenen Fernsehkanal tausende von Gläubigen erreichen und polemisierten nicht selten gegen andere, evangelische, Pfingstgruppen sowie manchmal gegen die Theologie der Befreiung.

In Brasilien zählt die katholische charismatische Erneuerung mehr als 15 Millionen Anhänger, von denen etwa 70 % Frauen sind. Die soziale Basis ist vornehmlich die Mittelschicht. Die Menschen aus dieser Gesellschaftsschicht sind häufig der herrschenden konsumistischen Kultur ausgesetzt, die die direkten sozialen Bindungen zerstört sowie Ängste, Befürchtungen und eine schmerzhafte existenzielle Leere erzeugt. Dies stiftet zur Sinnsuche an, um diese Leere zu füllen. Die katholische charismatische Erneuerung kommt diesen Bedürfnissen entgegen. Sie beschränkt sich jedoch nicht auf diese Gruppen, sondern breitet sich in den Vierteln aus, wo das einfache Volk und ärmere Bevölkerungsschichten leben.

Die katholische charismatische Erneuerung weist unter anderem folgende Hauptmerkmale auf: Konzentration auf die göttliche Person des Heiligen Geistes, auf seine Gnadengaben (Charismen) und Früchte; »Geisttaufe«, durch die die innere Bekehrung und vollkommene Öffnung auf die Eingebungen des Heiligen Geistes zum Ausdruck kommt; gegenseitige Handauflegung, um die Herabkunft und die Gegenwart des Geistes zu erbitten; Liebe zu Jesus Christus und Maria als den hauptsächlichen Trägern des Geistes; ein reges persönliches und gemeinschaftliches Gebetsleben; Schriftmeditation; häufige Teilnahme an der Eucharistiefeier; besondere Betonung des Lobgebetes; das Sprechen in Zungen (Glossolalie); geschwisterliche Liebe; uneingeschränkte Akzeptanz der kirchlichen Lehre und ehrfürchtiger Gehorsam der Hierarchie gegenüber usw.

Um sich ihren Platz innerhalb der Kirche zu sichern, hat die katholische charismatische Erneuerung bereits sehr früh die Approbation durch die entsprechenden Stellen im Vatikan angestrebt. Ihr Statut »Internationaler Dienst an der charismatischen Erneuerung« wurde vom päpstlichen Rat für die Laien am 14. September 1993 mittels eines Dekrets angenommen, das ihr eine offizielle Bestätigung verleiht.

Die katholische charismatische Erneuerung ist auf der ganzen Welt verbreitet und umfasst mehr als hundert Millionen Christen. Sie hat das Antlitz der Kirche verändert. An die Stelle der Betonung des Kreuzes und der vorherrschenden Strenge der traditionellen Frömmigkeit traten die Freude des Geistes, die Spontaneität in den Ausdrucksweisen, die Kreativität des Gebetslebens, der schönen Lieder und Riten, die innige Gottesbeziehung sowie die Feier des Glaubenslebens statt seiner Ritualisierung. Sie hat dazu beigetragen, den formalen, starren und wenig dynamischen Charakter der religiösen Gebräuche und offiziellen Feiern, die arm an Symbolen sind und wenig Raum zur Teilhabe gewähren, zu überwinden.

Einer der wichtigsten Beiträge der katholischen charismatischen Erneuerung besteht darin, die emotionale Intelligenz und die empfindsame Vernunft des Herzens, die gegenwärtig aufgrund der Krise der funktionalen, analytischen Vernunft stark debattiert werden, für das Glaubensleben wieder erschlossen zu haben (vgl. Boff 2013 a). Wie die moderne Anthropologie und andere Humanwissenschaften gezeigt haben, stellt unsere tiefste Dimension nicht der *lógos* (Rationalität) dar, sondern das *páthos* (Affektivität). Der Mensch ist ein Wesen des Gefühls, der Leidenschaften und der »ozeanischen« Erfahrungen – neben seiner großen Fähigkeit, nach Intelligibilität in den Dingen zu suchen und ihnen Vernunft beizumessen.

Auf diesem Nährboden gedeiht beim Menschen die stets unverzichtbare, aber eben nicht ausschließlich maßgebende Rationalität. Der Ort der Religion, der Spiritualität und der Ethik ist nicht so sehr die Vernunft, sondern das Gefühl und die Fähigkeit, tief und das Ganze erfassend zu empfinden. Indem die katholische charismatische Erneuerung die Erfahrung des Geistes betont, hat sie diese vergessene und für die menschlichen Beziehungen, unsere Beziehung zu Gott und zur Natur so notwendige Dimension dem Leben der Kirche neu erschlossen.

Möglicherweise bricht für die Kirche mit der Etablierung der charismatischen Erneuerung eine neue Zeit an, falls sie mehr Elemente der Überlieferung Jesu integriert. Die charismatische Erneuerung und die Kirche der Befreiung werden dann die zwei Lungenflügel der Gemeinschaft der Christen bilden. Jene lebt aus der lebendigen und innigen Begegnung mit Gott in der Kraft des Geistes, und diese gibt in der Nachfolge Jesu und im Leben nach dem Geist Zeugnis von der befreienden Praxis der Christen an der Seite der Leidenden dieser Welt und der zerstörten Natur. Beide Ausdrucksgestalten von Kirche entspringen derselben Quelle, nämlich dem Geist und der Nachfolge des gekreuzigten und auferstandenen Jesus.

Alles Gesunde kann aber auch krank werden. In diesem Sinne können wir im Allgemeinen innerhalb der charismatischen Erneuerung einige reduktionistische Tendenzen feststellen. Unverzichtbare Elemente der christlichen Botschaft, ohne die das Erbe Jesu geschmälert wird und weniger wirkmächtig ist, lassen sie vermissen. So ist etwa wenig Gespür für die dramatische Weltsituation und für das tragische Geschick der Armen zu bemerken. Das heißt: Die Fragen der sozialen Gerechtigkeit und der Ökologie im Weltmaßstab spielen in Reflexion und Praxis kaum eine Rolle.

Die spirituelle Erfahrung, die für die katholische charismatische Erneuerung so entscheidend ist, lässt wenig Raum für eine theologische und kritische Reflexion. Eine Ausnahme stellt hier der deutsche Theologe Heribert Mühlen dar, dessen Bücher (vgl. vor allem Mühlen 1974 und 1976) ein bemerkenswertes Reflexionsniveau aufweisen.

Was die Schriftauslegung betrifft, so dominiert ein etwas verschwommener Fundamentalismus, und sehr vorschnell spricht man von Heilungen und vom Eingreifen des Geistes, ohne sich um kritische Unterscheidung zu bemühen, ohne Analyse und ohne auf die heute verfügbaren Hilfsmittel einer kritischen Theologie und der verschiedenen Humanwissenschaften zurückzugreifen (vgl. Carillo Adlay 1986).

Es ist wichtig zu erkennen, dass Pfingsten der Anfang und nicht das Ziel ist. So war es auch in der frühen Kirche der Fall. Mit der Herabkunft des Geistes in Gestalt von Feuerzungen begann die Mission, die Sendung in die Welt. Und sie ist immer noch nicht zu Ende. Die Kraft des Negativen lässt nicht nach. Man muss ihr die Kraft des Positiven entgegensetzen, und das ist der Geist. Pfingsten ist ein immer noch weitergehender Prozess. Deshalb lässt das Flehen nicht nach: »Komm, Heiliger Geist, und erneuere das Antlitz der Erde«.

Die Verkündigung des Evangeliums durch die katholische charismatische Erneuerung muss um die gesellschaftliche Dimension bereichert werden, die die Sorge um die Armen, die genau genommen die durch ungerechte soziale Beziehungen *Armgemachten* und Unterdrückten genannt werden müssten, und die Wiederherstellung der Gesellschaft mit einschließt, wie es im liturgischen Text der Pfingstsequenz klar zum Ausdruck kommt. Wenn wir uns in Übereinstimmung mit der besten ökumenischen Schriftauslegung bewusst machen, dass das Vaterunser eine Kurzfassung der Botschaft Jesu in Gebetsform darstellt, dann sehen wir deutlich, dass hier zwei Dimensionen untrennbar miteinander verknüpft sind: Im ersten Teil wird *unser Vater* gepriesen, der im Himmel ist, und es wird um die Ankunft seines Reiches gebetet. Im zweiten Teil wird um *unser tägliches Brot* und um die Versöhnung der gespaltenen Gesellschaft gebetet. Wir dürfen das, was Jesus vereint hat – unseren Vater und unser Brot –, niemals trennen. Die Leidenschaft für Gott, der sich als der Abba offenbart, und die Leidenschaft für den anderen, der unser Brot und unsere Versöhnung braucht, müssen immer Hand in Hand gehen.

Die katholische charismatische Erneuerung betont die eine Seite, unseren Vater, so stark, freut sich über diese Offenbarung, singt und tanzt auf dem Fest der Kinder Gottes im Geiste. Doch sie schenkt unserem Brot, nach dem so viele schreien, weil sie Hunger haben, wenig Aufmerksamkeit, und der Hunger kann nicht warten. Damit die Verkündigung des Evangeliums vollständig ist, muss die katholische charismatische Erneuerung diese so wesentliche Seite des Erbes Jesu, nämlich das Brot miteinander zu teilen und den Hunger der Hungernden stillen, mit einbeziehen.

Hier kann die Theologie der Befreiung, ihrerseits von ihren etwaigen Reduktionismen befreit, ihre Hilfe anbieten. Sie hat ja die Dimension *unseres täglichen Brotes*, das, damit es wirklich unser Brot ist, gemeinsam gebacken und verzehrt werden muss, bereits gut durchdacht und in die Praxis umgesetzt. Die katholische charismatische Erneuerung kann wiederum dazu beitragen, dass wir die Quelle eines jeden Engagements, *unseren Vater* und sein Reich, nicht aus den Augen verlieren. Theologie der Befreiung und katholische charismatische Erneuerung können sich gegenseitig ergänzen und gemeinsam eine umfassendere und die Menschheit überzeugendere Verkündigung des Evangeliums anbieten.

Charismatische Erneuerung: Evangelisierung der hierarchischen Kirche?

Doch es gibt eine Aufgabe, die die katholische charismatische Erneuerung entschlossener in Angriff nehmen könnte und für die sie noch nicht wachgerüttelt worden zu sein scheint: dazu beizutragen, dass die hierarchisch verfasste Kirche die systemimmanente Krise überwindet, die ihr seit den ersten Jahrhunderten zu schaffen macht. Es fand eine beklagenswerte Aufspaltung zwischen Klerikern und Laien statt, wie wir bereits erwähnten. Die Macht war allein der Hierarchie vorbehalten, ohne dass die Laienschaft an Entscheidungen beteiligt wurde.

Alles begann mit Papst Leo I. (440–461), einem hervorragenden Juristen und Staatsmann. Er übernahm die römische Ausgestaltung der Macht im Sinne des Absolutismus und Autoritarismus der römischen Kaiser. Er begann damit, die drei Texte des Neuen Testaments, die sich auf Petrus beziehen, in strikt juridischen und nicht pastoralen Kategorien zu interpretieren: Petrus als der Fels, auf dem die Kirche gebaut werden soll (Mt 16,18); Petrus, der Bekenner des Glaubens (Lk 22,32) und Petrus als derjenige, der die Schafe weiden soll (Joh 21,15). Der biblische und jesuanische Sinn dieser Perikopen ist das genaue Gegenteil des Sinnes, den eine juridische Auslegung unterstellt: Liebe, Dienst und Verzicht auf jegliche Vorrangstellung.

Doch die Interpretation aus der Perspektive des absolutistischen römischen Rechts gewann die Oberhand. Konsequenterweise nahm Leo I. den Titel *Pontifex maximus* und *Papst* im eigentlichen Sinn des Wortes an, die bis dahin dem römischen Kaiser vorbehalten waren. Bald danach begannen seine Nachfolger die Insignien und Kleider des Kaisers zu übernehmen: den Purpur, die Mitra, den vergoldeten Thron, den Hirtenstab, die Stolen, das Pallium, den Schulterumhang (Mozetta), die Ausstattung der Paläste und deren Hofstaat und Gebräuche. Dies wird heute noch von den Kardinälen und Bischöfen so gehalten.

Ein solcher Stil erregte bei nicht wenigen Christen Anstoß, die im Evangelium lasen, dass Jesus ein armer Arbeiter ohne jeglichen Apparat gewesen ist. Es wurde deutlich, dass die Hierarchen dem Palast des Herodes näher standen als dem Stall von Betlehem.

Doch es gibt ein Phänomen, das wir nur schwer verstehen können: Im Bestreben, diese Veränderung zu legitimieren und dem Papst die absolute Gewalt zu sichern, wurde eine Reihe von Dokumenten gefälscht, wie etwa die »Konstantinische Schenkung«, eine Fälschung, die im achten Jahrhundert in Frankreich produziert wurde, oder die »Pseudodekrete des Isidor«, die später zum Teil in den Kodex Gratiani (den ersten Kanon des Kirchenrechts) übernommen wurden. Diese Texte stärkten die zentrale Machtausübung Roms jahrhundertelang. Erst im 15. Jahrhundert wies der Kardinal Nikolaus von Kues nach, dass es sich um Fälschungen handelt. Doch solche Dokumente bildeten das Fundament des zentralistischen, monarchischen und absolutistischen »römischen Systems«.

In der Folge war ein deutliches Anwachsen der Machtfülle der Päpste zu verzeichnen. Gregor VII. († 1085) rief sich in seinem *Dictatus Papae* selbst zum absoluten Herrn über Kirche und Welt aus; Innozenz III. († 1226) nannte sich selbst Stellvertreter Christi, und Innozenz IV. († 1256) setzte sich selbst gar als Stellvertreter Gottes ein. Unter Pius IX. wurden die Päpste auf dem Gebiet der Glaubenslehre und Moral für unfehlbar erklärt.

Eigenartigerweise wurden all diese Übertreibungen niemals von der Kirchenhierarchie zurückgenommen oder korrigiert; sie sind ihr nämlich von Nutzen. Sie sind immer noch in Geltung, zum Ärgernis für die, die noch immer an den armen Nazarener glauben, einen kleinen Handwerker und Bauern aus dem Mittelmeerraum, der verfolgt und am Kreuz hingerichtet wurde und auferstanden ist, um sich auch noch in der Kirche gegen das Streben nach immer mehr Macht aufzulehnen. Dieses Verständnis lässt auf unverzeihliche Weise eine Sache in Vergessenheit geraten: die wahren Stellvertreter Christi sind dem Matthäusevangelium zufolge (Mt 25,45) die Armen, die Dürstenden und Hungernden.

Heute ist dieses Modell der kirchlichen Organisation – auf der einen Seite die Hierarchie und auf der anderen Seite die Laienschaft – schwerwiegender Kritik vonseiten der Theologie, der Exegese, der ökumenischen Bewegung und der weltweiten demokratischen Kultur ausgesetzt; es sei weit vom Erbe Jesu entfernt. Die Kirche steckt ganz offensichtlich in einer allgemeinen Krise. Falls sie sich nicht im Sinne des Evangeliums verändert, wie es bereits vom Zweiten Vatikanischen Konzil anfanghaft formuliert, aber nicht konsequent umgesetzt wurde, wird die hierarchisch verfasste Kirche in eine Krise geraten, die möglicherweise keine Kehrtwende mehr zulässt.

Das Gleichgewicht zwischen Charisma und Macht wurde zugunsten der Macht zerstört. Diese Macht kontrolliert, unterwirft und erstickt nicht selten das Charisma. Nicht von ungefähr haben sich sowohl die vatikanischen Instanzen als auch die Brasilianische Bischofskonferenz beeilt, dem Charisma der katholischen charismatischen Erneuerung Grenzen zu setzen und sie den Kriterien der kirchlichen Gewalt zu unterwerfen. Papst Johannes Paul II. tat dies in einer Ansprache am 23. November 1994, in der er die möglichen Übertreibungen der katholischen charismatischen Erneuerung herausstellte. Die Brasilianische Bischofskonferenz veröffentlichte im Jahr 1994 ihre »Pastoralen Orientierungen zur katholischen charismatischen Erneuerung« (Dokument Nr. 53 der CNBB).

Wieder einmal zeigt sich die schlechte Neigung der institutionellen Macht, dem Charisma Grenzen setzen zu wollen und es so seines Veränderungspotenzials zu berauben. Die auferlegten Schranken zeugen von Strenge. In beiden Dokumenten kann man sehen, dass die Macht die Eigenart des Charismas herabwürdigt. Wie innerhalb der lateinischen Tradition insgesamt üblich, wird die Rolle des Geistes nicht genügend anerkannt, die darin besteht, das Neue hervorzubringen und innerhalb der Geschichte als die Fantasie Gottes zu walten, damit die Botschaft Jesu dauerhaft zur Frohen Botschaft wird.

An dieser Stelle käme die Aufgabe der katholischen charismatischen Erneuerung ins Spiel. Sie kann die Zukunft nicht als Fortschreibung des Vergangenen und Gegenwärtigen sehen. Ihre Aufgabe wäre es, die hierarchisch verfasste Kirche zu evangelisieren, damit die Hierarchie tatsächlich eine dienende Funktion übernimmt und die Gemeinschaft mit ihren Dienstämtern, Gaben und Charismen ermutigt. Die Hierarchie will der Welt das Evangelium verkünden. Doch wer verkündet es der Hierarchie? Wer setzt ihrem übertriebenen Willen zur Macht, der bekanntermaßen Intrigen, Karrierestreben, die Gier nach Privilegien und Machtkämpfe hervorbringt, Grenzen? Ganz zu schweigen von den Warnungen, Versetzungen und kirchenrechtlichen Sanktionen.

Die katholische charismatische Erneuerung hat vom Heiligen Geist nicht nur den Mut verliehen bekommen, das geistliche Leben der Welt zu erneuern. Ihre wichtigste Aufgabe, die sie noch nicht übernommen hat und deren sie sich noch nicht bewusst ist, bestünde darin, das Charisma der Prophetie auszuüben: in Sanftheit und Entschiedenheit zugleich auf die Übertreibungen der heiligen Gewalt (der Kindesmissbrauch, die Finanzskandale und andere Vorkommnisse sind letztlich Ausgeburten einer vom Charisma nicht in die Schranken gewiesenen Macht) aufmerksam zu machen und ausgehend von der Praxis Jesu und der Apostel auf kreative Lösungen bezüglich der Aufgabe der Leitung und des Dienstes der Ermutigung der Gemeinden hinzuweisen. Die geistliche Nahrung für ein solches Bemühen ist die Liebe, die höchste Gabe des Geistes, die Fürsorge füreinander und die Barmherzigkeit denen gegenüber, die leiden. An die Stelle von Hierarchie (Befehlsgewalt) träte so die Hierodoulie (Dienst an den anderen): Das entspräche dem Willen Jesu.

Wenn die katholische charismatische Erneuerung diese anspruchsvolle, aber dringende Aufgabe nicht übernimmt – wer sollte sie denn dann übernehmen? Sie könnte sich dabei üble Nachrede einhandeln, auf Unverständnis stoßen und sogar Verfolgung erdulden müssen. Solche Folgen müssten dann im Geist der Seligpreisungen angenommen werden. Unter solchen Umständen kommt es auf die Gaben des Mutes, der Langmut (elastische Widerstandsfähigkeit, Resilienz) und der Geduld an, mit denen die Gläubigen stets zu rechnen haben.

Zusammenfassend können wir sagen: Das Hereinbrechen des Heiligen Geistes in die neue, planetarische Phase der Menschheitsgeschichte; in die katholische Kirche und in die übrigen Kirchen, auf dass sie spiritueller, evangeliumsgemäßer und Jünger und Jüngerinnen des armen und niedrigen Jesus werden; insbesondere in das ökologische Bewusstsein, das so grundlegend ist für die Rettung des menschlichen Lebens auf dem Planeten und für die Zukunft unserer Zivilisation, stellt eine himmlische Gabe dar, die es aus ganzem Herzen und dankbar anzunehmen gilt. Die Zeiten, die wir gerade erleben, sind möglicherweise die letzten. Genau in solchen Zeiten erfährt man der Heiligen Schrift zufolge die Ausgießung des Geistes über alles Fleisch.

Seine Herabkunft ist die Antwort auf unser Rufen: »Komm, Schöpfer Geist, erneuere das Antlitz der Erde, komm bald herbei und säume nicht!«

Anmerkungen

1 »Sine tuo numine, nihil est in homine, nihil est innoxium.« Diese Pfingstsequenz nannte man auch die »goldene Sequenz«. Sie stammt aus dem 13. Jahrhundert und wird heute meist Stephan Langton, dem Kardinalerzbischof von Canterbury (um 1220) zugeschrieben. Eine andere Tradition weist Papst Innozenz III. (um 1216) als Verfasser aus. Der gesamte Text samt Kommentar findet sich in diesem Buch auf Seite 255–262.

2 »In labore requies, in aestu temperies, in fletu solacium.«

3 »Veni, Sancte Spiritus, et emitte caelitus lucis tuae radium.«

4 »Lava quod est sordidum, riga quod est aridum, sana quod est saucium.«

5 Die Bedeutung des Geistes habe ich bereits im Jahr 1968 im Zuge meiner Doktorarbeit an der Universität München (damals betreut von Joseph Ratzinger) erkannt. Meine Arbeit war dem Thema »Die Kirche als Sakrament in der Erfahrung der Welt« gewidmet. Zwei lange Kapitel darin beschäftigten sich mit dem Heiligen Geist als Organisationsprinzip der Kirche, die nicht auf der »potestas sacra« aufruhe, sondern auf der Vielfalt zur selben Zeit sichtbar werdender Charismen, unter denen das Charisma der Leitung und des Aufbaues der Einheit besonders hervortritt.

II.
Im Anfang war der Geist: Ein neues Modell, Gott zu denken

Nach dieser langen Einleitung, in der wir um das baldige Kommen des Geistes gefleht haben, schicken wir uns nun an, uns vor der eigentlichen theologischen Reflexion das Wort »Geist« neu anzueignen. Dies ist die Grundlage für die Rede vom Heiligen Geist. Gegenwärtig ist das Wort »Geist« sowohl von der Schriftkultur als auch von der volkstümlichen Redeweise verstümmelt worden.

Die Wiederaneignung des Wortes »Geist«

Innerhalb der herrschenden Schriftkultur ist »Geist« das Gegenteil von Materie. Von der Materie wissen wir in etwa, was sie ist, denn sie kann gemessen und gewogen werden, man kann mit ihr umgehen und sie verändern. »Geist« jedoch gehört dem Bereich des nicht Fassbaren, nicht Definierten und Nebulösen an. Materie ist das Schlüsselwort von Grundgegebenheiten der menschlichen Erfahrung in den letzten Jahrhunderten. Die moderne Wissenschaft hat die Erforschung und Beherrschung der Materie zur Grundlage. Sie drang bis in deren letzte Dimensionen vor, bis zu den subatomaren Teilchen: zum Higgs-Feld, durch das die erste Verdichtung der ursprünglichen Energie zur Materie stattgefunden haben soll; zu den Hadrionen und dem sogenannten »Gottesteilchen«. Einstein wies nach, dass Materie und Energie austauschbar sind. Materie gibt es nicht. Sie ist Energie in äußerst verdichteter Form und ein Feld voller Interaktionen. Die Konsequenzen dieser Theorie für das neue

Wirklichkeitsverständnis wurden von der Theologie kaum ernst genommen, die nach wie vor überwiegend »materialistisch«, das heißt substanzialistisch denkt.

Der Staat versteht sich selbst als der Organisator der Produktion materieller Güter mittels der menschlichen Arbeit, der Technik sowie kleiner und großer Unternehmen und versucht auf diese Weise die Bedürfnisse der Menschen zu erfüllen bzw. innerhalb des marktwirtschaftlichen Kapitalismus für die Akkumulation des Reichtums zu sorgen. Doch es liegt nicht außerhalb seiner Kompetenz, sich für unabdingbare Werte wie Transparenz, Kooperation, Respekt vor den unterschiedlichen Kulturen und vor dem jeweiligen Geschlecht, für ein ökologisches und soziales Gesamtklima und ein Minimum an Gerechtigkeit einzusetzen. All dies hat auch mit der spirituellen Dimension des Daseins zu tun.

Die spirituellen Werte sind nach landläufiger Auffassung der Moderne im »Überbau« angesiedelt und fügen sich nicht in wissenschaftliche Kategorien. Ihr Ort ist die Welt der Subjektivität, die dem Geschmack des Einzelnen oder bestimmter religiöser Gruppierungen anheimgegeben ist. Etwas überzeichnet, aber auch wiederum nicht allzu wirklichkeitsfern, könnte man sagen: »Wenn von ›spirituellen Werten‹ die Rede ist, dann verbindet jeder damit die Vorstellung, dass ein gut situierter Bürger bei einer Versammlung des Rotary Clubs oder des Lions Clubs nach einem üppigen Festmahl mit köstlichen Speisen und hervorragendem Wein eine Rede hält. Für das einfache Volk im Allgemeinen sind ›spirituelle Werte‹ schöne, aber bedeutungslose Worte.« (Comblin 1978, 9) Oder aber, »spirituelle Werte« werden der Phraseologie des moralisierenden oder spiritualisierenden Redens der Kirche zugeordnet, das ein distanziertes oder feindliches Verhältnis zur modernen Welt hat.

Aus diesem Grund kommt der Ausdruck »spirituelle Werte« am häufigsten bei konservativen Kirchenleuten vor, die damit das spezifische Feld kirchlichen Handelns innerhalb der Gesellschaft abstecken. Die Kirche ist es, die sich für »spirituelle Güter«, die man im Allgemeinen mit »moralischen Werten« gleichsetzt, eifrig einsetzt und sie propagiert. Von den Vertretern der Kirche bekommt man häufig zu hören, dass die Krise der heutigen Welt wesentlich damit zusammenhängt, dass sie spirituelle Werte vernachlässige, und nicht so sehr mit Fehlentwicklungen auf politischen, wirtschaftlichem oder ökologischem Gebiet. Und die Abwendung vom »Spirituellen« versteht man als die Weigerung, häufig an religiösen Feiern teilzunehmen oder sich in anderer Weise ausdrücklich dem Bereich des Religiösen zu widmen.

Doch aufgrund des Missbrauchsskandals – der zunächst vom Vatikan vertuscht wurde, dann aber, da es um Verbrechen geht, weltliche Gerichte befasste – und der Finanzskandale rund um die Vatikan-Bank verlor der offizielle Diskurs um »spirituelle Werte« an Glaubwürdigkeit. Er ist nicht sinnlos, doch die offizielle Instanz, die diese Werte propagiert, ist wie eine Stimme in der Wüste, der kaum jemand zuhört.

Innerhalb der Volkskultur steht das Wort »Geist« hoch im Kurs. Es bringt ein gewisses magisches Weltverständnis zum Ausdruck, das mit der in der Schule vermittelten Rationalität konkurriert. Ein großer Teil des einfachen Volkes, insbesondere die Menschen, die von der afrobrasilianischen und indigenen Kultur beeinflusst sind, geht davon aus, dass die Welt von guten und bösen Geistern bevölkert ist, die innerhalb der Wirklichkeit handeln und bestimmte Lebenssituationen wie Gesundheit oder Krankheit, das Gefühlsleben, Erfolg und Scheitern, ein günstiges oder ungünstiges Geschick beeinflussen. Der Spiritismus hat diese Weltsicht mit der Vorstellung von der Reinkarnation besiegelt. Die Seelen reinkarnieren sich, um sich zu reinigen und sich weiter zu entwickeln, um schließlich nach vielen Reinigungszyklen zu Gott zu gelangen. Der Spiritismus hat mehr

Anhänger als man meint, nicht nur im einfachen Volk, sondern in allen gesellschaftlichen Schichten bis hin zu sehr gebildeten Leuten. Darunter sind auch viele Christen unterschiedlicher Konfessionen, auch Katholiken.

In den letzten Jahrzehnten konnte man ein deutliches Abschwellen der Begeisterung für die materielle Welt und ihre Versprechungen beobachten, die nun als trügerisch empfunden werden. Die Überbetonung der Rationalität in allen Bereichen und der überhandnehmende Konsumismus haben einen existenziellen Überdruss und auch eine Menge Enttäuschung erzeugt. Das Glück ist nicht im materiellen Aspekt der Dinge zu finden, sondern in Dimensionen, die mit dem Herzen, dem Gefühl, den Beziehungen der Liebe, der Solidarität und des Mitleids zu tun haben.

Überall sucht man nach neuen spirituellen Erfahrungen, das heißt nach einem Lebenssinn, der über die unmittelbaren Interessen und den täglichen Überlebenskampf hinausgeht. Diese neuen Erfahrungen eröffnen eine Perspektive der Erleuchtung und Hoffnung mitten auf dem Markt der konventionellen Vorstellungen und Vorschläge, die mit den Massenmedien und den sogenannten »sinnvermittelnden Institutionen« wie den Religionen, Kirchen und Lebensphilosophien in Verbindung stehen. Sie gewannen an Einfluss durch Fernsehprogramme und große religiöse Events, die nach der Logik des Spektakulären und der Massenpsychologie funktionieren und sich dadurch selbst von der Ehrfurcht und dem Heiligen entfernen, das jede echte Religiosität prägt. Innerhalb einer vom Markt dominierten Gesellschaft verwandeln sich auch Religion und Spiritualität in Waren für den allgemeinen Konsum.

Trotz der erwähnten Vermarktung der Religion übt die Welt des Spirituellen wieder neue Faszination aus, meistens in Gestalt der Esoterik, des Mystizismus und auch innerhalb der Selbsthilfe-Literatur. Das Grau der Massengesellschaft wurde durchbrochen auf eine Tiefendimension der Welt hin. Innerhalb der christlichen Milieus entstanden Bewegungen, in deren Mittelpunkt der Heilige Geist steht. Die Pfingstkirchen blühten auf, die charismatischen Bewegungen gewannen an Zuspruch, und der dritte Artikel des Glaubensbekenntnisses (»Ich glaube an den Heiligen Geist«) rückte in den Mittelpunkt. Befinden wir uns, wie einige meinen, nach dem Jahrhunderte währenden »Zeitalter des Sohnes« nun am Beginn des so sehr ersehnten »Zeitalters des Geistes«?

Diese Phänomene setzen eine Wiederaneignung der Kategorie »Geist« in einem positiven, sogar jeder Systematisierung widerstreitenden Sinn voraus. Der »Geist« stellt einen erhellenden Bezugspunkt dar, der nicht länger dem Verdacht der Kritik der Moderne ausgesetzt ist, die nur das akzeptierte, was durch das engmaschige Sieb der Rationalität ging. Die Vernunft ist nicht alles und erklärt nicht alles. Es gibt das Irrationale und das Arationale. Im Menschen gibt es das Universum der Leidenschaften, des Gefühls und des Empfindens, das sich mittels der emotionalen Intelligenz des Herzens ausdrückt. Der Geist weist die Vernunft nicht von sich, er bedarf ihrer vielmehr. Doch er geht darüber hinaus und nimmt sie auf einer höheren Ebene in sich auf, die mit Einsicht, Kontemplation und dem übergeordneten Sinn des Lebens und der Geschichte zu tun hat.

Phänomene, in denen der Geist sich zeigt

Wir listen hier einige Erfahrungen des Lebens und des Geistes auf, die uns zu einer besseren Erkenntnis der Wirklichkeit des Geistes Gottes verhelfen können.

Die Kraft der Natur

Erste Szene: Von Weitem hört man das Prasseln des Regens, der schwer auf den Urwald Amazoniens herabfällt. Vom Wind aufgewühlt, gleicht er einem wilden Tier, das seinen ganzen Körper schüttelt. Der düstere Himmel färbt sich rot. Die riesigen Baumkronen schwanken hin und her. Die Äste reiben sich knirschend aneinander. Tosend, als hätte jemand die Schleusen des Himmels geöffnet, geht der starke Regen nieder. Eine stumme und düstere Furcht ergreift die Seele. Man kann nirgendwohin fliehen.

Plötzlich entdecken wir, dass wir selbst Teil dieses zitternden, ächzenden, weinenden und vor Schweiß triefenden Ganzen sind. Dann lässt alles langsam nach, und dichter Nebeldunst steigt aus dem mit Wasser getränkten Boden empor. Die Natur lebt, denn sie hat ihre jugendliche Frische wiedererlangt, und entfaltet all ihre majestätische Pracht. In dieser Erfahrung ist etwas von dem enthalten, was wir den Geist als Bewegung, Leben und Wirbel nennen werden.

Zweite Szene: Das trockene Land ist völlig ausgebrannt. Da und dort sieht man durch die Hitze verbleichte Tierknochen. Nur Kakteen ragen still aus der ausgetrockneten Umgebung empor. Von Weitem sieht man eine rötlich leuchtende Wolke. Sie beginnt größer zu werden. Es kommt ein leichter Wind auf und wirbelt kleine Staubkörner auf. Die Brise wird zu einem Wind. Die Kakteen bewegen sich wie Trugbilder. Der Wind wird stärker. Er fegt pfeifend über die Steine hinweg. Jetzt ist es schon ein heftiger Wind, mehr noch: ein starker Sturm.

Die Knochen türmen sich übereinander. Roter Staub verdunkelt den Horizont. Ein grollender Donner lässt sich vernehmen. Blitze zucken heftig. Große Tropfen beginnen heftig auf den Boden niederzugehen. Auf einmal wird daraus ein Sturzbach, der tosend auf die verwundete Erde niederprasselt. Der teuflische Wind lässt einen fließenden Wasserstrom entstehen, der sich im Gebüsch zerteilt und auseinanderfließt.

Dies ist der keuchende Atem der trockenen Steppe, die leidet und Schmerz erträgt. Nur hin und wieder hört man den Regen wohltuend auf die dürstende Erde fallen. Noch einen Tag, und dann noch einen, und ein feines Grün, lachende Üppigkeit, bricht allenthalben hervor. Die leichte Brise ist wie der Atem eines Kindes, das zufrieden und satt ist von der Muttermilch.

In diesem Sinne muss man sich den Geist als den Atem der Natur und die Quelle des Lebens denken, wie eine Kraft, die aus dem dürren Buschwerk einen blühenden Garten macht.

Das Leben als Ausdrucksform des Geistes

Das Leben ist gewiss ein Geheimnis, auch wenn wir die komplexen Bedingungen, unter denen es entsteht, beschreiben können. Insbesondere Ilya Prigogine, der für seine Forschungen zur Thermodynamik den Nobelpreis erhalten hat, zeigte, dass Leben entsteht, wenn die natürlichen Elemente einen hohen Grad an Komplexität erreichen und sich vom Zustand des Gleichgewichts entfernen. Das Leben entsteht als eine Art der Überwindung des Chaos (Prigogine 1984), das ein neues dynamisches Gleichgewicht herstellt. Christian de Duve, der den Nobelpreis für Medizin bekommen hat, behauptet, dass die Entstehung des Lebens, sobald ein bestimmter Grad an Komplexität erreicht ist, überall im ganzen Universum einen kosmischen Imperativ darstellt (de Duve 1997).

Die Wissenschaft selbst also anerkennt den Geheimnischarakter des Lebens. Wir können die Bedingungen beschreiben, die zu seiner Entstehung nötig sind. Doch was dieses Leben selbst ist, das entzieht sich völlig unserem Fassungsvermögen. Schließlich können wir uns darauf verständigen, dass es nicht darum geht, das Leben zu definieren, sondern es zu leben, zu verteidigen, zu umfangen, indem wir uns in dieses Leben hineinbegeben. Nur wenn wir in diesem umfassenden Sinne leben, erfahren und erkennen wir das Leben auf wirklich lebendige Weise.

Zunächst haben wir es mit einem Organismus zu tun. Dieser stellt eine Einheit auf der Grundlage von vielen Elementen und durch ein Zentrum verbundenen Faktoren dar. Es handelt sich um komplexe Materie und ist es zugleich auch nicht, denn dieser Organismus enthält eine Fülle von Informationen (genetischer Code), die nicht die Merkmale der Materie aufweisen. Das Leben tauscht stets Materie und Energie mit seiner Umwelt aus, reguliert sich und schafft sich auf diese Weise selbst.

Die Biologen werden nicht müde, die Einzigartigkeit und den Geheimnischarakter des Lebens zu betonen. Es ist eine »Emergenz«, eine Ausdrucksgestalt der Evolution und die schönste Blüte des gesamten kosmischen Prozesses. Die Bakterien zum Beispiel, die primitivsten Formen des Lebens (sie sind etwa vor 3,8 Milliarden Jahren entstanden), erhalten ihre innere Vitalität über lange Zeiträume aufrecht. Unter den Bedingungen absoluter Kälte (273 Minusgrade Celsius) zerfallen sie nicht, im Gegenteil: Sie bleiben in lebensfähigem Zustand erhalten, unabhängig vom Lauf der Zeit. All ihre Funktionen können wiederhergestellt werden, selbst wenn sie Abertausende Jahre unter einer zig Meter dicken Eisschicht eingefroren waren. Auf der Haut eines zehntausend Jahre lang im sibirischen Eis eingefrorenen Mammuts hat man Bakterien entdeckt, die bei angemessener Temperatur wieder zum Leben erwachten. In Salzlagerstätten hat man Bakterien entdeckt, die Millionen von Jahren in lebensfähigem Zustand erhalten geblieben waren. In entsprechenden Bedingungen begannen sie wieder zu leben und sich wie früher zu vermehren.

Es gilt als sicher, dass Viren, Bakterien und Protozoen in gewissem Sinne unsterblich sind. Sie reproduzieren sich mit absoluter Perfektion. Der Tod ist also nicht das natürliche und notwendige Merkmal des organischen Lebens. Wenn diese primitiven Formen des Lebens nicht einer feindlichen Umwelt ausgeliefert sind, dann kennen sie keinen Tod. Wir können sogar sagen, dass auch die Fortpflanzungszellen von biologisch entwickelten Lebewesen, wie wir es sind, in gewisser Weise eine horizontale Linie unsterblichen Lebens bilden, auch wenn der individuelle Tod durch die Sexualität entstanden ist. Die Art aber existiert grundsätzlich auf unbestimmte Zeit weiter.

Solche Phänomene lassen uns erkennen, dass die Auffassung von Leben als Steigerung der Komplexität der Materie und Verwandlung von Materie in Energie, als Selbstreproduktion und Aufrechterhaltung des Gleichgewichts sowie dessen Verlust durch Krankheit und Tod das, was das Leben tatsächlich ausmacht, nicht angemessen in den Blick bekommt. Nicht einmal der Sauerstoff ist unverzichtbar. In den dunklen Tiefen der Ozeane gibt es Organismen, die jahrtausendelang ohne Licht und Sauerstoff erhalten bleiben. Die Schwefel-, Nitrat- und Nitritbakterien, die vielleicht die ältesten der Erde sind, leben völlig ohne Sauerstoff. Dieser könnte sie vielmehr töten.

Was ist nun letztendlich das Leben? Ein uns herausforderndes Mysterium, das sich jeder zufriedenstellenden Erklärung entzieht. Leben ist Spontaneität, Bewegung, Austausch, Präsenz, Energie, Strahlung und Kraft. Angesichts all dessen sagen wir wie die Alten: Hier macht sich die Gegenwart von etwas Immateriellem, von etwas Spirituellem bemerkbar. Weiter unten werden wir an entsprechender Stelle sagen, dass das Leben die außergewöhnlichste Manifestation des Heiligen Geistes in der Schöpfung ist; dies gilt insbesondere für das menschlichen Leben.

Die Lebendigkeit der Pflanzen- und Tierwelt

Erste Szene: Zwei kleine Kätzchen spielen mit einem Ball. Sie laufen, rollen sich ein, fordern sich gegenseitig heraus. Dann vergessen sie den Ball und spielen miteinander. Sie wälzen sich hin und her, drehen sich um die eigene Achse. Sie tun so, also ob sie sich beißen würden, rollen sich übereinander. Dann ziehen sie an einer Franse des Tischtuchs. Eine Vase fällt um. Vor Schreck laufen sie davon.

In ihnen ist überschäumendes Leben und eine Vitalität, die den wahren Sinn des Wortes »animal«, das im Portugiesischen wie im Englischen Tier bedeutet, offenbart: Träger einer »anima«, einer Seele als Quelle von Leben und Kraft.

Was können wir an dieser alltäglichen und vertrauten Szene erkennen? Das kraftstrotzende Leben.

Zweite Szene: Der Regenwald Amazoniens. Das überschäumende Leben, das wir bei den Tieren beobachtet haben, wird hier zu einem wahrhaft dionysischen Fest des Lebens. Das spüren wir auf der Haut, wenn wir in den Regenwald vordringen. Die Intensität des Grüns in allen Farbabstufungen ergreift und begeistert uns. Die verschiedenen »Stockwerke« des Regenwaldes versetzen uns in Ekstase und Verzückung. Ganz unten, den Boden entlang kriechend, befinden sich Sträucher, die emporwachsen wollen und dem Licht zustreben.

Mithilfe unzähliger kleiner Haftwurzeln ranken sich die Schlingpflanzen an den Stämmen im Zickzack-Kurs empor, wieder hinunter, um erneut hochzuranken, und strecken lange Arme aus, deren Schlingen und Wurzeln Nahrung vom Boden aufnehmen. Auf der mittleren Ebene finden sich die bereits ausgewachsenen Bäume, groß, riesig und kräftig und frei von Parasiten. Und schließlich kommen dann die über hundert Jahre alten Bäume, die stolz emporragen, wie ein stolzer Düsenjet aus Holz nach oben schießen und von riesigen Wurzeln getragen werden, die drei bis vier Meter aus der Erde emporragen. Die Baumkrone ganz erhaben in der Höhe weist zu den Wolken empor und zeigt dem Himmel selbstbewusst ihr Gesicht. Pro Tag gibt ein jeder dieser Baumriesen bis zu dreihundert Liter Feuchtigkeit ab – man nennt sie auch fliegende Flüsse –, die der Wind in alle Richtungen trägt und in entfernten Gegenden den Regenfall sichert oder das Land vor dem Austrocknen bewahrt.

Mitten in diesem kräftigen und üppigen Grün entfaltet sich ein ungeheurer Reichtum tierischen Lebens. Unzählige Schmetterlinge und Insekten aller Art befruchten die Blüten, und es gibt jegliche Art von Tieren. Vom Morgen bis zum Mittag und dann wiederum bis zum Abend, wenn sie sich zur Ruhe begeben, hört man das Zwitschern der Vögel, das Geheul der Raubtiere, das Geschwätz der Papageien, den unaufhörlichen Gesang des Uiapuru, das Gequengel der kleinen Affen und das majestätische Brüllen der Jaguare.

Der Regenwaldbewohner, dieses kleine, zerbrechliche, aber mutige Wesen, bewegt sich behände zwischen den Bäumen, aus deren Harz man Naturkautschuk gewinnt, weicht dabei den Bäumen aus, deren herabfallende Zapfen ihm gefährlich werden könnten, und ist von ehrfürchtigem Schauder und gleichzeitig von einem Gefühl der Geborgenheit im Schoß der großen Mutter Natur ergriffen.

Das Leben sprudelt hervor, es fließt an allen Seiten über, es durchdringt unser ganzes Sein und bildet einen großen, lebendigen mystischen Leib. Dies ist die Erfahrung des Lebens und des Geistes in der Natur.

Die Ausstrahlung des menschlichen Lebens

Das Phänomen des Lebens bricht in besonders dichter Form mit dem menschlichen Leben hervor. Zunächst überrascht es, dass in ihm die unterschiedlichsten Dimensionen der Wirklichkeit vereint sind: die physikalisch-chemische Grundlage, das Organische, das Psychische, das Rationale und insbesondere das Spirituelle. Diese Dimensionen sind einander nicht entgegengesetzt, sie durchdringen vielmehr einander und bilden so eine komplexe und vielfältige Einheit.

In ihr ist durch die verschiedenen Hirnanteile die Geschichte des Lebens präsent: Der Hirnstamm ist entwicklungsgeschichtlich mehr als dreihundert Millionen Jahre alt und bildet die körperliche Entsprechung unserer unwillkürlichen Tätigkeiten wie Schutzreflex, Blutzirkulation, Herztätigkeit und Bewegung der Augenlider. Darüber hat die Evolution vor mehr als zweihundert Millionen Jahren das limbische System hervorgebracht. Es entstand mit den Säugetieren. Sie tragen den Nachwuchs im eigenen Leib aus und entwickeln eine intime Beziehung zu ihren Jungen. Mit dem limbischen System kam etwas bis dahin Unbekanntes und Unglaubliches ins Universum: das Gefühl, die Fürsorge, die Sympathie und die Liebe. Wir Menschen sind vernunftbegabte Säugetiere voller Emotionen und Leidenschaften. Schließlich trat vor fünf bis sieben Millionen Jahren die Großhirnrinde auf den Plan, die für das Denken und die rationale Durchdringung der Welt verantwortlich ist.

Das menschliche Leben ist von Energien durchzogen, von denen die einen auf den Tod hin zulaufen und die anderen zum Leben und zur Auferstehung drängen. Auf der einen Seite gibt es die Kraft der Liebe, der großzügigen Hingabe an den anderen. Auf der anderen Seite bricht die Kraft des Negativen, der Aggressivität und der Ausgrenzung durch.

Diese Energien existieren nebeneinander, denn wir sind *homo sapiens* und *demens* zugleich. Die ethische Herausforderung für den Menschen besteht darin, der Dimension der Weisheit und des Lichts im Gegensatz zu der der Dummheit und des Schattens; der Güte im Gegensatz zur Bosheit und der Hoffnung im Gegensatz zur Verzweiflung den Vorzug zu geben.

Deshalb verläuft das Leben des Menschen niemals geradlinig, sondern ist komplex, bald auf Wegen, die uns emporführen, bald auf solchen, die uns erniedrigen.

Das Netz der sozialen Beziehungen folgt derselben Logik: Kräfte und Interessen, die zuweilen miteinander harmonieren, liegen dann wiederum in Streit miteinander und stehen stets in Spannung zueinander. Wir sind ein wenig die Zusammenfassung des Evolutionsprozesses, in dem ebenfalls Chaos und Kosmos miteinander verbunden sind, Ordnung, Unordnung und neuerliche Ordnung einander ablösen.

Der Mensch, Träger des Geistes par excellence

Doch das Hauptmerkmal des Menschen ist es, dass er Träger von Bewusstsein, von Intelligenz, mit einem Wort von Geist ist. Der Geist durchdringt das gesamte Universum vom ersten Augenblick seiner Entstehung an. Doch im Menschen gelangt er zum Bewusstsein seiner selbst und zur Freiheit.

Ein Phänomen macht in besonders hervorragender Weise die Wirklichkeit des Geistes deutlich: die Sprache. Unter allen höheren Lebewesen ist allein der Mensch mit der Fähigkeit zu sprechen begabt. Er kann sogar als das Wesen der Sprache definiert werden, wie der chilenische Biologe Maturana betont (1995). Durch die Sprache schafft er das gesamte Universum der Dinge neu, indem er diesen Dingen Namen gibt und seine Erfahrung mittels Lauten und grafischen Symbolen kodifiziert. Die moderne Linguistik hat uns die klare Logik vor Augen geführt, die jedes Sprechen bestimmt und sich bereits bei den Kleinkindern zeigt. Ohne dass wir uns dessen bewusst sind, sprechen wir in den Strukturen, die unsere Syntax und unsere Grammatik auszeichnen.

Der Geist offenbart sich besonders in der Sprache der Liebe, in der Naturpoesie und in der überzeugenden Rede. Bei diesen

Gelegenheiten ist die Sprache mehr als nur Sprache. Sie wird zu *páthos*, *lógos*, *éros* und *éthos*, das heißt zu einer Wirklichkeit, die uns bewegt, uns inspiriert, uns überzeugt und uns zum Handeln antreibt.

In der Poesie bricht sich der Geist als schöpferische Kraft Bahn. Der Poet spricht nicht. Er selbst wird gesprochen, ausgesprochen durch eine inspirierende Energie, die ihn völlig erfasst. Sie besingt das Leben, beweint das Unglück, fördert die geheimsten Erfahrungen zutage und offenbart die verborgensten Absichten. Sie verwandelt die Wirklichkeit durch Metaphern und rhetorische Figuren, die dazu verlocken und einladen, überraschende Erfahrungen zu machen.

Der Künstler nimmt ein Stück Holz. Er schneidet und schnitzt es, er schleift und poliert es und holt das Bild aus seinem Inneren heraus, das uns in andere Welten versetzt und in uns das Empfinden von Schönheit und Bewunderung auslöst. Besonders im Tanz wird der Leib durch die Leichtigkeit der Schritte und durch den Eindruck von Zartheit und Eleganz zum Geist.

Nichts zeigt die Präsenz des Geistes im Menschen so klar wie die Liebe. Durch die Liebe strebt der Mensch zur Verschmelzung mit dem anderen. Es ist eine Hingabe, die dem Tod ähnelt, denn es ist eine bedingungslose Hingabe, die es dem Ich ermöglicht, ganz eins zu werden mit dem Du. Wenn die Liebe zum Mitleid wird, dann zeigt sich der Geist in seiner Fähigkeit, aus sich selbst herauszutreten, sich an die Stelle des anderen zu versetzen und sich über den am Straßenrand Liegenden zu beugen. Wenn sie vergibt, dann transzendiert sie sich selbst und lässt nicht zu, dass die Vergangenheit das letzte Wort hat und die Offenheit für Gegenwart und Zukunft behindert.

Die höchste Ausdrucksform des Geistes nimmt dann Gestalt an, wenn er sich in Liebe und Vertrauen dem großen Anderen öffnet. Er tritt in einen Dialog mit Gott, hört in seinem Gewissen seinen Ruf, gibt sich vertrauend hin wie einer, der in seiner Hand ist. Die Gemeinschaft kann – wie es die Mystiker unterschiedlichster Herkunft bezeugen – so intensiv sein, dass sich die Erfahrung der Verschmelzung der geliebten Seele mit dem großen Geliebten einstellt, dass man die Nicht-Dualität erfährt und durch Gnade teilhat am Gottsein Gottes. Hier berührt der menschliche Geist den Saum des Heiligen Geistes.

Die Leuchtkraft charismatischer Persönlichkeiten

Nichts vermittelt die Gegenwart des Geistes überzeugender als eine charismatische Persönlichkeit. Das Charisma ist eine kosmische Kraft, die von den Menschen Besitz ergreift. Das Charisma sucht man nicht und man produziert es auch nicht. Es ist wie die Poesie. Entweder ist man ein Charismatiker, oder man ist es nicht. Der Charismatiker ist von einer Energie durchdrungen, die er selbst weder manipulieren noch kontrollieren kann. Sie bricht über ihn herein und macht ihn zum Werkzeug ihres Offenbarwerdens. Es gibt den charismatischen Politiker, der durch brillante Reden, originelle Metaphern und überraschende symbolische Gesten Massen zu begeistern vermag. Bei uns in Brasilien war der ehemalige Präsident Luiz Inácio »Lula« da Silva ein hervorragendes Beispiel für einen charismatischen Politiker. Wohin er auch kam, zog er die Massen an und konnte tausende Zuhörer mit seiner ausdrucksvollen und originellen Art zu sprechen in seinen Bann ziehen. Doch nicht nur er. Auch Mahatma Gandhi, Ernesto Che Guevara und Nelson Mandela waren Charismatiker, deren wohltuende Ausstrahlung durch die Zeiten hindurch andauert.

Das Charisma findet seinen Ausdruck in verschiedenen Lebensaktivitäten: in der Welt der Kunst, der Musik, des Theaters, des Films usw. Der Träger des Charismas zieht stets auf natürliche Weise die Aufmerksamkeit auf sich und löst Faszination aus.

Der Charismatiker auf religiösem Gebiet ragt in besonderer Weise heraus. Er ist derjenige, der uns allein durch seine Gegenwart in die Welt des Heiligen versetzt und der Rede von Gott und seinem Handeln in der Welt Glaubwürdigkeit verleiht. Den religiösen Charismatiker umgibt eine Aura, die bewirkt, dass er die Menschen fasziniert und in sanfter Weise seiner Botschaft näher bringt. Dom Hélder Câmara, Papst Johannes XXIII., Papst Johannes Paul II. und Martin Luther King waren Persönlichkeiten, die ein hohes Maß an Charisma auszeichnete. Die Charismatiker im Bereich der Religion sind es, die alte Strukturen erneuern und den alten Riten neues Leben einhauchen. Sie sind es, die die Hoffnung nähren, den Sinn des Lebens inmitten von Katastrophen wieder vermitteln und zu »Tröstern des Volkes« werden.

Die Be-geisterung als Ergriffensein vom Geist

Eines der reichhaltigsten Phänomene, die die Präsenz des Geistes vermitteln, ist der Enthusiasmus, die Be-geisterung. An ihr nehmen wir zwei Dimensionen wahr, die bereits die Griechen erkannt haben. Es handelt sich um ein im eigentlichen Sinne menschliches Phänomen im Zusammenhang mit überschäumendem Leben und der Feier des Lebens. Wenn jemand begeistert ist, dann ergreift er die Initiative, räumt Hindernisse aus dem Weg und eröffnet neue Möglichkeiten. Nichts wirklich Großes wird ohne den Schwung der Begeisterung in die Tat umgesetzt.

Andererseits haben wir es hier mit einer Energie zu tun, die von einer Person Besitz ergriffen hat, mit einer Kraft, die nicht erzeugt, sondern nur empfangen werden kann. Die Begeisterung hat etwas Göttliches an sich. Das Wort »Enthusiasmus« selbst weist klar darauf hin. Es kommt aus dem Griechischen und bedeutet »einen Gott *(theós)* in *(en)* sich haben«. Diese

Energie bemächtigt sich der Person und bewirkt, dass sie in ihrem Inneren mit Göttlichem ausgestattet ist.

Die Begeisterung veranlasst zu singen, zu tanzen, laut zu lachen und zu feiern. Sie ergreift vom Dichter, vom Schriftsteller, vom Schauspieler, vom bildenden Künstler, vom Musiker und Maler Besitz und lässt sie bis zur Erschöpfung der Kraft der Begeisterung arbeiten, die schöpferisch und erfinderisch ist. Es zeigt sich hier also das dem Wirken des Geistes Eigentümliche: die Materie zu verwandeln, ihr einen Ton zu entlocken und eine Melodie zu komponieren, ein Stück Marmor zu nehmen und die Pietà oder den Mose des Michelangelo daraus entstehen lassen. Diese Werke sind aus der Begeisterung heraus entstanden und lösen beim Publikum deshalb auch Begeisterung aus.

Das Hervorbrechen des Geistes der Prophetie und Poesie

Eine andere beeindruckende Manifestation des Geistes begegnet uns bei den Propheten. Sie sind Menschen, die vom Geist ergriffen und getrieben sind. Ihre Kraft liegt im Wort, mit dem sie das Unrecht anklagen, das die Mächtigen an den Schwachen und Verwundbaren verüben. Sie gehen sie an, weil sie ungerechte Löhne zahlen (Jer 22,13), weil sie betrügen (Am 8,5; Hos 12,8), weil Richter käuflich sind (Micha 3,11; Jes 1,23; 5,23), weil Gläubiger ihren Schuldnern gegenüber grausam sind (Am 2,8), wegen ökonomischer Ausbeutung (Jes 3,15; Am 2,6–8; 8,4–4), weil Menschen ein Leben in Luxus und Verschwendung führen (Jes 3,16–23; Am 6,5). Sie treten wider die Könige auf, weil sie schlechte Hirten sind. Der Prophet Natan klagt David an, der Urija getötet hat, um sich dessen Frau zu nehmen (2 Sam 12). Jesus selbst tritt wie ein Prophet auf und klagt die Schriftgelehrten an, die »die Güter der Witwen verschlingen« (Mk 12,40).

Deshalb wurden die Propheten damals wie heute verfolgt, gefangen genommen, gefoltert und gewaltsam zu Tode gebracht (Jer 26,20–24); 1 Kön 18,4–13; 19,10–14).

Doch sie kündigen auch eine neue Welt, einen neuen Menschen, ein neues Herz (Jer 31,34) und einen neuen Geist (Ez 36,16–38) an. Sie trösten und ermutigen das Volk (das ganze Buch des »zweiten Jesaja«, des Deuterojesaja: Jes 40–55; Ez 37), um den Glauben und die Hoffnung zu stärken (Sir 49,10).

Im Grunde ist der Prophet ein Interpret der Krise. Er tritt als außergewöhnlicher Mann in außergewöhnlichen Zeiten auf (Pierre Bourdieu). Er ist jemand, der ein waches Gespür für die Situationen gesellschaftlichen Chaos und für die Bedrohung durch Kriege hat, und er ruft zur Veränderungen des Lebens auf, die der Situation Abhilfe schaffen können. Die Propheten erneuern, suchen den ewigen Bund wiederherzustellen, den Gott mit seinem Volk geschlossen hat (Micha 6,1–8) und die durch und durch verdorbene Wirklichkeit mit rechter Gesinnung und einem neuen Herzen zu revolutionieren (Ez 36,16–38). Deshalb mischen sich die Propheten immer in die Politik ein, denn auf diesem Gebiet geschieht das Unrecht und auf dieser Ebene können die notwendigen Veränderungen vollzogen werden.

Moderne Propheten auf religiösem Gebiet waren Dom Hélder Câmara, Bischof Oscar Arnulfo Romero, der in El Salvador am Altar erschossen wurden, Dom Pedro Casaldáliga aus dem Amazonasgebiet, Dom Paulo Evaristo Arns, der Kardinal und ehemalige Erzbischof von São Paulo, der sich mutig für die Menschenrechte, insbesondere die der Armen, einsetzte. Innerhalb der Gesellschaft allgemein waren solche Propheten Leo Tolstoi, der die aktive Gewaltfreiheit predigte und auch Gandhi von dieser Sache überzeugte, der Senator Teotônio Vilela, der das Militärregime anklagte und sich für die Demokratie einsetzte, und der katholische Philosoph Alceu Amoroso Lima, der die Folterungen der Repressionsapparate öffentlich machte.

Propheten gab es zu allen Zeiten, im alten Ägypten, in Babylon, in Mesopotamien wie etwa Bileam (Num 22–24), und in jeder Generation bis in unsere Tage. Immer dann, wenn Krisen entstehen, die die Menschen in Verwirrung stürzen und sie orientierungslos zurücklassen, erheben sich prophetische Stimmen, die Wege aufzeigen, Mut machen und Hoffnung vermitteln. Hier zeigt sich der Geist deutlich als Energie der Veränderung.

Die Kraft des Geistes angesichts der Unterdrückung

Der Geist wird sichtbar im Mut derer, die wie die Propheten anklagen und die Zukunft ansagen und zu Opfern der Mächtigen werden, die Situationen der Unterdrückung und der Ausgrenzung der Armen aufrechterhalten. Es gibt diejenigen, die Widerstand leisten und sich in Befreiungsbewegungen engagieren. Ohne ein ethisches und ausgewogenes Urteil über die vielfachen Wege von Widerstandsgruppen und Befreiungsbewegungen fällen zu wollen, ist es wichtig anzuerkennen, dass sie den schwierigeren Weg gewählt haben und von Gedanken des Großmuts für die Opfer der Unterdrückung durchdrungen waren. »Sie, deren die Welt nicht würdig war«, wie es im Hebräerbrief heißt (Hebr 11,38), wurden ins Gefängnis gesteckt, machten barbarische Folterungen durch und wurden brutal ermordet. Sie haben sich den Mächtigen nicht gebeugt. Sie haben ihre Ideen nicht zur Disposition gestellt. Sie waren treu und gaben ihr Leben für Werte hin, die sie über ihr eigenes Leben stellten.

Die Schriften des Neuen Testaments und der christlichen Tradition sprechen von *parrhesía*, das heißt vom Mut, sich vor der Obrigkeit zur Wahrheit zu bekennen, das Unrecht anzuklagen und im Namen Gottes vom Leben der Armen und von der Zärtlichkeit ihnen gegenüber zu sprechen. Viele erlitten aufgrund dieser Furchtlosigkeit jegliche Art von Erniedrigung und wurden, wie fast alle Propheten der Geschichte, geopfert. Sie haben durch den Geist gesprochen, und ihre Kraft ist unbezwingbar.

Geist und Fleisch: zwei Seinsweisen

All diese Beispiele – und wir haben nur wenige von so vielen angeführt – lassen uns die Gegenwart des Geistes als Leben und Energie wahrnehmen. Es gibt noch viele andere Bedeutungen, die näher entfaltet werden können, die wir hier aber übergehen. So zum Beispiel, wenn wir von Geist eines Volkes sprechen, wenn wir seine spezifische Lebensweise und Kultur meinen. Oder vom Geist eines Gesetzes, das heißt von seinem tiefen Sinn, der über den Wortlaut hinaus gehen kann. Oder vom Geist eines Kunststils wie der Gotik, um nur einen davon zu nennen, der darin besteht, nach oben, auf die göttliche Transzendenz zu verweisen. Oder wenn wir sagen: Dieser Mensch hat Esprit, er ist geistreich, das heißt er ist scharfsinnig, stellt überraschende Gedankenverbindungen her und legt einen feinen Humor an den Tag. Oder wenn wir vom spirituellen, geistlichen Leben sprechen. Gemeint ist damit ein Leben, das auf unantastbaren Werten aufruht, wie etwa der Gemeinschaft mit Gott, der Kultivierung von Tugenden, der gelebten Liebe, der echten Solidarität und des tatkräftigen Mitleids.

Auf der anderen Seite hat der Geist seinen Kontrapunkt, der uns dazu veranlasst, ihn immer dialektisch zu denken. Jeder Wert trägt bereits sein Gegenteil in sich. Den Gegensatz zum Geist bildet nicht die Materie, sondern ein anderer Geist, ein Ungeist, der sich im Egoismus, in der Herzenshärte oder im Streben nach persönlichen Vorteilen zu erkennen gibt. Die Heilige Schrift nennt diese Dimension »Fleisch«. Fleisch meint hier den ganzen Menschen, dessen Lebensentwurf den Geist ausschließt, den Geist, der Leben, Strahlkraft des Guten und das Streben nach dem Rechten und Gerechten ist. Geist und

Fleisch sind Bezeichnungen für zwei gegensätzliche Lebensentwürfe.

Der fleischliche Mensch kapselt sich in sich selbst ab, ohne die anderen in Betracht zu ziehen, und bläht das eigene Ego so weit auf, dass es sich ständig auf sich selbst bezieht. Das Schicksal des Fleisches ist die Einsamkeit, die Entwurzelung und der Tod. Der geistliche Mensch hingegen ist Dasein für die anderen, Offenheit für die Liebe und vor allem Offenheit für Gott und alles, was heilig ist.

Wie aus all diesen Überlegungen hervorgeht, ist die Kategorie »Geist« eine der höchsten, die die Kulturen hervorgebracht haben, um das Beste am Wesen des Menschen zum Ausdruck zu bringen: seine Fähigkeit zur Transzendenz und zur Schaffung von Leben in all seinen Formen. Diese Kategorie lässt uns die Wirklichkeit eher als ein Werden denn als ein Sein begreifen, und Gott eher als Energie und Dynamik, die in der Welt, in der Geschichte und in jedem Einzelnen wirkt. Die theologische Tradition ruht faktisch auf einer substanzialistischen Gottesvorstellung auf. Sie denkt über sein Wesen, sein ewiges, unendliches und unwandelbares Sein nach.

Mit der Kategorie des Geistes sind wir aufgefordert, Gott als Prozess, als ein Werden, als Energie zu verstehen, die das gesamte Universum, alle Dinge und jeden Menschen im Dasein hält. Er ist eher Aktion denn unwandelbare Substanz. Er ist ein Gott, der Zukunft hat, weil er in die Geschichte eingeht. Diese ist ihm nicht äußerlich, sondern sie wurde entworfen, um ihn aufzunehmen, unableitbar Neues in Gang zu setzen, das niemals zuvor existierte, zum Beispiel die Menschwerdung Gottes. Durch sie begann Gott etwas zu sein, was er vorher nicht war: ein Gott, der aus seinem Geheimnis heraustritt und sich dem Menschen Jesus von Nazaret selbst mitteilt. Gott der Geist ist eine offene Wirklichkeit, die stets nach allen Richtungen hin kommuniziert. Wir sagen auch, dass er das Geheimnis im Sinne einer Quelle ist, die stets erkannt werden kann und dennoch stets unerkannt bleibt. Dieses Geheimnis weist deshalb eine Dynamik auf, die sich niemals selbst wiederholt und stets von Neuem ins Sein kommt.

Alle beschriebenen Phänomene deuten auf diese Dynamik und dieses kontinuierliche Handeln hin, das uns eher auf das Wirken Gottes denn auf sein Wesen und seine Natur verweist. Er ist von Ewigkeit her Beziehung, relational und eine Quelle des Lebens, der Liebe und der Selbsthingabe, die keine Grenzen kennt. Er ist ein Ozean von Energien ohne Grenzen und weckt stets Energien, die ihn offenbaren.

Nun müssen wir all diese Phänomene theologisch deuten, um dann vom Geist Gottes, von Gott als Geist und vom Heiligen Geist als der dritten Person der göttlichen Dreieinigkeit sprechen zu können.

III.
Geist: Die Deutungen der Grunderfahrungen

Die im vorherigen Kapitel angeführten Phänomene, die wir Grunderfahrungen des Geistes genannt haben, verlangen nach einer Deutung. Solche gibt es viele. Keine von ihnen schöpft die Erfahrung aus oder ersetzt sie. Die Deutungen gehören jedoch zur Erfahrung selbst dazu. Ohne sie blieben die Erfahrungen unvollständig und in gewisser Weise stumm. Die Deutungen legen verborgene Dimensionen frei, die unsere Erfahrungen selbst bereichern. Sie öffnen ein Fenster des Verstehens dessen, was Geist und Heiliger Geist sein kann. Wir zählen hier einige Systematisierungsversuche dieser Grunderfahrungen auf.

Animismus und Schamanismus in ihrer Aktualität

Die Grunderfahrungen haben durch den sogenannten Animismus und auch durch den Schamanismus eine bedeutende Systematisierung erfahren. Dem bekannten Spezialisten zu diesem Thema, Edward Burnett Tylor, zufolge, handelt es sich hierbei um eine »rationale, wohl systematisierte und gut ausgearbeitete Philosophie« (Tylor 2013; vgl. auch Leeuw 1956, 77–86).

Der Animismus ist eine primitive Mentalität – primitiv nicht im Sinne des zeitlich Früheren, sondern im anthropologischen Sinne, das heißt, er ist den ursprünglicheren und tieferen Strukturen der menschlichen Psyche zuzuordnen. Jean Piaget hat gezeigt, dass der Animismus die natürliche Weltsicht der Kinder darstellt. Im Winter sieht das Kind die Sonne ins Zimmer scheinen und ruft aus: »Oh, das ist fein, jetzt kommt die Sonne und heizt unsern Heizofen.« (zitiert nach: Leeuw 1956, 81) Die Gegenstände verfügen über Leben und Intelligenz. Ein anderes Kind wird gefragt, »weshalb ein Schiff auf dem Wasser bleibt, während ein kleiner Stein, der viel leichter ist, sogleich versinkt. Vern [so heißt das Kind] denkt nach und antwortet: ›Das Schiff ist gescheiter als der Stein.‹« (Piaget 1988, 201)

Auch als moderne Menschen sind wir Animisten und der primitiven Mentalität in dem Maße verhaftet, in dem wir unsere Welterfahrung symbolisch deuten. Das wissen die Künstler, Dichter und Maler sehr genau. Wir erleben die Wirklichkeit gefühlsbetont, innerhalb einer einheitstiftenden und umfassenden Dimension, und empfinden uns dabei als Teil des Ganzen, das uns umgibt. Und hierfür gebrauchen wir Metaphern wie die aus dem argentinischen Tango: »Ich besinge den Mond nicht deshalb, weil er einfach leuchtet, und sonst nichts; Ich besinge ihn, weil er um meinen weiten Weg weiß.« Hier wird der Mond zum Schicksalsgefährten des Menschen gemacht. »Auch wir sind Animisten«, sagt der niederländische Anthropologe van der Leeuw, »auch wenn wir unser Bestes tun, es zu vergessen.« (Leeuw 1956, 82)

Alles spricht zu uns oder kann uns Botschaften übermitteln: die Wälder, die Landschaften, die Farben, die Tiere und die vertrauten Gegenstände bei uns zu Hause. Von ihnen geht eine Ausstrahlung aus, die uns berührt, unsere Fantasie beflügelt und unsere Erfahrung bereichert. Die Gegenstände sind geistbegabt, denn sie sind Bestandteil unserer Lebenswelt. Man prägte den Ausdruck *mana*, den man aus der polynesischen Kultur übernahm, um die Energie und deren Ausstrahlung in den Gegenständen zu benennen. Die Nagô-Traditionen kennen *axé* als jene kosmische Kraft, die alles durchdringt und in den »Vätern und Müttern des Heiligen« ihre besonderen Träger findet. Weiter unten werden wir kurz darauf eingehen. Die Alten sprachen vom *spiritus loci*, dem Geist eines bestimmen Ortes, einer Landschaft, die Erinnerungen in uns hervorruft. Weil die Dinge sprechen und ein Leben haben, sind Poesie, Malerei und jegliche Art von Inspiration überhaupt erst möglich, die bis hin ins noch so formalisierte Denken vorhanden ist.

Der Schamanismus geht von der Deutung der Wirklichkeit als Energie aus. Der Schamane ist nicht einfach ein vom Geist Ergriffener, der Außergewöhnliches vollbringen kann. Er ist einer, der sich von den kosmischen Energien durchdringen lässt. Er fühlt sich mit ihnen so eins, dass er es vermag, sie für bestimmte gute Zwecke zu nutzen. Der Schamanismus ist möglicherweise die älteste Weltanschauung der Menschheit, mittels welcher die Menschen den Naturkräften eine Bedeutung beimaßen und sich dabei in tiefer Gemeinschaft mit ihnen verbunden wussten.

Die biblische *ruach* und der Kosmos

Der Mensch der Bibel nannte die Energie der Natur wie den Wind, den Atem, den Hauch, den Sturm und die Erschütterungen der Erde *ruach*. *Ruach* ist der Geist. Er macht sich bemerkbar in Zeichen des Lebens, der Lebendigkeit, der Bewegung und des unvorhersehbaren und unkontrollierbaren Ausbruchs der Kräfte der Natur. Genau dies ist charakteristisch für die *ruach*: unvorhersehbar und vom Menschen nicht kontrollierbar zu sein. Sie ist eine Energie, die, wie alle Energien, gute und schlechte Wirkungen haben kann. Es gibt den Heiligen Geist (er taucht im Alten Testament nur zweimal auf: Jes 63,10–11; Ps 51,13), aber auch den Geist der Lüge und des Todes (Duhm 1904; Volz 1924).

Die Erzählung über die prophetische Trance Sauls zeigt die beherrschende Kraft des Geistes. Saul wir »in einen anderen Menschen verwandelt« (1 Sam 10,6). Er verfolgt David, um ihn zu töten. Dreimal schickt er Boten aus. Doch auf sie kommt der Geist herab, sie geraten in Trance und sind außer sich. Schließlich nimmt Saul selbst die Verfolgung Davids auf. Doch auf dem Weg kam der Geist auf ihn herab: »Da zog auch er seine Kleider aus und geriet ebenfalls vor Samuel in Verzückung und lag den ganzen Tag und die ganze Nacht nackt da.« (1 Sam 19,24)

Mit einem ähnlichen Phänomen haben wir es bei Mose und den siebzig Ältesten zu tun, die, vom Heiligen Geist ergriffen, Schwierigkeiten hatten, den Zustand der prophetischen Verzückung wieder hinter sich zu lassen. (Num 11,24–30) Der Geist kam auf Bileam herab und ließ ihn ein Lied singen, das den Plan Gottes mit Israel offenbarte (Num 24,3). Samuel sprach vom »bösen Geist Gottes«, der Saul quälte (1 Sam 16,14–23); auch andere finstere und übeltuende Kräfte werden dem Geist zugeschrieben (Ri 9,23; 1 Sam 18,10; 19,9). Zu den Propheten Ahabs sendet der Herr sogar einen Lügengeist, um sie zu verführen (1 Kön 22,21–23). Wie man sieht, kann Geist eine gute, aber auch eine Böses bewirkende Energie sein.

Andererseits kann der Geist Simson unglaubliche Kraft verleihen, sodass er Löwen zerreißt, ganz allein dreißig Feinde besiegt und Ketten sprengt (Ri 14). Mit Recht sagte Eduard Schweizer: »Der Mensch hat Seele; der Geist hat ihn.« (Schweizer 1978, 23; Schweizer zitiert hier allerdings Köberle 1901, 210; d. Übers.)

Die Fachleuten haben darauf aufmerksam gemacht, dass man in den ältesten Schichten der Bibel keine Sorgfalt erkennen könne, die verschiedenen Geister voneinander zu unterscheiden (Kittel VI, 387). Alle Kräfte werden, sofern sie wirklich Kräfte sind, *ruach* genannt, ungeachtet dessen, ob sie dem Tod oder dem Leben dienen.

Zu unserem Schrecken wird auch ein solcher böser Geist *Geist Jahwes* genannt. Wir müssen verstehen, auf welchem Niveau des Diskurses dieses Verständnis formuliert wird. Es findet sich innerhalb einer animistischen und mythischen Redeweise, für die diese Welt voller Energien jeglicher Art ist. Es wird kein moralisches Urteil gefällt. Man trifft die konkrete Feststellung, dass es unter diesen Energien faktisch auch die göttliche Kraft gibt, die je nach den Umständen Gutes oder Böses bewirken kann. Gott wird noch nicht in seiner Transzendenz gedacht, als grundlegende Energie, aus deren Schöpferkraft alle guten Energien hervorgehen, die sich den in der Geschichte vorhandenen Energien des Bösen wiedersetzen. Israel wird nur allmählich die Erfahrung des göttlichen Geistes als Barmherzigkeit und Gericht machen, der jedoch stets souverän und transzendent und nicht Teil des unsteten Laufs dieser Welt in ihren Wirrnissen ist.

Es wird deutlich, dass die Kategorie *ruach* ein Fenster bzw. eine Tür zum Verständnis der göttlichen Wirklichkeit öffnet. In diesem Sinne ist Geist ein Adjektiv, eine Qualität der Dinge. Diese Qualität findet sich in der Natur, in der Geschichte, im Menschen und auch in Gott.

Zwei renommierte französische Bibelwissenschaftler, H. Caselles (1991) und Jean Galot (1997), haben nach der ältesten semantischen Wurzel von *ruach* gesucht und entdeckt, dass in den semitischen Sprachen wie dem Aramäischen, dem Hebräischen, dem Punischen, in Ugarit und im Akkadischen der ursprüngliche Sinn nicht, wie immer gesagt wird, Wind gewesen sei, sondern »atmosphärischer Raum zwischen Himmel und Erde, der ruhig oder unruhig sein kann (Caselles 1991, 131). Dann weitet sich dieser Raum und wird zum Lebensumfeld, aus dem alle Lebewesen, die Tiere und die Menschen, das Leben schöpfen. Von diesem ursprünglichen Sinn leiten sich alle übrigen Bedeutungen ab.

Die erste Bedeutung des Wortes ist also kosmologisch. Dann nimmt es eine physische Bedeutung an und bezeichnet den Wind. Daraufhin bekommt es eine anthropologische Dimension und meint die Art und Weise, wie der Mensch sich in das Lebensumfeld einfügt, meint seine Gesinnung, modern gesprochen seinen Geist. In einem anderen Sinne stellt der Geist eine lebendige göttliche Energie dar; so wird im Psalm 104 über alle Wesen gesagt: »... nimmst du den Geist *[ruach]* von ihnen fort, so schwinden sie hin und sinken zurück in den Staub« (Ps 104,29). Dann ist Gott selbst Geist, denn dies ist sein Wesen; und schließlich ist der Geist die dritte Person der Dreieinigkeit.

Weiter unten werden wir uns der Wirklichkeit des Geistes im theologischen Sinne des Worts, also dem Heiligen Geist, genauer widmen.

Pneuma und *spiritus*: Elementare Kraft der Natur

Die Griechen haben ihre eigene Version dieser Quellerfahrung der kosmischen Energie formuliert. Sie nannten sie *pneuma*, Geist im Sinne einer elementaren Kraft all dessen, was ist und sich bewegt. Er erscheint in der Natur als Wind, in den Lebewesen als Atem und in den Menschen als *lógos* im Sinne des geordneten und rationalen Verstehens der Wirklichkeit.

Nach dieser Auffassung ist *pneuma* direkt mit dem Leben verbunden. Es steht auch in Zusammenhang mit Enthusiasmus, der sich im *éros* vermittelt, welcher das Leben hervorbringt, die Liebe preist, die Dichter inspiriert und die Philosophen mit erleuchtenden Gedanken durchdringt.

Insbesondere die Stoiker haben eine ganze Weltanschauung ausgearbeitet, deren Fundament das *pneuma* ist. Es durchdringt das gesamte Universum, ähnlich wie die Seele den gesamten Leib belebt. Es weist die Merkmale der Gottheit auf, kann also nicht von den Menschen kontrolliert werden. Im Gegenteil: Die Menschen sind darauf angewiesen, dass es sich offenbart. Es ist immer da und zugleich unaussprechlich. Man spricht vom *pneuma* als *theíon* oder *théon* (eine Wirklichkeit, die Trägerin des Göttlichen ist) oder man benutzt auch direkt den Ausdruck Geist Gottes *(pneuma thou theou).* Gott erscheint als Geist, als Erzeuger von Leben, von Intelligenz, von Leidenschaft und Enthusiasmus (Kittel VII, 55). Indessen wird das *pneuma* immer als Gegenteil von Materie verstanden. Es ist immateriell.

Die Lateiner gebrauchen den Ausdruck *spiritus* in denselben Bedeutungen wie das griechische *pneuma* und die biblische *ruach*. Er ist der Wind, der Atem, die Bewegung und das Leben. Wie bei den Griechen wird jedoch *spiritus* als etwas Immaterielles verstanden.

Axé der Nagô und Youruba: Universale Energie

Nagô ist in Brasilien die Bezeichnung für die afrikanischen Sklaven aus der sudanesischen Region Yourubá, die heute in Nigeria (nördlich von Lagos bis zum Fluss Niger) und Benin liegt. Diese Menschen wurden in großer Zahl nach Bahia (im Nordosten Brasiliens) zwangsverschleppt, wo sie zu einer hegemonialen Gruppe wurden. Ihre Sprache ist im Vergleich zu den anderen dort präsenten afrikanischen Sprachen die beherrschende. Nagô waren all diejenigen, die die Sprache Yourubá sprachen. Doch zugleich hat sich die Religion dieser Gruppe synkretistisch mit Elementen des kolonialen Christentums und der indigenen Kultur vermischt. Das Grundmuster dieses Synkretismus ist nicht christlich, sondern entstammt der Nagô-Tradition, und es ist so stark ausgeprägt, dass es die Beiträge der anderen Religionen seiner Identität einverleibte.

Es handelt sich hierbei um eine Religion, die theologisch-systematisch sehr hoch entwickelt ist. Die zentrale Kategorie ist *axé*. Es ist das Äquivalent zum griechischen *pneuma*, zum lateinischen *spiritus* und zur biblischen *ruach*.

Das *axé* ist jene Energie, die alle Prozesse der Natur sowie das Entstehen der Menschen allererst ermöglicht. Personen und Gegenstände können Träger von *axé* werden. Das *axé* ist es, das den Zugang zu übernatürlichen Wesen, den *orixás*, ermöglicht und die Gemeinde am Leben und handlungsfähig erhält. Die *orixás* sind nicht so sehr Wesen, sondern eher Prinzipien und symbolische Modelle, die die kosmischen, gesellschaftlichen und individuellen Phänomene bzw. Angelegenheiten regeln. Diese *orixás* (mächtige Energien) können in Personen eingehen, die in Trance verfallen und zu »Pferden«, das heißt privilegierten Trägern des *axé* werden.

Das *axé* kann man nicht erobern. Es wird empfangen und wächst in dem Maße, in dem sich seine Träger ihm öffnen, sich auf die Welt der Ahnen einlassen, die Rituale vollziehen und sich an der Ethik und Seinsweise des jeweiligen *orixá* orientieren.

Das höchste Wesen erscheint als der größte Träger des *axé*. Sein Name ist *Olorum* oder *Alabá l'axé*, das heißt »derjenige, der die Macht der Schöpfung und Verwirklichung hat«. Dann kommen die unterschiedlichen *orixás* und die *exús*.

Insbesondere die Gestalt des *exú* wird vonseiten der Christen und vor allem der Evangelikalen, die in ihr die Verkörperung des Diabolischen sehen, völlig missverstanden. Aufgrund der ihm innewohnenden Dichte des *axé* ist der *exú* das Prinzip der Mitteilung, der Ausdehnung und Ausbreitung des *axé* in alle Richtungen. Die »Väter und Mütter des Heiligen«, die Priester und Priesterinnen der Gemeinden, sind von großer Kraft des *axé* erfüllt, die sie auf die Übrigen ausstrahlen, um wohltuende Wirkungen zu erreichen.

Das *axé* hat eine kosmische Dimension. Es durchströmt alle Seinsformen und durchdringt alle Prozesse, teilt sich den Menschen und jedem Einzelnen im Maße seiner Offenheit und

Treue mit. Die rituellen Tieropfer wollen das durch das Blut symbolisierte Leben zum Ausdruck bringen – Leben, das vom *axé* verteidigt, geheilt, bereichert und verwandelt werden muss. Die Dichte des *axé* in den Menschen bewirkt, dass sie einen spirituellen Lebensstil pflegen und ihr Leben an den Tugenden und Seinsweisen ihres persönlichen *orixá* ausrichten (vgl. Elbein 1976; Elbein 1977; Cacciatore 1977).

Alles ist Energie: Die moderne Kosmologie

Schließlich möchten wir kurz die Deutung vorstellen, die uns die moderne Kosmologie liefert. Für sie gilt grundsätzlich, dass Materie nicht existiert. Alles ist Energie. Und wenn wir von Energie reden, dann bedeute das, dass wir uns dem Innersten dessen zuwenden, was Geist bedeutet, wie wir es bereits ausführlich dargestellt haben.

Diese Feststellung ist für jemanden, der die Relativitätstheorie Einsteins, in der er behauptet, dass Materie und Energie Äquivalente seien, auch nur ansatzweise begriffen hat, etwas Offenkundiges. Materie ist in hohem Maße verdichtete Energie, die, wie leider die Atombombe und die verschiedenen atomaren Unfälle in der Ukraine, in Japan und in den USA gezeigt haben, freigesetzt werden kann.

Die Wissenschaft legte in etwa folgenden Weg zurück: Von der Materie gelangte sie zum Atom, vom Atom zu den subatomaren Teilchen, von den subatomaren Teilchen zum Higgs-Feld, das den virtuellen Teilchen Masse verleiht, wie den Bosonen, den Hadrionen; von dort schritt sie bis zu den energetischen »Wellenpaketen« fort, und von diesen zu den Superstrings, die in elf oder mehr Dimensionen schwingen und die man sich wie die Saiten eines Musikinstruments vorstellen kann.

So schwingt ein Elektron in etwa mit einer Frequenz von 500 Billionen pro Sekunde. Schwingung erzeugt Ton und Farbe. Das Universum wäre demnach eine Symphonie von Tönen und Farben. Von den Superstrings gelangte man schließlich zur Grundenergie, zum Quantenvakuum, jenem grenzenlosen Ozean aller Virtualitäten und Möglichkeiten des Seins. In diesem Kontext sollte man den Satz Werner Heisenbergs, eines der Väter der Quantenmechanik, in Erinnerung rufen: »Das Universum setzt sich nicht aus Dingen zusammen, sondern aus Netzen schwingender Energie, die aus etwas noch Tieferem und Subtilerem hervorgeht.« Die Materie verlor also ihren zentralen Stellenwert zugunsten der Energie, die sich in Feldern und Netzen organisiert. Der Geist beginnt ins Zentrum der Aufmerksamkeit zu rücken.

Was ist dieses »noch Tiefere und Subtilere«, aus dem alles hervorgeht? Die Quantenphysiker und die Astrophysiker nennen es »Hintergrundenergie« oder »Quantenvakuum«. Das ist ein unzulänglicher Ausdruck, aber er besagt das genaue Gegenteil von »leer«. Das Vakuum stellt die Fülle aller möglichen Energien und deren etwaiger Verdichtungen in den unterschiedlichen Seinsformen dar. Deshalb gibt man heute dem Ausdruck »pregnant void«, schwangere Leere«, den Vorzug oder spricht von der »Ursprungsquelle alles Seins«. Es ist nichts, was man sich in den üblichen Kategorien von Raum und Zeit vorstellen könnte, den es liegt allem voraus, was existiert, es liegt der Raumzeit und den vier Grundkräften (Gravitation, elektromagnetische Kraft, schwache und starke Kernkraft) voraus.

Astrophysiker stellen sie als eine Art riesigen Ozean dar, ohne Ufer, grenzenlos, unaussagbar, unbeschreiblich und geheimnisvoll, in dem wie in einem unendlichen Mutterschoß alle Möglichkeiten und Virtualitäten des Seins beherbergt sind. Daraus ging, ohne dass wir sagen könnten warum und wie, jener winzige, extrem energiegeladene Punkt hervor, der dann explodierte (Urknall oder *big bang*) und so unser Universum entstehen ließ. Nichts spricht dagegen, dass aus dieser Hintergrundenergie noch andere Punkte hervorgegangen sind, die gleichfalls andere Singularitäten und andere, parallele Universen in einer anderen Dimension entstehen ließen.

Mit dem Universum entstand zugleich die Raumzeit. Die Zeit ist die Fluktuationsbewegung der Energien und der Ausdehnung der Materie. Der Raum ist nicht die statische Leere, innerhalb derer sich alles ereignet, sondern jener stets offene Prozess, der es ermöglicht, dass sich Energienetze bilden und Seinsformen in Erscheinung treten.

Die Stabilität der Materie setzt eine höchst mächtige zugrunde liegende Energie voraus, die sie in diesem Zustand erhält. In Wahrheit nehmen wir die Materie als etwas Festes wahr, weil die Energieschwingungen so rasch vor sich gehen, dass wir sie mit unseren leiblichen Sinnen nicht erkennen können. Doch hierzu verhilft uns die Quantenphysik, gerade weil sie sich mit den Teilchen, den Energiequanten und den Energienetzen beschäftigt, die uns diese andere Sichtweise der Wirklichkeit enthüllen.

Die Energie ist alles und ist in allem, so wie die Geister, das *mana* oder das *axé* überall sind. Ohne Energie könnte nichts existieren. Als Wesen mit Bewusstsein und als spirituelle Wesen sind wir eine höchst komplexe, subtile und höchst interaktive Form von Energie.

Was ist diese Hintergrundenergie, die sich in so vielen Erscheinungsweisen zeigt? Es gibt keine wissenschaftliche Theorie, die sie definiert. Wir brauchen immer mehr Energie, um Energie zu definieren. Aus dieser Redundanz gibt es kein Entrinnen, wie bereits Max Planck feststellte.

Wie wir weiter unten noch sehen werden, können wir sagen: Diese Energie stellt vielleicht die beste Metapher dessen dar, was *Schöpfergeist* bedeutet, Geist Gottes als Ursprunggeber aller Dinge, dessen Namen variieren, die aber immer dieselbe zugrunde liegende Energie bezeichnen: Das Tao Te King sagte dies bereits in Bezug auf das Tao: »Das Tao ist wie eine im Kreis wirbelnde Leere, ohne Rast, doch niemals erschöpft. Es ist wie der unermesslich tiefe Abgrund, der Ursprung aller Dinge, das leitende Prinzip, das jedes Sein gestaltet.«

Die Einzigartigkeit des Menschen besteht darin, dass er in bewussten Kontakt zu dieser Ursprungsenergie treten kann. Er kann sie anrufen, aufnehmen und erkennen durch sein Leben, seine Ausstrahlung, durch seine Begeisterung und Liebe.

Der Geist im Kosmos, im Menschen und in Gott

Wir sind in einzigartiger Weise Träger von großer Energie, also Geist. Aus der Sicht der neuen Kosmologie ist der Geist so alt wie der Kosmos selbst. Der Geist ist die Fähigkeit selbst der ursprünglichsten Seinsformen wie der Bosonen und Higgs-Teilchen, der Hadrionen und Top-Quarks, der Protonen und der Atome, sich zueinander in Beziehung zu setzen, Information auszutauschen und Netze wechselseitiger Verbundenheit zu schaffen, die die komplexe Einheit des Ganzen bewirken. Es ist die eigentümliche Wirkungsweise des Geistes, Einheiten und Ordnungen auf immer höherer Ebene und in immer eleganterer Weise hervorzubringen.

Der Geist ist in erster Linie in der Welt und erst danach in uns. Der Unterschied zwischen der Präsenz des Geistes in einem Baum und in uns ist nicht *prinzipieller* Natur. Beide sind Träger von Geist. Der Unterschied besteht lediglich in der *Weise der Verwirklichung*. In uns Menschen erscheint der Geist als Selbstbewusstsein und Freiheit.

Der menschliche Geist ist jenes Moment des Bewusstseins, durch das er sich als Teil eines größeren Ganzen empfindet, die

Totalität und Einheit erfasst und sich dessen bewusst wird, dass ein Band alle Dinge miteinander vereint und so bewirkt, dass sie einen Kosmos bilden und nicht im Chaos versinken. Dadurch, dass der Geist uns zum Ganzen in Beziehung setzt, macht er uns zu einem unendlichen Entwurf, zu vollkommener Offenheit gegenüber dem anderen, gegenüber der Welt, gegenüber Gott.

Das Leben, das Bewusstsein und der Geist gehören also dem Gesamtgefüge der Dinge, dem Universum, konkreter gesprochen unserer Galaxie, der Milchstraße, dem Sonnensystem und dem Planeten Erde an. Damit Leben, Bewusstsein und Geist in Erscheinung treten konnten, war eine äußerst exakte Feinabstimmung aller Faktoren, insbesondere der sogenannten Naturkonstanten (Lichtgeschwindigkeit, die vier Grundkräfte des Universums, die elektrische Ladung der Elektronen, die atomaren Strahlungen, die Krümmung der Raumzeit usw.) nötig. Wenn diese Faktoren nicht genau so aufeinander abgestimmt gewesen wären, gäbe es uns nicht und ich würde nicht darüber schreiben.

Ich zitiere hier nur eine Sache aus dem »Klassiker« *Eine kurze Geschichte der Zeit* des Astrophysikers Stephen Hawking: »Wäre beispielsweise die elektrische Ladung des Elektrons nur ein wenig von ihrem tatsächlichen Wert abgewichen, wären die Sterne entweder nicht in der Lage gewesen, Wasserstoff und Helium zu verbrennen, oder sie wären nicht explodiert« (Hawking 2001, 159). In beiden Fällen hätte es kein Leben gegeben. Das Leben ist ein besonderes Moment des Entwicklungsprozesses des Kosmos. Um diese Feinabstimmung der Faktoren begrifflich zu erfassen, hat man den Ausdruck »anthropisches Prinzip« (damit wird gesagt, dass diese Feinabstimmung mit dem Menschen zu tun hat) geprägt. Damit will man die Frage beantworten, die wir uns wie von selbst stellen: Warum sind die Dinge genau so, wie sie sind? Die Antwort darauf kann nur sein: Wenn es anders wäre, wären wir nicht hier. Wenn wir auf diese Weise antworten, tappen wir dann nicht in die Falle des Anthropozentrismus, der behauptet: Die Dinge haben nur insoweit Sinn, als sie auf den Menschen hingeordnet sind, der in den Mittelpunkt von allem gesetzt und zum König bzw. zur Königin des Universums gekrönt wurde?

Diese Gefahr existiert. Deshalb unterscheiden die Kosmologen zwischen dem *starken* und dem *schwachen* anthropischen Prinzip. Das starke anthropische Prinzip besagt: Die Anfangsbedingungen des Universums und die kosmologischen Konstanten gestalten sich solcherart, dass an einem bestimmten Punkt der Entwicklung Leben und Bewusstsein zwangsläufig entstehen *mussten*. Diese Deutung würde die Auffassung von der zentralen Stellung des Menschen begünstigen. Das schwache anthropische Prinzip ist vorsichtiger und besagt: Die Anfangsbedingungen und die kosmologischen Gegebenheiten habe sich solcherart miteinander verbunden, dass das Bewusstsein entstehen *konnte*. Diese Formulierung lässt offen, wie die Entwicklung tatsächlich verläuft, die immer mehr von Heisenbergs Unschärferelation und vom Prinzip der *Autopoiesis*, wie es Maturana und Varela formuliert haben, beherrscht ist.

Doch wenn wir die Milliarden von Jahren, die bereits hinter uns liegen, im Rückblick betrachten, dann stellen wir fest, dass es sich *faktisch* folgendermaßen zugetragen hat: Vor etwa 3,8 Milliarden Jahren entstand das Leben und vor sieben bis neun Millionen Jahren das Bewusstsein. Dies bedeutet keine Apologie des »intelligent design« oder der Hand der göttlichen Vorsehung. Es bedeutet lediglich, dass das Universum nicht absurd ist. Es ist von Sinn durchdrungen.

Es gibt einen nach vorne gerichteten Zeitpfeil. Der Astrophysiker und Kosmologe Feeman Dyson sagt: »Wenn wir ins Universum hinausblicken und erkennen, wie viele Zufälle in Physik und Astronomie zu unserem Wohle zusammengearbeitet haben, dann scheint es fast, als habe das Universum in gewissem Sinn gewusst, dass wir kommen« (zitiert nach Breuer 1984, 11). Und dass es alles dafür vorbereitet habe, damit es uns beherbergen kann und damit wir unsere Karriere im Evolutionsprozess machen können.

Der große Mathematiker und Quantenphysiker Amit Goswami vertritt die These, dass das Universum Selbstbewusstsein hat (Goswami 2002). Im Menschen sieht er eine singuläre Emergenz, durch welche das Universum sich selbst sieht, seine majestätische Größe betrachtet und zu einem gewissen Höhepunkt seiner eigenen Entwicklung gelangt.

Man muss dazu noch bedenken, dass sich der Kosmos in einem Prozess des Werdens und der Schaffung seiner selbst befindet. Jede Seinsform weist eine ihm innewohnende Neigung auf, zu entstehen, zu wachsen und auf seine Umgebung auszustrahlen. So auch der Mensch. Er trat auf den Plan, als bereits 99,96 % fertig dalag. Er ist Ausdruck des kosmischen Dranges nach komplexeren und höher entwickelten Daseinsformen.

Einige tragen sich mit dem Gedanken: Ist nicht alles purer Zufall? Der Zufall kann nicht unberücksichtigt bleiben, wie Jacques Monod in seinem berühmten Buch *Zufall und Notwendigkeit* (1971) gezeigt hat, wofür er den Nobelpreis für Biologie bekam. Doch er erklärt nicht alles. Biochemiker haben gezeigt, dass es etliche Billionen Jahre dauern müsste, damit die Aminosäuren und die zweitausend Enzyme, die die Grundlage des Lebens bilden, eine geordnete Kette bilden und eine lebendige Zellen hervorbringen können – also wesentlich mehr Zeit, als das Universum und die Erde durchlaufen haben. Vielleicht zeigt der Rückgriff auf den Zufall lediglich unsere Unfähigkeit, höhere und äußerst komplexe Ordnungen wie das Bewusstsein, die Intelligenz, das Empfinden und die Liebe zu verstehen.

In diesem Sinne wäre auch Pierre Teilhard de Chardins Vision vom Universum geeigneter, um dessen Dynamik selbst zum Ausdruck zu bringen: Ihm zufolge erreicht das Universum eine immer höhere Stufe an Komplexität, ermöglicht so das Entstehen von Bewusstsein und die Wahrnehmung eines »Punktes Omega« der Evolution, auf den hin wir uns bewegen (vgl. Teilhard de Chardin 1961).

Wäre es nicht ratsam, dass wir ehrfürchtig und respektvoll verstummen angesichts des Mysteriums des Lebens und des Sinnes des Universums?

Nach diesen Überlegungen sind wir schon darauf vorbereitet, die theologische Dimension des Geistes als Schöpfergeist anzusprechen.

IV.
Vom Geist zum Heiligen Geist

In den vorhergehenden Kapiteln haben wir über die verschiedenen möglichen Bedeutungen des Wortes »Geist« (*ruach*, *pneuma*, *spiritus*, *mana*, *axé* und Lebensenergie) nachgedacht. Es steht immer in Zusammenhang mit Leben und darin wiederum mit der Entstehung von Neuem und Überraschendem. Das Wort »Geist« gehört zu den höchsten Begriffen, die alle Kulturen entwickelt und dem Menschen sowie der Gottheit zugesprochen haben. Sie sind Geist oder Träger von Geist.

Der Geist ist in der Schöpfung am Werk

Auch Gott ist – wie könnte es auch anders sein? – in die Dimension des Geistes einbezogen, und dies in herausragender Weise. Vom Geist ist bereits auf der ersten Seite der Bibel die Rede, wenn über die Schöpfung von Himmel und Erde erzählt wird. Es heißt dort, dass über dem *tohu wa bohu*, über dem Chaos oder besser über den Urgewässern »ein heftiger *ruach* (Wind, Energie) wehte« (Gen 1,2). Er entriss alles dem Nichts: die unbelebten Seinsformen, die Lebewesen und den Menschen. Diesem Menschen, der wie alle anderen Lebewesen dem Staub entnommen war, blies der Herr »in seine Nase einen Hauch *(ruach)* des Lebens. So wurde er ein lebendes Wesen« (Gen 2,7). Im 37. Kapitel des Buches Ezechiel jedoch begegnet die lebendig machende Kraft des Geistes in unübertroffen anschaulicher Konkretheit. Wenn der Geist kommt, dann nehmen die vertrockneten Knochen Fleisch an und verwandeln sich in Leben.

Auch die edelsten Eigenschaften des Menschen werden der Gegenwart des Geistes in ihm zugeschrieben, wie etwa die Dichtkunst in den Psalmen und im Hohelied, die Weisheit und Stärke (Jes 11,2), der Gedankenreichtum, der Kunstsinn (Ex 28,3), der brennende Wunsch, Gott zu sehen, sowie das Schuldgefühl und die daraus entspringende Reue (Ex 35,21; Jer 51,1; Ps 34,19; Ez 11,19; 18,31).

Gott hat Geist

Über diese schöpferische und lebendig machende Kraft verfügt in besonderem Sinne Gott selber. Die Schrift spricht häufig vom Geist Gottes *(ruach Elohim)*. Dieser Geist Gottes wird dem Simson verliehen, der daraufhin über unvorstellbare Kräfte verfügt (Ri 14,6; 19,5), er wird den Propheten verliehen, damit diese den Mut haben, im Namen der Armen dieser Erde die Ungerechtigkeiten anzuklagen, dem König und den Mächtigen entgegenzutreten und ihnen die Gerechtigkeit Gottes zu verkünden.

Insbesondere im Judentum der zwischentestamentlichen Zeit erhoffte man die Ausgießung des Geistes über alle Kreatur am Ende der Zeiten (Joël 2,28–32; Apg 2,17–21). Der Messias werde »stark im Geiste« und mit allen Gaben des Geistes ausgestattet sein (Jes 11,1 ff).

In diesem spätjüdischen Kontext wird die Tendenz erkennbar, den Geist zu personifizieren. Er ist nach wie vor eine Eigenschaft der Natur, des Menschen und Gottes. Doch sein Wirken in der Geschichte ist von solcher Dichte, dass er Eigenständigkeit erlangt. So wird zum Beispiel gesagt, dass der Geist ermahnt, bedrückt ist, schreit, sich freut, tröstet, auf jemandem ruht, reinigt, heiligt und das Weltall erfüllt. Niemals denkt man an ihn als ein Geschöpf, sondern vielmehr als etwas von göttlicher Dimension, der die Geschichte und das Leben verändert, sobald er darin in Erscheinung tritt.

Gott ist Geist

Das Verständnis begann sich ab dem Zeitpunkt zu ändern, als der Ausdruck »Geist der Heiligkeit« oder »heiliger Geist« geprägt wurde. Diese Formulierung bewahrt eine gewisse Mehrdeutigkeit, denn man kann von heiligem Geist sprechen, um zu vermeiden, den Namen Gottes auszusprechen (es ist und war jeder Art von Judentum eigen, aus Ehrfurcht vor Gott seinen Namen nicht auszusprechen), und ebenso kann der Ausdruck Gott selbst meinen. »Der Heilige« ist für das hebräische Denken der Name schlechthin für Gott, was im griechischen Verständnis der Aussage entspricht, dass Gott transzendent und von jeglichem geschöpflichen Sein unterschieden ist.

Zusammenfassend können wir sagen: Wenn die Juden das Wort *ruach* auf Gott bezogen (Gott hat Geist, Gott sendet seinen Geist, Geist Gottes), dann brachten sie damit die folgende Erfahrung zum Ausdruck: Gott ist an nichts gebunden; er bricht da hervor, wo er will, er durchkreuzt menschliche Pläne; er offenbart sich in einer Kraft, der niemand widerstehen kann; er zeigt sich in einer Weisheit, die all unser Wissen als Torheit erscheinen lässt.

Auf diese Weise zeigte sich Gott den politischen Anführern, den Propheten, den Weisen, dem Volk, und dies insbesondere in Zeiten der Krise des Landes (Ri 6,33; 11,29; 1 Sam 11,6). So wird der Geist dem König verliehen, auf dass er in Weisheit und Klugheit regiere, wie es bei David der Fall war (1 Sam 16,13), und ebenso dem leidenden Gottesknecht, der bar jedes Glanzes und jeder schönen Rede war (Jes 42,1). Bei Jes 61,1 heißt es ausdrücklich: »Der Geist Gottes, des Herrn, ruht auf mir; denn er hat mich gesalbt […], den Armen die Frohbotschaft zu bringen […], den Gefangenen Befreiung anzukündigen …« Diesen Text wird dem Lukasevangelium zufolge Jesus bei seinem ersten Auftreten in der Synagoge von Nazaret auf sich selbst beziehen (Lk 4,17–21).

Schließlich bezeichnet Geist Gottes nicht nur sein alles neu machendes Handeln in der Welt, sondern dieser Ausdruck verweist auch auf das Sein Gottes selbst. Der Geist ist Gott. Und Gott ist Geist. Da Gott heilig ist, ist der Geist der Heilige Geist.

Der Heilige Geist durchdringt alles, umfängt alles, ist über alle Grenzen hinaus. »Wohin soll ich flüchten vor deinem Geist, wohin vor deinem Antlitz entfliehen?« (Ps 139,7) Selbst das Böse liegt nicht außerhalb seiner Reichweite. Alles, was mit Veränderung, Bruch, Leben und Neuheit zu tun hat, das hat mit dem Geist zu tun. Der Heilige Geist ist mit der Geschichte so vereint, dass sie sich von Profangeschichte zur Heilsgeschichte verwandelt (Westermann 1981, 229).

V.
Von Gott als Geist zum Heiligen Geist

Der Prozess der Offenbarung des Geistes in der Geschichte setzt sich fort und erreicht seinen Höhepunkt im Zweiten (Neuen) Testament. Die Offenbarung erreicht hier eine nie mehr überbotene Stufe. Gott offenbart sich so, wie er ist, und gibt sich selbst als Gemeinschaft göttlicher Personen zu erkennen.

Die Offenbarung auf dieser Ebene ist mehr als die Mitteilung irgendeines Verständnisses irgendeiner Wahrheit. Sie ist Selbstmitteilung der göttlichen Personen. Sie treten aus sich heraus, geben sich völlig dem anderen hin und kommen zu uns so, wie sie sind, indem sie unsere Wirklichkeit annehmen. Der Vater personifiziert sich in Josef von Nazaret; der Sohn inkarniert sich in Jesus und der Geist pneumatifiziert sich in Maria.

Oder, wenn wir an den Prozess der Einwohnung Gottes in seiner Schöpfung denken, können wir es auch anders ausdrücken: Der Vater tritt im Verlauf der Evolution in Erscheinung, bis er einen gerechten und gottesfürchtigen Vater findet, der imstande ist, ihn aufzunehmen. Das ist Josef. Der Sohn wirkt in den kosmischen Energien, bis er in seiner vollen Gestalt im Menschen Jesus von Nazaret hervorbricht. Der Geist, der stets alle Dinge bewegt, indem er sie zu einer je neuen Stufe von Ordnung emporhebt, fand eine Frau, die »gesegnet unter den Frauen« war (Lk 1,42) und ihn empfangen konnte: Maria.

Wir möchten die wichtigsten Schritte der Selbstmitteilung und des Aus-sich-Heraustretens des Heiligen Geistes nachvollziehen, bis er von der Gemeinschaft der Christen in vollem Sinne als Gott, der Geist, erkannt wurde. Wir werden dabei nicht alle entsprechenden Bibelstellen analysieren. Das kann man alles in der einschlägigen theologischen Literatur finden (bei Congar, Schweizer, Moltmann, Comblin etc.).

Im Zweiten Testament finden wir die verschiedenen Bedeutungen von Geist, die wir bereits herausgearbeitet haben. So begegnet zum Beispiel der anthropologische Sinn von Geist *(pneuma)*, der die Dimension des Bewusstseins und des Verstandes beim Menschen bezeichnet. »Doch Jesus erkannte sogleich in seinem Geist ihre [der Schriftgelehrten] Gedanken ...« (Mk 2,8). Maria singt im »Magnifikat«: »... mein Geist jubelt über Gott, meinen Retter« (Lk 1,47).

Geist *(pneuma)* ist auch gleichbedeutend mit dem, was im biblischen Verständnis das Wesentliche des Lebens, das Herz, bedeutet. So heißt es: »Selig die Armen im Geist; denn ihnen gehört das Himmelreich« (Mt 5,3). Das heißt: Selig sind die, die ein demütiges Herz, eine Haltung der Entäußerung und der Bereitschaft und Offenheit für Gott und die anderen haben, im Gegensatz zu den Pharisäern, die ein kleinliches Denken an den Tag legen, prahlerisch und überheblich sind.

Der Geist kann auch noch das Lebensprinzip, das menschliche Leben, bedeuten. Jesus erweckte die Tochter des Jaïrus, die gerade gestorben war, wieder zum Leben: »Da kehrte ihr Geist zurück und sie stand sogleich auf« (Lk 8,55). Das heißt: Sie kehrte zum Leben zurück. Beim Tod Jesu sagen die Evangelisten: »Er gab seinen Geist auf« (Mt 27,50; Mk 15,37; Joh 19,30). Das heißt: Er hörte auf zu leben und starb.

In der zwischentestamentlichen Zeit, als der jüdische Glaube von den Rabbinen geprägt war, erhielt das Wort »Geist« auch eine volkstümliche Bedeutung und konnte ein Gespenst oder eine »arme Seele« bezeichnen. Lukas berichtet, die Apostel seien voller Furcht gewesen und meinten, »einen Geist zu sehen« (Lk 24,37). Darauf antwortete Jesus und beruhigte sie mit den Worten: Ich bin es selbst! Fasst mich doch an und seht! Ein Geist hat doch nicht Fleisch und Bein, wie ihr es an mir seht« (Lk 24,39). »Unreiner« oder »böser« Geist ist ein Synonym für den Dämon (Mk 1,23; 3,11; 8,27; Mt 12,15 und viele andere Stellen), den großen Widersacher des Lebens und des Reiches Gottes.

Was sagt Jesus über den Heiligen Geist?

Erstaunlicherweise spricht der historische Jesus in den synoptischen Evangelien (Mk, Mt, Lk) wenig vom Heiligen Geist. Was den Geist betrifft, so legt er dieselbe Haltung an den Tag, die er auch in Bezug auf sich selbst und Gott, den Vater, zeigt: Er verkündigt sich selbst nicht als den menschgewordenen Sohn, den Messias oder den Sohn Gottes. Dies ist die Botschaft der Apostel, die in den Evangelien aufbewahrt wurde, nicht jedoch die des historischen Jesus. Er spricht nicht *über* den Sohn, doch er handelt *als* der Sohn des Vaters. Er verkündet das Reich Gottes, nicht sich selbst. Doch die Überzeugungskraft und die Haltungen, die er dabei an den Tag legt, geben ihn als den Sohn des Vaters zu erkennen, der von der Kraft des Geistes erfüllt und untrennbar mit dem Reich Gottes verbunden ist, das nun herbeikommt.

Etwas Ähnliches ist in Bezug auf sein Verhältnis zu Gott festzustellen. Er hat keine Lehre über ihn verkündet. Seine Verhaltensweisen und Gleichnisreden bezeugen jedoch eine äußerst intime Beziehung zu Gott, den er in der Plappersprache der Kinder »Abba, mein lieber Papi«, nennt. Dieser Gott ist ein lebendiger Gott, der in der Geschichte gezeigt hat, dass er Partei ergriffen hat für die Sklaven und für die, die das Leben am wenigsten haben. Jesus steht genauso auf der Seite der von der Gesellschaft Verurteilten, der Sünder, der Armen und Unsichtbaren wie der Frauen und erweist sogar den »Undankbaren und Bösen« (Lk 6,35) Liebe und grenzenlose Barmherzigkeit.

Er nennt Gott Abba, weil er sich selbst als seinen Sohn empfindet. Dies ist das Selbstbewusstsein des historischen Jesus.

Jesus benutzt den Ausdruck »Geist« selten, doch wenn er ihn benutzt, dann so, dass Leben und Befreiung daraus erstehen. Wenn wir – wie wir es zuvor schon gezeigt haben – unter »Geist« die stets konkrete und befreiende Gegenwart Gottes und des Lebens verstehen, dann kann man über Jesus nichts anderes sagen, als dass er aus der Kraft des Geistes und erfüllt von seiner Energie lebt. Er ist Träger des Geistes im vollen Sinne, wie es für die messianische Zeit erwartet wurde.

Bei seinem ersten öffentlichen Auftreten in der Synagoge von Nazaret, wo Jesus sein befreiendes »Programm« vorstellt, bezieht er sich direkt auf den Geist und zitiert Jes 61,1: »Der Geist des Herrn ruht auf mir, weil er mich gesalbt hat. Er hat mich gesandt, den Armen die frohe Botschaft zu bringen, den Gefangenen Befreiung zu verkünden und den Blinden das Augenlicht, die Zerschlagenen in Freiheit zu entlassen, auszurufen ein Gnadenjahr des Herrn« (Lk 4,18–19).

Man beachte, dass dieser Text bald nach dem Bericht über die Taufe Jesu durch Johannes am Jordan kommt, bei der er seine grundlegende Erfahrung macht: »… der Heilige Geist schwebte […] auf ihn herab …« (Lk 3,22 par). Johannes der Täufer spricht das klare Bekenntnis: »Ich taufe euch mit Wasser […] Er wird euch mit Heiligem Geist und Feuer taufen« (Mt 3,11). Lukas kommentiert: »… der Heilige Geist schwebte in leiblicher Gestalt wie eine Taube herab und eine Stimme sprach aus dem Himmel: Du bist mein Geliebter Sohn, an dir habe ich Gefallen gefunden« (Lk 3,22). Und wenig später heißt es: »Erfüllt vom Heiligen Geist kehrte Jesus vom Jordan zurück und wurde vom Geist vierzig Tage lang in der Wüste umhergeführt und vom Teufel versucht« (Lk 4,1–2).

Dadurch wird in den Text eingeflochten, dass der Geist die Berufungserfahrung in Jesus bewirkte, wie man dann in der Perikope von seinem Auftreten in der Synagoge von Nazaret sehen kann. Hier kommt sein messianisches Bewusstsein klar zum Durchbruch. Nach der Botschaft der Propheten eignet dem Messias die Fülle des Geistes. Er ist der Gesalbte, das heißt derjenige, der dafür ausersehen ist, der Messias zu sein, der Christus – jedoch nicht im politischen, priesterlichen oder prophetischen Sinne, sondern im Sinne des verfolgten Propheten und leidenden Gottesknechts. Der Geist ist es, der ihm die Kraft verleiht, sein messianisches Werk zu vollbringen: das Werk der Befreiung der Unterdrückten, die vom ganzen Volk so sehr ersehnt wurde – dies jedoch ohne die üblichen Mittel der Macht und der Herrschaft.

Hervorzuheben ist die Ausrufung des »Gnadenjahres des Herrn«, des heiligen Jahres, das gemäß biblischer Tradition (Lev 25,8–54; Dtn 15,1–11; Ex 2,2–11) alle siebenmal sieben Jahre verwirklicht werden müsste. Später wurde der Zeitraum auf fünfzig mal fünfzig Jahre verlängert. Und schließlich wurde es, da es niemals verwirklicht wurde, für die messianische Zeit erwartet.

In diesem »Gnadenjahr« erlangten die Versklavten ihre Freiheit zurück; wer sich verschuldet hatte, dem wurden seine Schulden erlassen; und wer aufgrund wirtschaftlichen Drucks gezwungen gewesen war, sein Land zu verkaufen, konnte es zurückbekommen. Die Erde selbst musste in diesem Jahr ausruhen. Das Verspechen Jesu, in der Kraft des Geistes das Gnadenjahr auszurufen, bedeutete große Freude für das Volk, das bekanntermaßen gerade in Galiläa entweder aufgrund der Steuern des Römischen Reiches und des Tempels oder aufgrund von Ausbeutung verschuldet war. Jesus musste als Zimmermann und Landarbeiter diese harte Realität am eigenen Leib verspürt haben. Was Jesus verkündet, stellte eine wahre und kühne politisch-soziale Revolution dar.

Ein anderer wichtiger Text, in dem Jesus sich auf den Geist bezieht, handelt von seiner Entgegnung an die Adresse der Pharisäer, die seine befreiende Praxis in Zweifel zogen: »Wenn ich aber durch den Geist Gottes die Dämonen austreibe, so ist das Reich Gottes schon zu euch gekommen« (Mt 12,18; die Parallelstelle Lk 11,20 spricht vom »Finger Gottes«). Hier bedeutet »Geist Gottes« die machtvolle Gegenwart und göttliche Energie, die das Reich Gottes errichten werden.

In einem ähnlichen Kontext, in dem Jesu Praxis der Dämonenaustreibung kritisiert wird, beschuldigt man ihn, die bösen Geister »durch den Obersten der Dämonen« auszutreiben (Mk 3,22; Mt 9,34; Lk 11,15). Ein Werk, das dem Messias zugeschrieben wird, wird hier umgedeutet und fälschlicherweise so dargestellt, als ob es das Werk des Geistes der Unreinheit und Verderbnis sei. Jesus entgegnet ihnen mit einem der härtesten und rätselhaftesten Worte seiner Verkündigung überhaupt: »Alle Sünden und Lästerungen werden den Menschen vergeben werden, soviel sie auch lästern mögen. Wer aber gegen den Heiligen Geist lästert, findet in Ewigkeit keine Vergebung, sondern ist ewiger Sünde schuldig« (Mk 3,28–29par).

Es ist hier von Blasphemie die Rede, das heißt von einem Wort, das sich direkt gegen Gott oder das Handeln Gottes wendet. Die Zuhörer können Anstoß nehmen aufgrund der niedrigen Herkunft Jesu, aufgrund seines Anspruchs, der Protagonist des Reiches Gottes zu sein, oder aufgrund der Freiheit, die er sich gegenüber den Gesetzen der Zeit herausnimmt, indem er mit Sündern Mahl hält und Kranke, insbesondere Aussätzige, berührt. Diese Sünde gegen den Sohn kann vergeben werden, denn die Menschen können irren und zu Fehlurteilen verleitet werden.

Die Blasphemie jedoch besteht in Folgendem: Obwohl die Pharisäer wissen, dass die Taten Jesu ihren Ursprung in Gott haben, verweigern sie ihm die Anerkennung. Die Schwere der Verfehlung rührt nicht nur von dieser fehlenden Anerkennung her, sondern ist in der Tatsache begründet, dass die Pharisäer die Taten Jesu so charakterisieren, als würden sie im Namen des »Obersten der Dämonen«, das heißt des Anti-Geistes, geschehen. Und sie weigern sich immer noch, anzuerkennen, dass der Geist durch einen schwachen Menschen, ohne jeglichen Machtapparat und ohne geeignete Mittel außer dem Wort und dem Ruf zur Umkehr, handeln kann. Jesus ist ganz offensichtlich ein Mann aus der Peripherie, aus Nazaret, einem unbekannten Flecken. Wie kann der Geist durch diese Person handeln, die ohne alle Machtmittel dasteht? Deshalb verlangen seine Gesprächspartner nach einem unzweideutigen Zeichen (Mk 8,11; Mt 16,1).

Hier haben wir es mit der verkehrten Absicht, mit dem bösen Willen, der Herzenshärte und der Anmaßung zu tun, die Kriterien zu bestimmen, unter denen der Geist handeln kann oder nicht. Doch der Geist weht, wo er will, und handelt vorzugsweise durch die Verletzlichsten und die kleinen Leute (vgl. Lk 10,21–22). Solange diese Haltung der völligen Verschließung andauert, hat die Vergebung keinen Platz. Es ist nicht so, dass Gott diese Vergebung verweigert, denn er bietet seine Barmherzigkeit allen an. Die Menschen sind es vielmehr, die sie entschlossen zurückweisen. Hier kann nur Umkehr helfen. Ohne sie kann es keine Gemeinschaft mit Gott geben.

Ein anderes Wort, das sehr wahrscheinlich vom historischen Jesus selbst stammt, steht in der Überlieferung der Evangelien ebenfalls im Zusammenhang eines Streitgesprächs mit den Pharisäern. Jesus zitiert ein Schriftwort und sagt: »David selbst hat doch, vom Heiligen Geist erfüllt, gesagt: Der Herr sprach zu meinem Herrn: Setze dich zu meiner Rechten, bis ich deine Feinde unter deine Füße lege« (Mk 12,36; Mt 22,43). Wir wissen, dass sich im Rabbinertum der Synagoge die Überzeugung durchgesetzt hatte, dass die Schriften vom Heiligen Geist inspiriert worden seien, um zu einem heiligen Leben aufzufordern, zu ermahnen, zu trösten und den Glauben an den Gott des Bundes zu stärken. Jesus reiht sich in diese Tradition ein und eignet sie sich in friedlicher Weise an. Der Geist verwandelt das menschliche Wort in göttliches Wort, um die Gaben des Geistes hervorzubringen. König David spricht aus dieser göttlichen Kraft heraus.

Ein anderes Wort, das mit Sicherheit auch vom historischen Jesus selbst stammt, lautet: »In derselben Stunde rief er voll Freude, vom Heiligen Geist erfüllt: Ich preise dich, Vater, Herr des Himmels und der Erde, dass du dies vor Weisen und Klugen verborgen, Unmündigen aber offenbart hast. Ja, Vater, so hat es dir gefallen« (Lk 10,21). Eine der Gaben des Geistes ist die Freude am Handeln Gottes, das den Geringen und Namenlosen den Vorzug gibt. Jesus hat diese Freude des Geistes erfahren.

Sicherlich entstammen die folgenden Sätze dem Mund des historischen Jesus. Den Kontext bilden die Mission und die Verfolgung: »Und wenn sie euch abführen, um euch vor Gericht zu stellen, so seid nicht im voraus darüber besorgt, was ihr reden sollt, sondern was euch in jener Stunde eingegeben wird, das redet. Denn nicht ihr seid es, die dann reden, sondern der Heilige Geist« (Mk 13,11; Lk 21,14–15). Der Geist gibt den zu Unrecht Verfolgten und vor Gericht Geschleppten die geeigneten Worte zu ihrer Verteidigung ein.

Wenn die Zwölf ausgesandt werden (Mt 10,19–20) oder wenn von den Jüngern die Furchtlosigkeit *(parrhesía)* gefordert ist, vor Gericht zu sprechen, dann gilt Jesu Wort: »Denn der Heilige Geist wird euch in derselben Stunde lehren, was ihr sagen sollt« (Lk 12,12). Der Geist inspiriert die Schriften und auch die Menschen, damit sie mutig das leben, was die Schriften lehren.

Schließlich schreibt man Jesus auch dieses letzte Wort zu, das er im Garten Getsemani gesprochen hat, als er versucht wurde: »Wacht und betet, damit ihr nicht in Versuchung fallt! Der Geist ist zwar willig, das Fleisch aber schwach« (Mk 14,38). Dem Geist eignet die Kraft, jene Haltung des ganzen Menschen

(Leib und Seele), die dem Bund die Treue hält, im Gegensatz zum Fleisch, das den ganzen Menschen (Leib und Seele) meint, sofern er der Schwachheit, der Versuchung und der Sünde unterworfen ist.

Der Heilige Geist kommt und nimmt seine Bleibe in Maria aus Nazaret

Der Geist war bei der ersten Schöpfung anwesend, die dann der Sünde anheimfiel. Wir sind Söhne und Töchter Evas und des »alten Adam«. Derselbe Geist ist auch jetzt, in der neuen Schöpfung, anwesend, die mit Maria, der neuen Eva (Offb 12,1), und ihrem Sohn, Jesus, dem neuen Adam (1 Kor 15,45), ihren Anfang nahm. Deshalb schreiben die Evangelisten Jesu Ursprung dem Heiligen Geist zu. An Josef gerichtet heißt es: »… was sie empfangen hat, ist aus Heiligem Geist« (Mt 1,20). Wenn der Heilige Geist in ihr ist, dann ist der, der aus ihr geboren wird, ebenfalls heilig. Wie wir weiter unten sehen werden, wurde Maria zur »Pneumatofora«, zur Trägerin des Geistes, denn sie wurde vom Heiligen Geist pneumatifiziert. Dann werden wir diese einzigartige Beziehung des Heiligen Geistes zu Maria und zum Weiblichen im Allgemeinen entsprechend würdigen.

Der Heilige Geist schafft die Gemeinschaft der Jüngerinnen und Jünger

Mit der Hinrichtung Jesu am Kreuz hat sich die Gemeinschaft derer, die ihm nachfolgten, aufgelöst. Jeder begab sich enttäuscht zurück nach Hause, wie es bei den Emmausjüngern der Fall war (Lk 24,13 ff), bei denen es sich möglicherweise um ein Paar gehandelt hat. Eine Ausnahme bilden die Frauen, die Jesus niemals verraten haben und ihm bis unters Kreuz und bis zur Einbalsamierung seines Leichnams treu blieben. Doch eben die Frauen waren es, die Jesu Auferstehung verkündeten. Um dieses von den Frauen verkündete segenbringende Ereignis herum begann sich die Gemeinschaft der Jüngerinnen und Jünger neu zu bilden.

Doch die Kraft, eine Gemeinde zu schaffen, entsprang dem Werk des Heiligen Geistes. Lukas erzählt im zweiten Kapitel der Apostelgeschichte, wie die Gruppe der Zwölf wieder zusammenfand, die aufgrund der Zwölfzahl eine symbolische Bedeutung hatte und die Wiedervereinigung der zwölf Stämme Israels, die wiederum alle Völker der Erde repräsentieren, zum Ausdruck brachte.

Bereits in seinem Evangelium schildert Lukas Menschen, die vom Heiligen Geist getrieben sind (Lk 1,41.67; 2,25–27). Dasselbe gilt für Zacharias: Anlässlich der Geburt und der Beschneidung des Johannes sprach er »voll des Heiligen Geistes« prophetisch und sang das *Benedicuts*. Von Johannes dem Täufer selbst heißt es: »... vom Mutterschoß an wird er mit Heiligem Geist erfüllt werden ...« (Lk 1,15). Damit deutet Lukas an, dass die Fülle der Zeiten nahe herbeikommt, jene Zeit also, in der der Geist über alles Fleisch ausgegossen wird. Für den Evangelisten geht die Unfruchtbarkeit der Prophetie zu Ende. Der Geist ist von Neuem da und am Werk. Jesus selbst wird als der mit Geist begabte Messias dargestellt. In diesem Geist jubelt Jesus darüber, dass der Vater sich den Kleinen offenbart (Lk 10,21).

Im Prolog der Apostelgeschichte formuliert Lukas seine Grundüberzeugung: Der Geist, der zunächst in Maria (Lk 1,35) und dann in Jesus dauerhaft seine Bleibe hatte, wird nun den Jüngerinnen und Jüngern verliehen: »Denn Johannes hat mit Wasser getauft, ihr aber werdet in wenigen Tagen mit Heiligem Geist getauft werden« (Apg 1,5). Dieser Geist, der auf den Messias herabgekommen ist, wird nun auf die messianische Gemeinde herabkommen. Dann wird er auf alle herabkommen, »selbst über die Sklaven und Sklavinnen«, wie Joël prophezeit hatte und wie es bereits im Buch Numeri geschrieben stand (Num 11,29; Apg 1,5; vgl. Boff Lina 1996, 102–127).

Dieser Gemeinschaftsaspekt der Ausgießung des Geistes schließt sein Wirken in einzelnen Propheten wie Agabus (Apg 11,27–28), Philippus (Apg 839–40) und seinen Töchtern (Apg 21,9) sowie in Paulus (Apg 13,9–11; 20,23) nicht aus. Der Geist ist es, der Philippus (Apg 8,29) und Petrus (Apg 10,19–20) dazu anspornt, das Evangelium denen zu verkünden, die bereit sind zu glauben, auch wenn es sich ursprünglich um Heiden handelt. Derselbe Geist treibt Barnabas und Paulus an zu missionieren (Apg 12,2.4) und sendet Paulus auf den Weg nach Europa (Makedonien: Apg 15,6–20). All dies sind für den Evangelisten Zeichen für den Anbruch der neuen Zeit, die unter der Führung des Heiligen Geistes steht.

Um diese Auffassung zu untermauern, entwickelt Lukas die Erzählung vom Pfingstereignis, wenn uns auch nicht bekannt ist, welche historischen Daten die Grundlage dafür bilden (Apg 2,1–13). Pfingsten ist für die Juden der Abschluss des großen Paschafestes. Die Feier erstreckt sich über sieben Wochen, in denen die Erstlingsgaben der Ernten geopfert wurden. Im rabbinischen Judentum hatte sich die Vorstellung entwickelt, dass man zu Pfingsten des Bundesschlusses am Sinai gedenke und dass dieser Bund mit allen über das ganze Römische Reich verstreuten Juden erneuert werde.

Lukas arbeitet mit den verschiedenen Symbolen, die mit diesem Fest in Zusammenhang stehen. Die verschiedenen anwesenden Völker werden dem jüdischen Sternbild entsprechend aufgezählt, um den Universalismus der neuen Botschaft zum Ausdruck zu bringen. Dann bezieht sich die Erzählung auf die babylonische Sprachenverwirrung (Gen 11,1–9), die verhinderte, dass die Völker einander verstehen. Dann folgt die Herabkunft des Geistes in Gestalt von Feuerzungen, und ein jeder versteht die eine Botschaft in seiner jeweiligen Sprache.

Diese vom Geist erweckte entstehende Gemeinschaft ist an die Geschichte Jesu rückgebunden. Am Ende der Pfingsterzählung fragt das Volk Petrus: »Was sollen wir tun, Brüder?« und Petrus antwortet: »Bekehrt euch und ein jeder von euch lasse sich taufen auf den Namen Jesu Christi zur Vergebung eurer Sünden; dann werdet ihr die Gabe des Heiligen Geistes empfangen« (Apg 2,37–38).

Hier finden sich verschiedene wichtige Elemente: Um in die Gemeinschaft einzutreten, ist ein Bruch nötig, der durch die Umkehr vollzogen wird. Die Kirche stellt nicht einfach die Verlängerung der Synagoge oder der menschlichen Gemeinschaft in der Form dar, wie sie nun einmal vorhanden ist, nämlich als ein verwirrtes und in sich gespaltenes Babel. Durch die Umkehr erfolgt eine Neuaufnahme der menschlichen Geschichte unter anderen Vorzeichen, im auferstandenen Jesus und im Heiligen Geist.

Warum bedarf es der Taufe zur Vergebung der Sünden? Genügt nicht einfach der Heilige Geist? Hier erweist sich Lukas als ein scharfsinniger Theologe. Der Christ durchläuft für sich denselben Weg, den Jesus gegangen ist. Jesus ließ sich taufen. Damit reihte er sich in die messianische Gemeinschaft ein (dies ist der ursprüngliche Sinn der Taufe Jesu durch Johannes). Dies bedeutet mehr als Befreiung von der Sünde; es besagt, dass dieses neue messianische Volk heilig ist aufgrund der Heiligkeit des Heiligen Geistes. Deshalb empfängt es die Gabe des Heiligen Geistes. Doch selbst ohne die vorherige Taufe kommt der Geist, denn er ist frei, wie es sich im Falle des römischen Hauptmanns Kornelius (Apg 10,44–48), der Samariter (Apg 8,17) oder der verstreuten Johannes-Jünger in Ephesus (Apg 19,6) zeigte. Doch hinterher werden sie getauft, denn die Taufe ist das Zeichen der Eingliederung in die Gemeinde.

Pfingsten ist ein Anfang, der mit diesem Ereignis selbst nicht zum Abschluss kommt. Pfingsten verlängert sich durch die Sendung und begleitet diese bei jedem Schritt (vgl. Boff Lina,1996). Die Vision des Lukas ist kühn: »Aber ihr werdet die Kraft des Heiligen Geistes empfangen, der auf euch kommt, und werdet meine Zeugen sein in Jerusalem und in ganz Judäa und Samarien und bis ans Ende der Erde« (Apg 1,8). Er weitet Pfingsten nach allen Richtungen hin aus. Er unterscheidet nicht mehr zwischen Juden und Heiden. Der Geist wird im Übermaß allen zuteil, die die Botschaft hören und sich ihr öffnen, wie es in Cäsarea geschah, wo ein römischer Hauptmann mitsamt seiner ganzen Familie den Geist empfing, noch bevor sie getauft wurden. Verblüfft berichtet Petrus den übrigen Aposteln in Jerusalem: »Als ich dann zu reden begann, kam der Heilige Geist auf sie herab, wie im Anfang auf uns« (Apg 11,15).

Der Geist ist in den Fundamenten der entstehenden Gemeinde anwesend. Er führt eine neue Praxis des Zusammenlebens ein, die man auch Urkommunismus nennt, denn es wird bezeugt: »Alle Gläubiggewordenen hatten alles miteinander gemeinsam. Sie verkauften ihr Hab und Gut und verteilten davon an alle, je nachdem einer bedürftig war« (Apg 2,44–45). Und ein Lob wird ausgesprochen: »Die Menge der Gläubiggewordenen war ein Herz und eine Seele [...] Auch gab es keinen Bedürftigen unter ihnen« (Apg 4,32–34).

Der Geist ist der Schöpfer eines anderen Stils, in Gemeinschaft zusammenzuleben. Der Geist ist es, der die missionarische Kirche begründet, welche die engen Grenzen des Judentums sprengt und sich hineinbegibt in die kulturelle Weite des römischen Imperiums und Europas. Die Apostel halten ein Konzil in Jerusalem ab, um über die künftigen Wege der Kirche zu entscheiden. Sehr schön formulieren sie: »Denn es hat dem Heiligen Geist und uns gefallen, euch keine weitere Last aufzulegen ...« (Apg 15,28). Er ist es, der in die Dienstämter einsetzt (Apg 20,28) und die Aufgaben verteilt (Apg 6,6; 13,2).

Wer ist der Heilige Geist für den Evangelisten Lukas? Sicherlich dachte er nicht in den dogmatischen Kategorien des Konzils von Konstantinopel (381), das den Geist als die dritte Person der Heiligen Dreifaltigkeit definiert. Für ihn ist der Geist stets der Geist Christi. Er ist an Christus rückgebunden, doch er verfügt über seine relative Eigenständigkeit, denn er ergreift Initiativen, bricht mit unbändiger Kraft herein, die neue Beziehungen schafft und alternative Wirtschaftsweisen anregt (vgl. Boff Lina, 1996, 61–68). Er ist vom Sohn unterschieden und vom Vater und vom Sohn gesandt und stets in Gemeinschaft mit ihnen. Es genügt zu sagen, dass für Lukas der Heilige Geist Gott ist.

Wenn man behauptet, dass Vater, Sohn und Geist Gott sind, dann will man Gott nicht vervielfachen (jede Person ist einzigartig, und die Einzigartigen werden nicht zusammenaddiert oder vervielfacht), sondern den zentralen Stellenwert der Gemeinschaft und der Liebe zum Ausdruck bringen, die die Welt mit einem einzigen Strom des Lebens, der Heiligkeit und der Befreiung überfluten. Die spätere Theologie wird diese Erkenntnis in die dogmatische Formel von dem einen Gott in drei göttlichen Personen fassen, die einander stets in Gemeinschaft und unendlicher Liebe gegenseitig durchdringen (Perichorese).

Der Heilige Geist ist Gott

Im Johannesevangelium finden sich die präzisesten Aussagen zur vollen Offenbarung des Geistes als Geist Gottes. Zunächst betont Johannes das theologische Faktum, dass der Geist auf Jesus herabkam (Joh 1,32) und auf ihm ruhte (Joh 1,33). Auf diese Weise will er zum Ausdruck bringen, dass Jesus bleibend und nicht nur sporadisch Träger des Geistes ist. Der Evangelist versichert, dass Gott Jesus den Geist vollkommen verliehen habe:

»... denn ohne Maß gibt er den Geist« (Joh 3,34). Weil Jesus vom Geist erfüllt ist, kann er ihn auch den anderen weitergeben. Zu Nikodemus sagt er: »Wer nicht aus Wasser und Geist geboren wird, kann nicht in das Reich Gottes eingehen« (Joh 3,5). Etwas Ähnliches wie zur Samariterin (Joh 4) sagt Jesus später im Tempel: »Wer Durst hat, komme zu mir, und es trinke, wer an mich glaubt; wie die Schrift sagt: Ströme lebendigen Wassers werden aus seinem Inneren fließen. Das sagte er von dem Geist, den die empfangen sollten, die an ihn glauben« (Joh 7,3 –39). Das Wasser ist das große Symbol des Lebens. Der Geist ist dieses Leben.

Nach Ostern haucht Jesus die Apostel an und sagt: »Empfangt Heiligen Geist. Wem ihr die Sünden vergebt, dem sind sie vergeben, und wem ihr sie nicht vergebt, dem bleiben sie unvergeben« (Joh 20,22–23). Hier ist der Geist wiederum mit dem neuen Leben verbunden, das an die Stelle des Lebens im Fleisch tritt. Jesus gibt den Geist und verheißt dessen Fülle nach seiner Verherrlichung. In diesem Kontext spricht er vom Geist als »Paraklet«. Im Sprachgebrauch jener Zeit meint der Ausdruck Paraklet den Verteidiger in einer Rechtsangelegenheit oder den Fürsprecher bei Gott, um ein Ziel zu erreichen, oder auch den Beistand in jeglicher Situation, insbesondere in einer Situation der Verwundbarkeit.

Er wird vom Evangelisten auch der Geist der Wahrheit genannt, der gegen Anschuldigungen verteidigt und die Verzweifelten tröstet (Joh 14,6; 16,7–11). Mit einem Wort: Der Geist steht den Christen in ihrem Zeugnis vor einer feindseligen Welt bei (Joh 15,26–27).

In den Abschiedsreden (Joh 14,15–31) verspricht Jesus 1) einen anderen Parakleten, der bereits bei den Jüngern ist (Joh 14,7); 2) dieser wird sie alles lehren und alles ins Gedächtnis rufen, was Jesus gesagt hat (Joh 14,26); 3) er wird für Jesus Zeugnis ablegen (Joh 15, 26–27); 4) er wird die Welt ihrer Schuld überführen (Joh 16,7–11); 5) er wird die Jünger in die volle Wahrheit einführen (Joh 16,13–15); »Wenn aber jener kommt, der Geist der Wahrheit, wird er euch zur vollen Wahrheit führen [...] und das Kommende wird er euch verkünden.« (Joh 16,13–4); »... er wird von dem Meinigen nehmen und es euch verkünden (Joh 16,14; vgl. Congar 1982, 60–73).

Johannes nimmt eine spätere trinitätstheologische Überlegung vorweg, wenn er sagt, der Geist gehe vom Vater aus und der Vater verleihe ihn auf Bitten des Sohnes hin (Joh 15,2; 14, 16). Der Sohn wird den Geist in seinem Namen senden (Joh 14,26). Der Weggang des Sohnes ist die Vorbedingung für das Kommen des Geistes (Joh 16,7). Und in Bezug auf die Jünger heißt es: Er wird immer bei ihnen bleiben (Joh 14,6) und sie in die ganze Wahrheit einführen (Joh 16,13). Der Geist ist es, der bewirkt, dass wir Jesus annehmen: »Daran erkennt ihr den Geist Gottes: Jeder Geist, der bekennt: Jesus Christus ist im Fleisch gekommen, ist aus Gott« (1 Joh 4,2). »Daran erkennen wir, dass wir in ihm bleiben und er in uns, dass er uns von seinem Geist gegeben hat« (1 Joh 4,13).

Schließlich sagt Johannes mit allem Nachdruck: »Gott ist Geist« (Joh 4,24). Diese Behauptung steht im Kontext eines Streitgesprächs innerhalb der Erzählung von seiner Begegnung mit der Samariterin am Jakobsbrunnen. Der Streit geht darum, wo man Gott anbeten soll: in Garizim, der heiligen Stadt der Samariter, oder in Jerusalem, der heiligen Stadt Judäas? Jesus widersetzt sich solcher Lokalisierung und sagt: »Gott ist Geist, und alle, die ihn anbeten, müssen im Geist und in der Wahrheit anbeten« (Joh 4,24). Mit anderen Worten: Gott ist an keinem bestimmten Ort, denn als Geist ist er an allen Orten. Worauf es ankommt, ist nicht die geografische Lokalisierung, sondern die Bereitschaft der Seele, in Gemeinschaft mit dem Geist anzubeten, der alles erfüllt und in der Geschichte handelt.

Die beiden Arme des Vaters: Der Sohn und der Heilige Geist

Betrachten wir nun den Beitrag des Apostels Paulus zur Reflexion über den Heiligen Geist. Er entwickelt eine theologische Reflexion, die den Auferstandenen und den Heiligen Geist eng miteinander verbindet. Für ihn kommt unser Heil durch den gestorbenen und auferstandenen Jesus und durch den Heiligen Geist. Der Mensch ist dazu aufgerufen, in Christus und in den Geist einzugehen. Beide sind so sehr miteinander vereint, dass es sich verbietet, von zwei Heilsökonomien – einer des Sohnes und einer des Geistes – zu sprechen, wie das später Joachim von Fiore und die Franziskanerspiritualen versuchen sollten. Sohn und Geist sind vielmehr die beiden Arme des Vaters, durch die er uns erfasst und seinen Heilsplan mit uns verwirklicht – eine Metapher, die vom heiligen Irenäus von Lyon formuliert wurde.

Bevor wir uns etwas detaillierter mit der Pneumatologie des Paulus beschäftigen, ist es angebracht, die Überzeugung darzustellen, die alle frühen Gemeinden teilen: Wir leben am Ende der Zeiten, und der neue Äon Gottes wird demnächst hereinbrechen. Wir haben es also mit der unmittelbar bevorstehenden Apokalypse zu tun. Das wird bereits im ältesten Text des Zweiten Testaments klar, dem ersten Thessalonicherbrief des Paulus, der etwa in den Jahren 51 oder 52 unserer Zeitrechnung verfasst wurde. In dieser Endzeit – so sagten es die alten Verheißungen – wird der Geist auf alle mit einer göttlichen Kraft ausgegossen, die alles umstürzt, die Welt von aller Unreinheit reinigt und Leben wie Kosmos verwandelt.

Die Auferstehung Jesu war das große Zeichen dafür, dass der Geist am Werk war und eine neue Zeit anbrechen ließ, die von den Propheten, besonders von Joël, vorhergesehen worden war. Der Geist machte aus einem Toten einen Lebenden und aus einem Lebenden einen Verklärten. Die Predigt der Apostel konnte eine Verwirklichung des Reiches Gottes in der Person Jesu verkünden, was bei vielen Freude auslöste und sie zu Anhängern dieser Botschaft werden ließ. Pfingsten muss eine äußerst starke kollektive Erfahrung der Gegenwart des Geistes unter ihnen gewesen sein. Dem Geist schrieben sie ein tieferes Verständnis des Auftretens Jesu und der Entdeckung zu, dass Gott der Abba ist.

Ein jeder Christ weiß sich als Tempel des Geistes, der Jesus von den Toten auferweckt hat. »Denn alle, die sich vom Geist Gottes leiten lassen, sind Söhne und Töchter Gottes« (Röm 8,14; 8,29).

Dieses ganze Gerüst von Überzeugungen bildet die Voraussetzung für die Reflexion des Paulus über den Heiligen Geist. Er kennt die aus dem Pfingstereignis hervorgegangene Kirche nicht, von der Lukas in der Apostelgeschichte berichtet. Er bezieht sich keine einziges Mal darauf. Seine Erfahrung des Geistes entstammt der existenziell umstürzenden Begegnung mit dem Auferstandenen auf dem Weg nach Damaskus.

Hier begreift er, dass Jesus, der Gekreuzigte, der Auferstandene ist, der zum Christus und Herrn gemacht wurde. »Wenn aber jemand den Geist Christi nicht hat, so gehört er ihm nicht« (Röm 8,9). Was ihn mehr beeindruckt, ist die neue Seinsweise, in der Jesus nun lebt: nicht in der Weise des Fleisches *(katà sárka)*, sondern in der Weise des Geistes *(katà pneuma)*. Das heißt: Der auferstandene Jesus hat die Merkmale Gottes der kosmischen Allgegenwart und der Fülle des Lebens angenommen (vgl. dazu Boff 2013 b). Weiter unten werden wir sehen, wie der Geist mit seinen Charismen und Gaben für Paulus die strukturierende Achse der christlichen Gemeinde, der Kirche, ist.

Fleisch und Geist

Um die paulinische Reflexion über den Heiligen Geist besser zu verstehen, ist es hilfreich, in groben Zügen seine spezifische Lesart der konkreten Daseinsverfassung des Menschen *(Conditio humana)* darzustellen. Wir haben das grundsätzlich bereits weiter oben (Kapitel II) angesprochen, aber es ist von Nutzen, dies innerhalb des Horizontes des Apostels Paulus noch einmal aufzugreifen. Er benutzt hierfür zwei Kategorien aus der biblischen Tradition: *Fleisch* und *Geist*.

Paulus zufolge leben wir zwischen zwei Kraftfeldern, die in Wirklichkeit zwei Existenzweisen mit ihren jeweiligen Daseinsentwürfen sind.

Das erste Kraftfeld ist das *Fleisch*, das stellvertretend für die sich in sich selbst verschließende Weltlichkeit der Welt, ohne jeden anderen Bezug nach außen oder zu Gott, steht. Es ist auch eine bestimmte Organisationsweise des Lebens und des Zusammenlebens, jedoch von Individualismus und der Verfolgung der eigenen Interessen geprägt.

Das andere Kraftfeld ist das des Geistes, das ebenfalls das Leben und die Gemeinschaft verknüpft, aber in Offenheit für den anderen und auf Dienst für den anderen und Liebe hin orientiert. Im Brief an die Galater, den Paulus wahrscheinlich um 56/57 unserer Zeitrechnung in Ephesus verfasst hat, betont er, dass »beide miteinander im Streit liegen« (Gal 5,17). Und er mahnt: »Lass euch vom Geist leiten, dann steht ihr nicht unter dem Gesetz. Offenkundig sind die Werke des Fleisches, nämlich Unzucht, Unreinheit, Ausschweifung, Götzendienst, Zauberei, Feindschaften, Streit, Eifersucht, Jähzorn, Eigennutz, Zwistigkeiten, Parteiungen, Neid, Trinkgelage, Schlemmerei und dergleichen […] Die Frucht des Geistes aber ist Liebe, Freude, Friede, Langmut, Freundlichkeit, Güte, Treue, Sanftmut, Enthaltsamkeit …« (Gal 5,18–22).

Im Brief an die Römer sagt er noch deutlicher: »Das Trachten des Fleisches führt zum Tod, das Trachten des Geistes aber zu Leben und Frieden [...] Wenn aber der Geist dessen, der Jesus von den Toten auferweckt hat, in euch wohnt, so wird er, der Christus von den Toten auferweckt hat, auch eure sterblichen Leiber lebendig machen durch seinen in euch wohnenden Geist« (Röm 8,6.11).

Dem Fleische nach sind wir Kinder dieser Welt und ihrer Verfallserscheinungen. Dem Geiste nach sind wir Kinder Gottes in seiner Herrlichkeit.

Der hervorragende Neutestamentler Rudolf Schnackenburg sagt: »›Gemäß dem Fleische‹ bezeichnet die natürliche menschliche Abstammung und die entsprechende irdische Seinsweise, ›gemäß dem Geiste‹ dagegen den Status des Auferweckten und Erhöhten« (Schnackenburg 1970, 266). Zu sagen, dass der Auferstandene Geist ist, ist gleichbedeutend mit der Aussage, dass er der Sphäre des Göttlichen angehört und Sohn Gottes ist. Jesus lebte im Fleisch, als er unter uns wandelte, das heißt er hatte Anteil an Schwäche und Sterblichkeit, die zu unserer Daseinsverfassung gehören. Im ersten Timotheusbrief heißt es: » Und anerkanntermaßen groß ist das Geheimnis der Frömmigkeit: Er wurde offenbar im Fleisch, gerechtfertigt im Geist, geschaut von den Engeln, verkündet unter den Heiden, geglaubt in der Welt, aufgenommen in Herrlichkeit« (1 Tim 3,16). Um Jesu Göttlichkeit auszusagen, benutzt Paulus den Ausdruck »Geist«. Und »keiner kann sagen: Jesus ist der Herr!, außer im Heiligen Geist« (1 Kor 12,3). Und Herr ist seit der Septuaginta die bevorzugte Bezeichnung für Gott.

Im Wort »Herr« klingen theologische (Jesus ist Gott), kosmologische (er ist mit der Schöpfung verbunden) und politische Bedeutungen an, denn die römischen Kaiser verliehen sich selbst den Titel »Herr«, und unter Berufung auf diesen Titel forderten sie kultische Verehrung ein. Paulus bietet dieser heidnischen Theologie die Stirn und lässt sich auf einen direkten Konflikt mit der Ideologie des Imperiums ein. Von daher werden auch die Gefahren verständlich, denen er ausgesetzt war.

Wenn man sagt, dass der Auferstandene »der letzte Adam« ist, der »zu lebenspendendem Geist« wird (1 Kor 15,45), so bringt man damit die Gottheit Jesu zum Ausdruck. Und zugleich bedeutet es, dass man Jesus auf dieselbe Stufe erhebt wie den Geist, denn es ist das Merkmal des Geistes, dass er Leben gibt und Schöpfer des Lebens ist, wie es im christlichen Glaubensbekenntnis heißt. Der Heilige Geist ist also Gott.

Dem Geiste nach zu leben heißt, sich auf die neue Wirklichkeit einzulassen, die der Auferstandene gebracht hat und die durch die Offenbarung des Geistes zu Pfingsten, die allen Völkern und Sprachen der Welt zugänglich ist, bestätigt wurde. Paulus setzt das von Christus erfüllte Leben (Kol 2,1) mit dem vom Geist erfüllten Leben (Eph 5,18) gleich; in Christus reden (2 Kor 2,17) ist dasselbe wie im Geist reden (1 Kor 12,3); Liebe zu Gott in Christus Jesus (1 Kor 8,39) ist Liebe im Geist (Röm 14,17).

Der Geist, die Kirche und die Charismen

Das Sein in Christus und im Geist begründet auch die christliche Gemeinde, die Kirche. »Denn durch *einen* Geist sind wir alle zu *einem* Leib getauft worden …« (1 Kor 12,13). Die Einheit ruht also auf dem Heiligen Geist auf, der ihr Dynamik und Überwindung jeglicher Art von Erstarrung zu einem Apparat verleiht. Die Gemeinde wird als ein geistliches Haus (Röm 13,1; Phil 3,3) dargestellt. Ein jeder muss sich als Tempel Gottes empfinden: »Oder wisst ihr nicht, dass euer Leib ein Tempel des Heiligen Geistes ist, der in euch wohnt …?« (1 Kor 6,19). Das bedeutet, dass der Mensch etwas von Gott in sich birgt.

Gott ist nicht fern, sondern im Leben wie ein »süßer Gast der Seele« *(dulcis hospes animae)*, wie es in der lateinischen Fassung der Pfingstsequenz heißt (vgl. weiter unten, S. 255–262). So wie der Auferstandene in uns wohnt, so wohnt auch der Geist in uns und geht eine Gemeinschaft mit uns ein (2 Kor 13,13).

Diese Einwohnung zeigt sich in den verschiedenen Diensten und Wirkweisen des Geistes innerhalb der christlichen Gemeinde: »… alle wurden wir mit einem Geist getränkt« (1 Kor 12,13). Ein und derselbe Geist ist es, der seine Gaben austeilt, so wie er will (1 Kor 12,11). »Jedem aber wird die Offenbarung des Geistes verliehen zum allgemeinen Nutzen« (1 Kor 12,7). Es gibt keinen in der Gemeinde, der unnütz wäre. Alle besitzen irgendeine Gabe und verrichten irgendeinen Dienst.

Bei Paulus ist das Charisma kein Gegensatz zur Institution. Die Institution selbst als von den Gemeindeleitern, die ihren Zusammenhalt gewährleisten, wohl geordnetes und gelenktes Ganzes wird als ein Charisma verstanden, denn sie bedeutet einen ständigen Dienst an der Gemeinde. Was sich dem Charisma widersetzt, ist nicht die Organisation, sondern Egoismus, Überheblichkeit, Herrschaft der einen über die anderen. Deshalb die Ermahnung: »Löscht den Geist nicht aus!« (1 Thess 5,19).

Schließlich stellt sich die Frage: Ist bei Paulus der Geist eine göttliche Kraft oder Gott in seinem Wirken in der Welt, in den Gemeinden und in den Einzelnen? Obwohl wir sagen müssen, dass Paulus noch nicht bewusst eine dogmatische Formulierung der Dreieinigkeit zur Verfügung hatte, so bezieht er sich doch insgesamt auf eine trinitarische Wirklichkeit. In einigen Formulierungen taucht der Heilige Geist als göttliche Person auf, der »die Tiefen Gottes erforscht« (1 Kor 2,10), der »in unsere Herzen gesandt« ist (Gal 4,6), der »unserem Geist bezeugt, dass wir Kinder Gottes sind« (Röm 8,16), und uns Gott als den Abba entdecken lässt.

Zu sagen, dass er in unseren Herzen wohnt, bedeutet, dass er etwas Persönliches, Lebendiges, Innerliches und Göttliches ist (1 Kor 3,16; 6,19). Er ist für uns die Gabe schlechthin (Röm 5,5), das heißt der gegenwärtige Gott, der sich uns hingibt und uns Leben schenkt. Die Grußformeln am Schluss der Briefe des Paulus siedeln den Geist auf derselben Ebene an wie den Sohn und den Vater, was darauf hindeutet, dass der Heilige Geist von ihm als Gott selbst aufgefasst wird (1 Kor 12,4–6; 2 Kor 13,13).

Von den Zeichen zur vollen Offenbarung des Geistes

Dieser kleine Durchgang durch die Texte des Zweiten Testaments, näherhin der synoptischen Evangelien, des Johannesevangeliums, der Apostelgeschichte und durch die Theologie des Paulus, hat uns gezeigt, dass die Kategorie »Geist« in den verschiedenen Bedeutungen benutzt wurde, die wir zuvor besprochen haben: angefangen vom Verständnis des Geistes als Lebensenergie, Hauch, verändernde göttliche Kraft im Kosmos, in der Geschichte, im Volk und im Einzelnen bis dahin, dass der Geist in seiner im eigentlichen Sinne göttlichen Wirklichkeit, als Gott, wahrgenommen wurde.

Eine solche Auffassung zwang die vom Judentum herkommenden Christen – vom Judentum, das von einem äußerst strengen Monotheismus geprägt ist, der so weit geht, dass man den Namen Gottes nicht einmal ausspricht –, ihr Gottesverständnis zu überdenken. Ohne den Monotheismus zu verwerfen – Gott vervielfacht sich nicht –, sollten sie eine eigene Weise entwickeln, Gott beim Namen zu nennen: nicht mehr in substanzialistischen und statischen Kategorien, sondern in Kategorien des Prozesses, der Logik des Lebens, das stets eines und zugleich vielfältig ist, um sagen zu können, dass Gott Liebesgemeinschaft ist und nicht Einsamkeit eines Wesens. Diese Gemeinschaft in Liebe ist so innig und radikal, dass die göttlichen Drei sich ver-einen (eins werden) in einem einzigen Gott-als-Gemeinschaft-Liebe-Gabe-Beziehung.

Der Geist ist jenes im Innersten eines jeden Ereignisses des Kosmos, der Geschichte und des Lebens jedes Einzelnen und der Armen verborgen anwesende Subjekt, das belebt und in stets weitere Dimensionen lockt, nach oben und nach vorne, in die Richtung, in der schließlich alles endgültig im Reich der Dreieinigkeit zusammenfließt.

VI. Vom Heiligen Geist zur dritten Person der Trinität

Das Studium der Quellen des Glaubens lässt eine deutliche Entwicklung der Reflexion über den Heiligen Geist und der diesbezüglichen Formulierungen erkennen, die auf sein Gottsein verweist. Er wird mit dem Vater und dem Sohn auf dieselbe Ebene gehoben, insbesondere in den Doxologien am Ende der Gebete, in den Taufriten und in der eucharistischen Epiklese (Herabrufung). Sicherlich gab es noch keine bewusste und ausdrückliche Reflexion über das Gottsein des Heiligen Geistes, wie wir sie heute kennen. Das waren andere Zeiten.

Die Sprache ist biblisch und deshalb eher am Wirken des Geistes orientiert und nicht so sehr an der Definition seines Wesens. Innerhalb der Glaubenspraxis und im Gebet wird bezeugt, dass der Heilige Geist Gott ist. Wir heben einige besonders deutliche Momente dieser Entwicklung hervor.

Die Taufformel

Das Matthäusevangelium, das um das Jahr 90 unserer Zeitrechnung geschrieben wurde, enthält die Taufformel: »Darum geht und macht alle Völker zu Jüngern und tauft sie auf den Namen des Vaters und des Sohnes und des Heiligen Geistes« (Mt 28,19). Diese Formel ist den besten Exegeten zufolge ein späterer Text und spiegelt bereits eine kirchliche Praxis wider. Sie findet sich auch in einem Text, der möglicherweise vor den Evangelien verfasst wurde (etwa in den Fünfzigerjahren), der Didache (»Lehre der zwölf Apostel« 7,1), bei Justin (Apologie I,61) bei Irenäus von Lyon (Adversus Haereses III, 17; Epid. 3,6) und Tertullian (De Baptismo 13). Diese trinitarische Formel war für den christlichen Glauben so wesentlich, dass Irenäus von Lyon, der große Verteidiger des rechten Glaubens gegen die Häresien seiner Zeit behauptet, dass die heterodoxen Lehren immer den einen oder anderen Teil dieser bei der Taufe gesprochenen trinitarischen Glaubensformel leugnen.

Die Herabrufung des Geistes in der Eucharistie

Unter der Epiklese versteht man das Gebet, das den Heiligen Geist anruft und ihn bittet, Brot und Wein in den Leib und das Blut Christi zu verwandeln. In den alten eucharistischen Hochgebeten (Konsekrationsriten) wie dem des Hippolyt (unser zweiter Kanon), des hl. Basilius, des Serapion, in den Katechesen des hl. Kyrill (V,7) sowie in der Liturgie des hl. Johannes Chrysostomus ist die Herabrufung des Heiligen Geistes auf die eucharistischen Gaben bezeugt, damit sie verwandelt werden (Transsubstantiation bzw. Transsignifikation). Allein Gott kann die Materie wie Brot und Wein in den Leib und das Blut des Herrn, also in etwas Göttliches, verwandeln. Dies ist das Werk des Heiligen Geistes, zu dem man sich im Glauben als Gott bekennt.

Mission und Martyrium

Als sich das Christentum der nachapostolischen Zeit offen in den unterschiedlichen Regionen des Römischen Reiches ausbreitete und Diskriminierung, Verfolgung und Martyrium erlitt, war der Bezug auf den Heiligen Geist sehr lebendig. Die Gläubigen riefen ihn an und baten ihn um den Mut, den Vollstreckern der imperialen Gewalt zu widerstehen und in der Verfolgung standhaft zu bleiben, damit er sie bei den Verhören vor Gericht erleuchte und ihnen die rechten Worte eingebe, wenn sie unter der Anklage standen, Frevler und Gottesleugner zu sein, weil sie die Götter ablehnten, insbesondere die Gottheiten der jeweiligen Stadt, und sich weigerten, den Kaiser kultisch zu verehren. Der lebendige Glaube an den Geist gehörte zum Lebensstil dieser Christen.

Doch in de Maß, in dem die Verfolgung des Christentums nachließ, drang es in höhere Gesellschaftsschichten, ja sogar in höhere militärische Kreise vor und schlug Wurzeln in den lokalen Kulturen. Doch gleichzeitig geriet der Geist immer mehr in Vergessenheit. Ganz allgemein verhält es sich stets so: Da, wo die Ordnung der Institution im Vordergrund steht und sich die heilige Gewalt *(sacra potestas)* etabliert, empfindet man weniger die Notwendigkeit der Erneuerung durch den Geist, um die Gemeinde zu beleben. Die Routine ersetzt die Kreativität, die vom Geist herkommt.

Dies wurde von Christen wie Montanus aus Phrygien bemerkt. Im Jahr 156 bezeichnet er sich selbst als »vom Parakleten gesandt« und versucht in allen Gemeinden den Enthusiasmus des Geistes zu wecken. Er sieht sich selbst und die Gruppe um ihn als die Erfüllung der Verheißung der Ausgießung des Geistes und seiner Gaben. Durch ihn werde das Zeitalter des Heiligen Geistes, des Parakleten, anbrechen, was das Ende der Geschichte und den Beginn eschatologischer Zeiten bedeute.

Von Phrygien aus, einer der letzten und randständigsten Provinzen des Römischen Reiches, gelangte der sogenannte Montanismus nach Rom und von dort im 3. Jahrhundert nach Afrika. Dort fand er in Tertullian, dem kreativsten und scharfsinnigsten Laientheologen Nordafrikas, einen eifrigen Anhänger. Die Montanisten waren rigoristisch: Sie legten sich selbst harte Bußübungen auf und hielten lange Zeiten des Fastens ein, die auch mit außergewöhnlichen Phänomenen einhergingen. Tertullian traf eine Unterscheidung, die sich dann erfolgreich durchsetzte: Er unterschied zwischen einer Kirche des Geistes *(Ecclesia Spiritus)* und einer Kirche nach der Anzahl der Bischöfe (*Ecclesia numerus episcoporum*; vgl. De pudicitia 21,17). Die Kirche des Geistes erkennt man an Enthusiasmus und Ekstase, die Kirche nach der Anzahl der Bischöfe an der hierarchischen Organisation und an der Macht. Heute würden wir von einer Kirche des Charismas und einer Kirche der Macht sprechen.

Der hl. Irenäus von Lyon reiste im Jahr 177 bis nach Rom, um mit Papst Eleutherius zu sprechen und sich mit ihm darüber zu beraten, wie man mit diesen Kirchenmodellen, die zu einer Spaltung führen könnten, umgehen soll. Die Lösung, auf die man sich gemeinsam verständigen konnte, bestand in einem Gleichgewicht zwischen einer mittels ihrer verschiedenen Dienste und Ämter organisierten Kirche und einer durch die Gaben des Geistes verjüngte Kirche. Er drückte es folgendermaßen aus: »Der Geist ist wie eine wertvolle Flüssigkeit, die in einem Gefäß von guter Qualität aufbewahrt wird. Sie verjüngt und verleiht dem Gefäß, das sie enthält, neue Jugendfrische.« Und er fährt fort: »Wo die Ecclesia, das heißt die Gemeinde ist, da ist auch der Geist Gottes; und wo der Geist Gottes ist, da ist auch Kirche und alle Gnade« (Adversus Haereses III, 24,1).

Menschen des Geistes: Mönche und Ordensleute

Das Mönchtum stellte die sichtbarste spirituelle Strömung in der nachkonstantinischen Zeit (also nach 325) dar, in welcher die Kirche politische Verantwortung übernahm und sich in ein großes und stürmisches kulturelles Abenteuer stürzte, das mit der Macht verbunden war. Sie erlebte nun Zeiten des Friedens, denn sie sollte bald zur offiziellen Religion des Römischen Reiches erklärt werden.

Nicht ohne stillen Protest gaben eifrige Christen, die sich am Evangelium und an Jesus als dem leidenden und gekreuzigten Gottesknecht orientierten, ihre weltlichen Angelegenheiten auf und begaben sich in die Wüste, wie zum Beispiel der hl. Antonius, Pachomius und andere. Sie wollten den Geist des Martyriums leben, das es ja inzwischen nicht mehr gab. Sie wählten hierfür die Wüste als Aufenthaltsort, denn einer alten Tradition zufolge würde genau hier das neue irdische Paradies seinen Anfang nehmen.

Es handelte sich um Männer, die gemäß dem Geist lebten, den erfahrbaren Umgang mit Gott pflegten und vom Ort ihrer Zurückgezogenheit aus den Gläubigen, die sie besuchten, Orientierung gaben. Selbst die syrischen Styliten (»Säulensteher«), die auf einer Säule lebten, waren bekannt für ihre prophetischen Gaben und für ihre Ratschläge für die Gläubigen.

Aus dieser Bewegung erwuchs das Ordensleben von Frauen wie Männern gleichermaßen. Im Westen erhielt es seine organisatorische Verfasstheit vor allem durch Benedikt von Nursia (480–550), der auch der Vater des Mönchtums genannt wird. Danach erlangte es im 13. Jahrhundert mit den großen mittelalterlichen Armutsbewegungen, mit Franz von Assisi und Dominikus, den sieben Florentinern, den Serviten etc. besondere Bedeutung.

In der Moderne haben wir es mit unzähligen männlichen und weiblichen Ordensgemeinschaften zu tun. Diese geistlichen Frauen und Männer sind es, die das Evangelium eher im Sinne von Charisma und nicht so sehr im Sinne von Institution leben. Sie schaffen die Bedingungen dafür, dass die Utopie der Seligpreisungen Jesu gelebt werden kann.

Theologische Debatten: Ist der Heilige Geist Gott?

Der Heilige Geist musste viele Jahre lang darum »kämpfen« und harte Debatten durchmachen, bis er *offiziell* als Gott und dritte Person der Dreieinigkeit anerkannt wurde. Beim Gebet und bei der Eucharistiefeier gab es hingegen damit kein Problem. Die Probleme tauchten auf, als die Vernunft ins Spiel kam, die eine saubere Reflexion und Lösung dessen herbeiführen wollte, was den Gebeten fraglos zugrunde lag. Und oftmals tat sie dies mit großer Distanz zu Frömmigkeit und Gebet, also zu der Atmosphäre, in der allein angemessen vom wahren und lebendigen Gott sowie vom Geist des Lebens gesprochen werden kann.

Die Debatte um die Gottheit des Heiligen Geistes kam aufgrund von christologischen Streitigkeiten seit dem 4. Jahrhundert auf. Auslöser waren Anhänger des Arius (250–336), eines Presbyters aus Alexandrien, der Schwierigkeiten damit hatte, die göttliche Natur Jesu im selben Sinne wie die des Vaters zu bekennen. Die Diskussion radikalisierte sich, als Makedonius, der Bischof des damals bedeutendsten Bischofssitzes, Konstantinopel, im Lauf der Jahre 342–360 das Gottsein des Heiligen Geistes in Frage stellte. Die Anhänger dieser Auffassung nannte man *Pneumatomachen*, wörtlich übersetzt: Kämpfer gegen den Geist.

Sie stützten sich in gewisser Weise auf einen biblischen Fundamentalismus, indem sie einige Aussagen des Ersten Testaments wörtlich verstanden. Hier wurde, wie wir bereits gesehen haben, der Geist als eine Eigenschaft Gottes, als seine Kraft und Lebensenergie, und nicht als Gott selbst gesehen. Der Geist wurde deshalb von ihnen als ein Mittlerwesen und ein von Gott eingesetzter Fürsprecher von höchster Würde und Heiligkeit verstanden, der uns auf dem Weg zu unserem Heil Beistand leisten soll. Doch er sei nicht Gott, sondern lediglich sein höchstes Geschöpf.

Die großen kappadokischen Theologen, die zu den größten der Ostkirche überhaupt zählen (Basilius und dessen Bruder Gregor von Nyssa sowie dessen Studienfreund Gregor von Nazianz) reagierten vehement auf diese Auffassung des bedeutendsten Bischofs der damaligen Zeit. Sie arbeiteten wahre Traktate über den Heiligen Geist aus, die in der These gipfelten: Der Heilige Geist ist wahrer Gott. Basilius der Große berichtet von den Konflikten, ja sogar Todesdrohungen, die durch diese Diskussionen ausgelöst wurden (Basilius 1993, 313–325).

In den Streit mischte sich sodann ein anderer herausragender Theologe ein, nämlich Athanasius, der in seinem Brief an Serapion (zwischen 356–362) das Gottsein des Heiligen Geistes mit der Taufformel begründete. In dieser Taufformel, die den Akt der Aufnahme des Christen in die Gemeinde in Worte fasst, könne kein Irrtum enthalten sein. Und er zieht daraus den Schluss: Der Heilige Geist ist nicht von einer anderen Substanz (PG 26,633). Er ist in gleicher Weise Gott und von derselben Substanz wie der Vater und der Sohn. Basilius der Große (330–379) vertiefte diese Sichtweise des Athanasius in einem Traktat über den Heiligen Geist, der bis heute als unübertroffen gilt (Basilius 1993). Im September 374 formulierte Basilius bei einer liturgischen Feier in Cäsarea eine Doxologie, die bis heute im Gebrauch ist: »Ehre sei dem Vater, dem Sohn und dem Heiligen Geist.« In einer anderen, bereits theologisch präziseren Formulierung lautet sie: »Ehre sei dem Vater durch den Sohn im Heiligen Geist.«

Dem hl. Basilius ging es um das Verständnis der Gläubigen und darum, ihnen die innertheologische Diskussion um das *homooúsios* (von gleichem Wesen wie Vater und Sohn) zu ersparen. Er lehrte deshalb: Wenn wir dem Heiligen Geist dieselbe Herrlichkeit zubilligen und dieselbe Verehrung zuteil werden lassen wie dem Vater und dem Sohn, dann kommt das einer Anerkennung seines Gottseins und der Gleichheit des Wesens gleich. Er argumentiert folgendermaßen: Wenn der Heilige Geist nicht Gott ist, dann sind wir nicht im vollen Sinne vergöttlicht, und genau dies entspricht dem Heilsplan Gottes. Doch ganz im Gegenteil: Der Heilige Geist hat seine Wohnstatt in uns, er wirkt in uns, er erleuchtet uns, tröstet uns und bewegt uns zur Nachfolge Jesu Christi. Also muss er von derselben Substanz wie der Vater und der Sohn sein. Er ist in gleicher Weise Gott.

Der Heilige Geist ist Gott: Das Konzil von Konstantinopel

Um den theologischen Streit beizulegen, der noch immer die Gemeinden und deren Hirten bewegte, ja sogar die öffentliche Ordnung beeinträchtigte, beriefen die Kaiser Gratian und Theodosius I. im Jahr 381 ein Konzil in der Hauptstadt des oströmischen Reiches, in Konstantinopel, ein. Die Kaiser, die den Titel »Papst« führten, riefen die Bischöfe zusammen und setzten das Ziel fest, Einheit in der Glaubenslehre herzustellen, um den Zusammenhalt des Reiches zu gewährleisten.

Es kamen 150 Bischöfe aus der Ostkirche zusammen. Nach vielen Diskussionen erarbeiteten sie ein Dokument *(tómos)*, das schließlich verloren ging. Wir haben nur indirekte Kenntnis davon durch einen Brief, den die versammelten Bischöfe an Papst Damasus in Rom schrieben. Dieser berief seinerseits im Jahr 382 eine Synode der Westkirche ein, die die Lehre Konstantinopels bekräftigte.

Die Bischöfe verfassten ein Glaubensbekenntnis, das das in Nizäa (325) verabschiedete ergänzte. Sie nahmen darin eine Formulierung auf, die der hl. Epiphanius in seinem Buch *Ancoratus* (»der Festgeankerte«) verwendet hatte, und ergänzten sie durch das Bekenntnis zur Gottheit des Geistes. »Wir glauben [...] an den Heiligen Geist, den Herrn und Lebensspender, der aus dem Vater hervorgeht, der mit dem Vater und dem Sohne mit angebetet und mit verherrlicht wird, der durch die Propheten gesprochen hat.« (DH 150)

Man kann hier feststellen, dass im Zusammenhang mit dem Heiligen Geist nicht die in Nikaia in Bezug auf den Sohn verabschiedete Formulierung *homooúsios* (wesensgleich) mit dem Vater verwendet wird. Doch es werden Begriffe gebraucht, die genau diese Aussage voraussetzen. So wird etwa gesagt, dass der Geist *Herr* ist. Dieser Ausdruck wird von der Septuaginta für Gott gebraucht. Der andere Ausdruck, *Quelle des Lebens*, betont das Wirken des Heiligen Geistes. Er ist nicht nur die Gabe des Lebens, sondern derjenige, der selbst das Leben gibt, der Geber des Lebens – eine Zuschreibung, die nur Gott zusteht.

Wenn gesagt wird, dass er *aus dem Vater hervorgeht*, dann richtet sich das gegen die irrige Auffassung, der Heilige Geist sei lediglich ein Geschöpf des Vaters. Es wird noch nichts über die Beziehung des Heiligen Geistes zum Sohn gesagt, da dies noch nicht Gegenstand der Diskussion war. Später sollte dies die zentrale Frage und der Hauptgrund für das Schisma zwischen der orthodoxen und der lateinischen Kirche sein. Es wird lediglich ausgesagt, dass er *mit dem Vater und dem Sohne angebetet und mit verherrlicht wird.* Ihm kommt dieselbe Ehre und Glorie zu wie ihnen, und er befindet sich auf derselben Ebene wie die anderen beiden göttlichen Personen.

Alles begann mit der Doxologie in einer Atmosphäre des Gebetes, die von Basilius dem Großen eingeführt wurde. Diese Doxologie forderte die Theologie in ihrer Aufgabe, das denkerisch zu durchdringen, was der Glaube feiert, heraus. Doch all dies muss wieder von Neuem in Anbetung und Verherrlichung, das heißt in die Doxologie, münden. Nur auf diese Weise bleibt das Geheimnis des dreieinigen Gottes nicht im Bereich abstrakter Spekulation, und die Theologie leistet das, was ihrer Aufgabe entspricht: Mehr Gründe aufzuweisen, um zu lieben, zu verherrlichen und anzubeten.

Am Schluss heißt es: *der durch die Propheten gesprochen hat.* Hier wird der Geist wieder mit der Geschichte in Verbindung gebracht. Sie ist der bevorzugte Ort seines Wirkens, wie wir bereits weiter oben herausgestellt haben. Er spricht durch die Propheten, denn in ihnen ist das Wirken des Geistes deutlicher sichtbar. Doch sein Wirken geht darüber hinaus, es erstreckt sich auf die Herzen der Menschen, auf die Geschichte und auf die ganze Schöpfung. Doch das wurde von den Konzilsvätern nicht eigens betont, was zu einer stärkeren Beschränkung des Wirkens des Geistes auf den im engeren Sinn religiösen Bereich (Propheten) im Gegensatz zur Geschichte insgesamt und zum Kosmos führte.

Nun haben wir die spezifisch christliche Gottrede in klaren Konturen vor Augen: Man spricht in trinitarischer Weise von den drei göttlichen Personen Vater, Sohn und Heiliger Geist, die ein einziger Gott sind. Wie diese Unterschiedenheit innerhalb der Einheit zu verstehen ist, das ist die große, am meisten herausfordernde Frage für die theologische Reflexion. Sie zwingt uns dazu, das griechische Paradigma hinter uns zu lassen, Gott und die Welt als in sich selbst Bestand habende (subsistierende) Substanzen zu denken und stattdessen in den Kategorien einander einschließender Beziehungen und stets offener Prozesse zu denken, wie sie für das Leben und die Evolution des Kosmos selbst kennzeichnend sind (vgl. hierzu vor allem Boff 1987 a).

VII. Nachdenken über die dritte Person der Trinität

Mit dem Symbolon (dem Glaubensbekenntnis) von Konstantinopel (381) war ein Konsens der Kirchen in Bezug auf das Gottsein des Heiligen Geistes in Gemeinschaft mit dem Gottsein des Vaters und des Sohnes erzielt worden. Alle traditionellen Kirchen in Ost und West, die alten ebenso wie die neueren, haben diese Lehre übernommen, sodass sie ein gemeinsames Identitätsmerkmal des christlichen Glaubens jenseits der sonstigen theologischen Differenzen und der unterschiedlichen Organisationsformen der Glaubensgemeinschaft bildet. Wer den dreieinigen Gott bekennt, der ist ein Christ. Wer ihn leugnet, ist es nicht.

Die Theologien und theologischen Stile hingegen unterscheiden sich voneinander, denn hier kommen der kulturelle Hintergrund und das je eigene Empfinden der jeweiligen Glaubensgemeinschaft ins Spiel. Deshalb gibt es unterschiedliche Theologien des Heiligen Geistes. Wir denken nicht nur in Begriffen, sondern wir umgeben diese Begriffe mit kulturell geprägten Bildern und Symbolen, die die theologische Reflexion bestimmen und die Frömmigkeit nähren. Die unterschiedlichen Liturgien veranschaulichen dies.

Mit Recht sagt der große Forscher zur Trinität, Théodore Régnon: Wir haben uns daran gewöhnt, die griechische und die lateinische Kirche als zwei Schwestern zu betrachten, die einander lieben und sich gegenseitig aufsuchen, doch die in unterschiedlichen Häusern wohnen und diese in je anderer Weise organisieren« (Régnon 2012, Bd. III, 412). Alexander von Hales, der erste Magister aus dem Franziskanerorden im Mittelalter, schrieb in seiner *Summa*: »Die Griechen und die Lateiner glauben dasselbe, aber sie sagen es nicht auf dieselbe Weise« *(idem credunt greci et latini, sed non eodem modo proferunt).*

Aufgrund dieser Besonderheiten pflegt man die Unterschiede mittels einer gewissen Schematisierung festzuhalten, wobei man hier Vereinfachungen riskiert. Doch sie erleichtern uns das Verständnis, insbesondere auf diesem äußerst anspruchsvollen Gebiet der theologischen Reflexion über die Dreieinigkeit, wo es sehr stark auf die korrekte Wortwahl und die Strenge des Denkens ankommt.

Zwei Verstehensmodelle: das griechische und das lateinische

Die griechischen Theologen gehen von den göttlichen Personen aus, insbesondere von der Person des Vaters, um von daher zum Wesen Gottes zu gelangen. Die lateinischen Theologen gehen vom göttlichen Wesen aus und thematisieren dann die göttlichen Personen. So sprechen die Griechen von »drei Personen in Gott« und die Lateiner von »einem Gott in drei Personen«.

In beiden Fällen wird dieselbe Wahrheit ausgesagt, aber aus einer je anderen Perspektive. Die Lateiner sagen auch: »ein personalisiertes Wesen«, die Griechen hingegen: »drei Personen in einem einzigen Wesen«.

Den Hintergrund dieser Formulierungen bilden jeweils spezifische politische und gesellschaftliche Vorstellungen. Die Griechen sind von der Erfahrung der Zentralisierung der Macht in der Person des Kaisers, des Satrappen oder des Tyrannen geprägt. Deshalb ist für sie Gott in grundlegender Weise der Vater. Der Vater hat alles. Er ist die Quelle und der Ursprung aller Gottheit *(fons et origo totius divinitatis)* und teilt diese den anderen beiden Personen mit. Sohn und Heiliger Geist gehen aus dem Vater hervor, jedoch in einer Weise, die verhindert, dass der Vater zwei Söhne hat. Innerhalb dieses Verständnisses lauert stets die Gefahr des Subordinationismus, das heißt einer Auffassung, derzufolge der Sohn und der Geist dem Vater untergeordnet wären. Diese Gefahr wehren die Griechen, wie wir sehen werden, durch die Entwicklung einer entsprechenden theologischen Erklärung ab.

Die Lateiner kommen von der Erfahrung des römischen Senats her, das heißt von einer Gewaltenteilung und von einem Staat, der sich in verschiedene Instanzen auffächert.

So tendieren sie dazu, Gott als ein einziges und ursprüngliches Wesen zu denken, das sich von sich aus in den Personen des Vaters, des Sohnes und des Heiligen Geistes entfaltet. Hierin lauert die Gefahr des Modalismus, der besagt, dass es nur ein einziges Wesen gibt, das sich in drei verschiedenen Seinsweisen verwirklicht. Oder sogar die Gefahr des Tritheismus, der von drei »Göttern« ausgeht.

Wenn die Griechen es mit Glaubensgeheimnissen, insbesondere mit dem der Dreieinigkeit, zu tun haben, dann bevorzugen sie den Weg der Meditation, des Gebets und der liturgischen Feier. Man bedient sich vorzugsweise der emotionalen Vernunft, denn diese wahrt den Charakter der Unaussprechlichkeit des Geheimnisses, ohne sich anzumaßen, es rational durchdringen zu wollen. Sie setzen auch die Vernunft ein, aber im apologetischen Sinne, das heißt in ihrer Funktion, den Glauben gegenüber den Häresien zu verteidigen. Doch die göttliche Wahrheit selbst wird in einer Weise erfasst, die die Vernunft übersteigt: in inbrünstiger Verehrung und Anbetung.

Die Lateiner vertrauen mehr auf die Vernunft. Sie definieren die Theologie als die *fides quaerens intellectum* oder die *fides quaerens quare*, das heißt als den Glauben, der verstehen will. Man entwickelte eine eher spekulative und weniger emotionale Theologie, wie man an Thomas von Aquin und seiner Denkschule sehen kann. Deshalb verwickelte man sich in endlosen Diskussionen, die schließlich das Mysterium der Dreieinigkeit zu einem Rätsel werden ließen, angesichts dessen Anbetung und Betrachtung schwerfallen.

Ein großer Teil der Meinungsverschiedenheiten der beiden Kirchen und ihrer jeweiligen Theologien rührt von dieser unterschiedlichen Art zu empfinden und zu denken her.

Die Bedeutung der Bilder für die Lehraussagen

Jedes abstrakte Denken wird nur dann wirklich verständlich und Gegenstand des Gesprächs, wenn es mithilfe von Bildern und Symbolen veranschaulicht wird, die die Aufnahme seiner Inhalte erleichtern. In diesem Sinne bedienen sich Lateiner und Griechen auch bildlicher Vorstellungen, um die göttlichen Personen und deren Beziehungen zueinander zur Sprache zu bringen.

Die Lateiner benutzten vorzugsweise das Bild des Geistes und der Liebe. Durch den Geist erfassen wir die Wirklichkeit, indem wir uns ein Bild von ihr schaffen. Wir reinigen dieses Bild und entwickeln daraus die Begriffe *(conceptum)*, die aus der begrifflichen Verarbeitung der Wirklichkeit durch den Geist hervorgehen, woraus sich das wahre Verständnis herleitet. Und wir benutzen Worte und unsere Stimme, um das mitzuteilen, was wir erfasst und verstanden haben.

Die Menschen im Mittelalter haben diese Dynamik auf die Dreieinigkeit angewandt. Der Vater ist der absolute Geist, der sich selbst in absoluter Weise erkennt. Er entwirft ein Bild seiner selbst, bringt ein Wort hervor, das ihn vollkommen zum Ausdruck bringt. Dieses Bild und dieses Wort ist der Sohn. Er erkennt sich nicht nur im Sohn, er liebt ihn und will deshalb mit ihm vereint bleiben. Der Sohn wiederum erkennt den Vater und will ebenfalls mit ihm vereint sein. Der Heilige Geist ist die

Einheit von Vater und Sohn, jenes Band, das den Vater mit dem Sohn und den Sohn mit dem Vater verbindet. Ein Theologe und Zeitgenosse des hl. Augustinus, Marius Victorinus, gelangte zur Aussage, dass der Geist die »copula«, das Band zwischen Vater und Sohn sei (Congar 1982, 88). Auf diese Weise entsteht ein Bild der Kreisbewegung der göttlichen Personen. Der Heilige Geist schließt den Kreis der Erkenntnis und der Liebe zwischen Vater und Sohn. Er ist der Schöpfer der Einheit schlechthin, die Süßigkeit und Freude der Einheit von Vater und Sohn.

Ein anderes Bild, das die lateinischen Theologen benutzen, geht von der Liebe aus. Dieses Bild hat zuerst der hl. Augustinus benutzt, und es wurde vom hl. Bonaventura und anderen aufgegriffen und weiterentwickelt. Es gibt den Liebenden, den Geliebten und die Liebe. Gott ist – so lautet die Definition des Evangelisten Johannes – die Liebe (1 Joh 4,8). Jede Liebe strömt aus, gibt sich selbst hin und dehnt sich über sich selbst hinaus aus. Der Vater ist die Liebe, die sich vollkommen gibt. Der Sohn ist derjenige, der die Liebe des Vaters empfängt. Der Sohn liebt den Vater vollkommen. Der Heilige Geist ist es, der den Vater und den Sohn in der Liebe vereint. Auch er wird vom Vater und vom Sohn geliebt und liebt seinerseits den Vater und den Sohn. Er wird der *condilectus* (der »Mitgliebte« bzw. der »Mitliebende«) genannt, derjenige, der durch die beiden, durch den Vater und den Sohn, liebt, und zusammen bilden sie den einzigen Gott als Liebe und Gemeinschaft und ewiger Hingabe aneinander.

Dieses Bild veranschaulicht die Dynamik der Liebe, die aus sich selbst herausritt, im anderen ihre Ruhe findet und durch die Kraft der Liebe selbst zu sich zurückkehrt.

Die Griechen wiederum gehen einen einfacheren Weg und benutzen das Bild der menschlichen Kommunikation. Der Vater spricht sein Wort aus, das ihn vollkommen offenbart. Dieses Wort geht einher mit dem Hauch, der es vermittelt und hörbar, verstehbar und annehmbar macht. Es gibt kein Wort ohne den dieses im selben Akt begleitenden Hauch. So ist also, auf die Dreieinigkeit angewandt, der Sohn das Wort, das der Vater von Ewigkeit her ausspricht, um sich selbst mitzuteilen. Dieses Wort geht mit dem Hauch (lateinisch: *spiritus*) einher, der es stets begleitet: Er ist der Heilige Geist. Auf diese Weise gehen Sohn und Geist auf je verschiedene Weise von ein und demselben Vater aus: der eine als Wort, der andere als Hauch.

Die Griechen denken eher linear. Der Vater ist Quell und Ursprung der ganzen Gottheit, die er in unterschiedlicher Weise vollkommen an den Sohn und an den Geist (Hauch) entäußert. Da die Selbstmitteilung an den anderen vollkommen ist, ist auch jede dieser Personen in gleicher Weise Träger desselben göttlichen Wesens. Sie unterscheiden sich lediglich darin, dass die eine nicht die andere ist. Sie sind unterschieden, um sich in Liebe zueinander in so absoluter Weise in Beziehung setzen zu können, dass sie eins werden und einen einzigen Gott bilden.

Die Streitigkeiten über den Hervorgang des Geistes

Diese beiden Weisen, die Dreieinigkeit und die Rolle des Heiligen Geistes zu verstehen, wurden von beiden Kirchen, der lateinischen und der griechischen, akzeptiert, ohne dass es darüber zum Streit gekommen wäre. Die Auseinandersetzung begann, als sich das Klima der Frömmigkeit und Verehrung verflüchtigte und man begann, eine spekulative Theologie zu entwickeln und sie sehr rasch in eine starre und nicht reformierbare Lehre goss. Dabei wurden die der jeweiligen Formulierung zugrunde liegenden kulturellen Empfindsamkeiten vergessen, und es begann der Kampf um die Interpretation der Worte, als ob sich alles nur um die Worte drehte und deren Sinn für alle und zu allen Zeiten eindeutig wäre.

Der Zankapfel war die Person des Heiligen Geistes, näherhin die Frage, ob der Sohn und der Geist unmittelbar aus dem Vater hervorgehen (so das griechische Denken), oder ob der Geist vom Vater mittels des Sohnes, mit dem Sohn, vom Vater und dem Sohn zusammen ausgehe (lateinische Denkweise). Die Lateiner brachten dies durch das *Filioque* zum Ausdruck, das heißt: Der Geist geht vom Vater *und vom Sohn* aus. Der Sohn ist also an der Aushauchung des Heiligen Geistes beteiligt.

Die Griechen erregten sich über diese Formulierung, denn damit schien es so, als sei die Kausalität, die Quelle und der Ursprung nicht mehr ein einziger, nämlich die Person des Vaters. Der Sohn kam gleichermaßen als Grund und Ursprung ins Spiel. Deshalb das *Filioque*. Thomas von Aquin, ein scharfsinniger Theologie, der bereits um diese Schwierigkeit wusste, formulierte: »Der Heilige Geist geht grundsätzlich *(principaliter)* vom Vater durch den Sohn aus.« Doch in jedem Fall bleibt der Sohn mit dem Ursprung des Heiligen Geistes verknüpft, was das Zerwürfnis mit den Griechen aufrechterhielt. Man beachte hierbei, dass man sich so sehr auf die Beziehung zwischen Sohn und Heiligem Geist konzentrierte, dass schließlich in Vergessenheit geriet, dass der Geist auch Geist des Vaters ist! Und der Vater ist stets Vater des Sohnes. Sofern er Vater des Sohnes ist, haucht er den Heiligen Geist aus.

Die Diskussion war bis dahin friedlich auf theologischer Ebene vonstatten gegangen. Doch sie wurde zu einem Konflikt zwischen den Kirchen, als zu Weihnachten 808 französische Mönche des Ölbergklosters in Jerusalem das *Filioque* ins Glaubensbekenntnis einfügten. Die Griechen protestierten heftig dagegen, denn damit war eine Vereinbarung zwischen allen Kirchen verletzt worden, die auf dem Konzil von Ephesus (431) getroffen und im Kanon 7 festgehalten worden war: »Kein Wort des gemeinsamen Glaubensbekenntnisses darf angetastet, hinzugefügt oder entfernt werden.« Die Lateiner hatten offensichtlich diese Übereinkunft missachtet. Man wandte sich an Papst Leo III. Er verbot die Einfügung des *Filioque* ins Credo, verteidigte aber zugleich die theologische Legitimität dieses Ausdrucks, was die Diskussion beilegte.

Der relative Friede wurde jedoch gestört, als Papst Benedikt VIII. bei der Krönung Heinrichs II. im Jahr 1014 auf ausdrücklichen Wunsch des Kaisers hin das *Filioque* ins Glaubensbekenntnis einfügte. Damit wurde die westliche Auffassung gefestigt, die nun von der höchsten päpstlichen Autorität unterstützt wurde; diese aber hatte sich der politischen Macht des Kaisers gebeugt.

Doch trotz aller Proteste führte selbst das noch nicht zu einem wirklichen Bruch zwischen den beiden Schwesterkirchen. Dazu kam es erst im Jahr 1054, als der lateinische Kardinal Humbert in Konstantinopel die Griechen beschuldigte, sie hätten das *Filioque* im Glaubensbekenntnis getilgt. Dieser Kardinal, der die Geschichte offenbar nicht kannte, hatte vergessen, dass das *Filioque* durch eine Anmaßung des Papstes Benedikt VIII., der damit dem Kaiser gefallen wollte, allererst ins Credo gelangt war. Der Patriarch Photios, ein herausragender Theologe und dem schwachen Kardinal Humbert überlegen, klagte den Bruch der Übereinkunft zwischen den Kirchen auf dem Konzil von Ephesus (431) an und durchtrennte die Bande der Gemeinschaft mit der Kirche von Rom.

Die beiden Patriarchen – der eine aus dem Westen, der andere aus dem Osten – exkommunizierten sich gegenseitig. Seither begegneten sich die beiden Kirchen in Feindschaft und verschlossen die Türen und Fenster ihres Hauses vor der jeweils anderen. Erst in jüngster Zeit wurde die gegenseitige Exkommunikation aufgehoben.

Die verschiedenen ökumenischen Konzilien wie das Vierte Laterankonzil (1215) und das Konzil von Lyon, auf dem der für seine versöhnende Haltung bekannte hl. Bonaventura dabei war, bestätigten die westliche Auffassung des *Filioque*. Der Heilige Geist geht vom Vater und vom Sohn aus. Im Verständnis der Lateiner wollte man, indem man den Sohn zur Aushauchung des Geistes hinzufügte, nicht sagen, dass es zwei verursachende Prinzipien gebe. Es gibt nur eine einzige, nämlich den Vater. Doch der Vater teilt dem Sohn dieselbe hervorbringende Kraft mit. Der Sohn hat nur das, was der Vater ihm gegeben hat.

Die Position des Westens zielt darauf ab, die Selbigkeit des Wesens zu betonen. Sie betont die Gleichheit der drei göttlichen Personen hinsichtlich desselben Wesens. Damit vermeidet man jegliches Anzeichen von Subordinationismus. Der Heilige Geist erscheint innertrinitarisch als das Bindeglied der Einheit zwischen Vater und Sohn.

Die Griechen sahen in dieser Auffassung den Bruch der Einheit des Prinzips (Vater), was zum Tritheismus (drei Götter) oder zum Binarismus (Vater und Sohn) führen könnte. Deshalb fasste Patriarch Photios die griechische Formulierung noch radikaler: »Der Heilige Geist geht *allein* vom Vater aus.« Damit wurde mit Nachdruck die Monarchie des Vaters zu Lasten des innertrinitarischen Gleichgewichts etabliert. Für Photius unterscheiden sich die göttlichen Personen nicht hinsichtlich ihres Ursprungs aus dem Vater, der dem Sohn und dem Geist gemeinsam ist, sondern nur durch besondere *proprietates* (Eigenheiten) der jeweiligen Person. Damit wurde ein strikter Monopatrismus geschaffen, der den Dialog mit den Lateinern jahrhundertelang belastete. Die politische Konsequenz daraus war die Stärkung aller zentralistischen bis hin zu tyrannischen Regierungsformen, die eine Verlängerung der Monopolstellung des Vaters darstellen.

Darüber hinaus kritisierten die Theologen der Ostkirche, dass das *Filioque* den Heiligen Geist allzu sehr an den Sohn fessle, während er, wie wir bereits sagten, auch der Geist des Vaters und seinem Wesen nach stets frei ist. Diese allzu große Annäherung des Heiligen Geistes an den Sohn führte in der lateinischen Theologie zum *Christomonismus*, das heißt zur ausschließlichen Konzentration auf Christus, die den Heiligen Geist in Vergessenheit geraten ließ.

Eine solche Interpretation begünstigte die Machtkonzentration aufseiten der kirchlichen Hierarchie, insbesondere in der Person des Papstes, der sich als Stellvertreter Christi, ja sogar Gottes, fühlte, der Jurisdiktionsgewalt über alle Kirchen, sowohl im Osten wie im Westen, und schließlich die Unfehlbarkeit für sich in Anspruch nahm.

Diese Interpretation war und ist nach wie vor schädlich für den ökumenischen Dialog, da sich der Papst selbst eine einzigartige Exklusivität anmaßt. Er versteht sich als dem Bischofskollegium angehörig, aber auch über demselben stehend als einer, der *ex sese*, aus sich heraus, ohne jemanden um Rat zu fragen, handeln kann. Dies ist die sogenannte Kefalisierung der Kirche, das heißt: alle Macht ist auf das Haupt (griech.: *kephalé* = Kopf, Haupt) konzentriert. Dieses souveräne und allmächtige Haupt nimmt im Papst leibhaftige Gestalt an. Wenn wir die Diskussionen beiseite lassen, können wir sagen: Die Lateiner wollen die Einheit des göttlichen Wesens betonen, das gleichermaßen im Vater, im Sohn und im Heiligen Geist präsent ist. Die Griechen möchten die Einheit des Prinzips und des Ursprungs wahren, der im Vater liegt (Quelle und Ursprung aller Gottheit) und die spezifischen Eigenheiten einer jeden göttlichen Person würdigen.

Jede Interpretation hat ihre jeweiligen Vorzüge und Grenzen. Für die Lateiner ist der Geist immer der Geist Christi. Man vergisst dabei, dass er auch der Geist des Vaters des Sohnes ist und dass er in seiner Freiheit und in seinem Wirken über Christus hinausgehen kann. Die Griechen beziehen alles auf den Vater als Zentrum und setzen sich damit der Gefahr des Subordinationismus aus, für den der Sohn und der Geist stets der einzigen Quelle und dem einzigen Ursprung, dem Vater, untergeordnet wären.

Heute erscheint der Zusatz des *Filioque*, also die Aussage, dass der Geist vom Vater und vom Sohn ausgeht, innerhalb der theologischen Reflexion, insbesondere einer ökumenisch orientierten, als überflüssig. Das zentrale Argument hierfür ist das folgende: Wenn man sagt, der Geist gehe vom Vater aus, dann muss man immer mit bedenken, dass es sich um den Vater des Sohnes handelt, denn es gibt keinen Vater ohne Sohn und keinen Sohn ohne Vater. Vater und Sohn sind stets zusammen, und zusammen bringen sie den Heiligen Geist hervor.

Das *Filioque* fügt also, wie man sieht, dem Verständnis des Geistes nichts hinzu. Deshalb täten wir besser daran, es einfach fallen zu lassen (vgl. Moltmann 1991, 320–324). Die Kreisbewegung der Liebe und Selbstmitteilung der drei göttlichen Personen schließt sich, und so haben wir es zu tun mit Gott als Gemeinschaft, Liebe und Hingabe, die der Vater, der Sohn und der Heilige Geist sind.

Ein moderner Versuch, den dreieinigen Gott neu zu denken

Die moderne Trinitätstheologie versteht die traditionellen Begriffe (der Vater als Quelle, der Sohn als Zeugung, der Geist als Hauchung) eher als Analogien und Umschreibungen denn als objektive Realitäten. Unbestreitbar ist das Glaubensdatum: Gott ist nicht Einsamkeit des Einen, sondern Gemeinschaft der Drei.

Angesichts eines so erhabenen Geheimnisses sind all unsere Worte unzulänglich. Der hl. Augustinus, der Größte auf diesem Gebiet, gesteht ein: »Wenn wir uns auf die göttlichen Drei beziehen, müssen wir die äußerste Armseligkeit unserer Sprache eingestehen; wir sprechen von drei Personen, um nicht gar nichts zu sagen, und nicht, weil wir uns anmaßen würden, die Dreieinigkeit zu definieren« (De Trinitate V,9,10).

Es ist jedoch wichtig festzuhalten: Wenn man von Vater, Sohn und Hauch (Heiliger Geist) spricht, dann bedient man sich einer relationalen Logik. Einen Vater gibt es nur, weil es einen Sohn gibt. Der Sohn verweist auf den Vater. Und beide setzen sich in Beziehung zueinander in der Gemeinschaft der Liebe. Der Geist ist die Beziehung der beiden, die Liebe, die vereint, der Hauch des einen zum anderen hin.

Es ist hilfreich, vom Zweiten Testament auszugehen. Hier werden der Vater, der Sohn und der Geist bezeugt. Der eine ist nicht der andere. Sie sind nicht aufeinander rückführbar. Sie sind einzigartig. Von einem jeden von ihnen heißt es, dass er Gott ist, ohne dass man damit Gott vervielfältigen will, denn der Einzige ist keine Zahl und daher nicht multiplizierbar.

Handelt es sich demnach um drei Einzige? Dreimal Gott? Dies wäre die Irrlehre des Tritheismus. Das Entscheidende ist, zu sagen: Es sind drei Einzige. Und die Einzigen können niemals aufaddiert werden, eben genau darum, weil sie Einzige sind. Doch die Einzigen sind stets in Beziehung, durchdringen einander in Gemeinschaft und Liebe. Wie eine einzige Quelle, die nach drei Richtungen hin fließt, wobei jede der Richtungen die Quelle selbst ist.

Die Theologie prägte den Begriff »Perichorese«, der die wechselseitige Beziehung der göttlichen Personen untereinander oder die vollkommene Reziprozität der göttlichen Personen besagt (vgl. Boff 1987 a, 157–178). Schön hat dies der hl. Augustinus formuliert: »Jede der göttlichen Personen ist in jeder der anderen und alle in jeder und jede in allen und alle in allen; und alle sind sie nur Einer« (De Trinitate VI,10.12).

Bei ihnen gibt es weder Hierarchie noch etwas Vorausgehendes noch Herkunft. Sie sind gleichzeitig ewig und unendlich. Und sie treten gemeinsam hervor, eine jede Person als einzige, doch stets in Beziehung mit den anderen, und dies in so tiefer und radikaler Weise, dass sie sich ver-einen, das heißt eins werden. Sie sind ein einiger Gott als Liebe, Beziehung und Gemeinschaft.

Sie sind unterschieden, um sich zueinander in Beziehung setzen zu können und gemeinsam zu sein. Die Beziehungen zwischen ihnen sind Beziehungen der Offenbarung, des Erkennens, Zu-erkennen-Gebens und des Anerkennens. So offenbart sich der Vater durch den Sohn im Geist. Der Sohn offenbart den Vater in der Kraft des Geistes. Der Geist offenbart sich dem Vater durch den Sohn *(ex Patre Filioque)*, so wie sich der Sohn als Sohn im Vater durch den Geist anerkennt *(a Patre Spirituque)*. Der Geist und der Sohn begegnen sich im Vater *(ex Filio et ex Spiritu Patreque)*. Die Beziehungen sind also stets dreifach und zirkulär. Wo eine Person ist, da sind auch die anderen beiden (vgl. Evdokimov 1969; Boff 1987 a, 169–172). Andere Theologen wie O. Clément, T.G. Weinay und R. Cantalamessa (vgl. Cantalamessa 1998, 389–390), die in ihrem Denken nicht von der Perichorese und der vollkommenen Reziprozität als Schlüssel ausgehen, sondern versuchen, an die Tradition anzuknüpfen und sie weiterzuführen, ziehen es vor, die traditionelle Präposition in Bezug auf den Geist zu benutzen: nicht »von«, sondern »im«. Das heißt: Der Sohn geht aus dem Vater *im* Geist hervor. Und *im* Geist ruft Jesus: »Abba«. Der Sohn ist stets Sohn *im* Geist.

Doch man muss anerkennen, dass der Rückgriff auf die Perichorese das wechselseitige Aufeinander-bezogen-Sein der göttlichen Personen besser darstellt und mit der modernen Kosmologie besser vereinbar ist, die alles mit allem in Beziehung sieht, in einem zuinnerst vorhandenen Netz von wechselseitiger Einbeziehung und Reziprozität.

In jedem Fall sucht man nach einer alle einschließenden und ökumenischen Formulierung, die die dynamische Kreisbewegung des trinitarischen Lebens zeigt, in dem der Heilige Geist, der Sohn und der Vater gemeinsam das Reich der Dreieinigkeit bilden.

VIII. Die Denker und Denkerinnen des Geistes

Das Nachdenken über den Geist und den Heiligen Geist hat in den Reflexionen über Kultur, Geschichte, Philosophie und Theologie nie gefehlt. Es gibt eine unüberschaubare Vielzahl von Autoren, die sich diesem Thema gewidmet haben. Hier möchten wir nur einige wenige Männer und Frauen vorstellen, die von grundlegender Bedeutung sind und das zeitgenössische Denken nach wie vor prägen.

Joachim von Fiore: Das Zeitalter des Heiligen Geistes

Joachim von Fiore (1135–1202) war ein Zisterziensermönch aus Kalabrien. Als Theologe war er nach dem Zeugnis des Thomas von Aquin eher plump; dennoch hatte er große theologische und spirituelle Einsichten. Er beflügelte die ständige Suchbewegung des menschlichen Geistes, der nach einer Gesamtschau des Geschichtsverlaufs und dessen transzendentem Sinn strebt. Unter den verschiedenen Werken aus seiner Feder ist das *Liber de Concordia Novi ac Veteris Testamenti*, das »Buch über die Übereinstimmung zwischen dem Neuem und dem Alten Testament« hervorzuheben, das er ab 1184 verfasste und das zu seiner Zeit kaum bekannt war. Es fand dann enorme Verbreitung durch eine radikale Strömung der Franziskaner, die sogenannten *Spiritualen* oder *Fraticelli*, die seit 1240 die Ideen des Joachim von Fiore aufgriffen. Sie sahen im hl. Franziskus in höchstem Maße eine Verwirklichung seiner Behauptung vom Anbruch des Zeitalters des Heiligen Geistes.

Joachim von Fiore sucht in allem nach Symmetrien und Übereinstimmungen, und so entwirft er auch eine in sich stimmige Gesamtschau der Geschichte. Seine grundlegende These lautet: Da es drei göttliche Personen gibt, gibt es auch drei Weltzustände. Er nennt sie Zeitalter, und so wurde diese Sichtweise auch von der Nachwelt rezipiert.

Zunächst gab es das *Zeitalter des Vaters*, das mit Adam begann und sich bis hin zu den biblischen Erzvätern erstreckte. Es war die Zeit der Gesetze. Dann brach das *Zeitalter des Sohnes* an, das mit dem König Joschija seinen Anfang nahm und in Jesus Christus seinen Höhepunkt fand. Es ist das Zeitalter der Kleriker, der Kirche, der Hierarchien und der Sakramente. Schließlich brach das *Zeitalter des Heiligen Geistes* an, das von einem Mönch, dem hl. Benedikt, eingeleitet wurde und in kurzer Zeit seine volle Verwirklichung erlangen werde. Dann wird das ewige Evangelium der rein spirituellen Wesen und der vollkommenen Freiheit regieren. Es ist das Zeitalter der Mönche. Das erste war das Zeitalter des Fleisches, das zweite das des Fleisches und des Geistes und das dritte ist das des reinen Geistes.

Diese Lesart der Geschichte wurde vom radikalen Flügel der Franziskaner aufgegriffen. Diese strebten nach strenger Armut und fühlten sich als vom Heiligen Geist gesandt, das Ewige Evangelium zu etablieren. Konsequenterweise fühlten sie sich von allem, was mit dem Zeitalter des Sohnes zusammenhing und sich in der Kirche mit ihren Sakramenten, ihrer Hierarchie und dem Papst konkret verwirklichte, entbunden. All das gehörte für sie der Vergangenheit an und hatte seine Legitimität verloren. Nun herrscht das Zeitalter des Geistes – jenes Geistes, der von den materiellen Fesseln und gesellschaftlichen sowie kirchlichen Bindungen befreit, um das Reich der vollkommenen Freiheit der Kinder Gottes zu begründen. Das Ewige Evangelium ist die Gegenwart und Zukunft der Welt.

Es versteht sich von selbst, dass diese Haltung Verfolgung und Verurteilung vonseiten der Kirche der Päpste zur Folge hatte, was nicht verhindern konnte, dass aufgrund der hohen Ideale andere Gruppierungen wie etwa die »Brüder vom freien Geist« entstanden, die man auch in einen Zusammenhang mit den (weiblichen) Beginen und den (männlichen) Begarden brachte. Sie lebten völlig abgesondert in einem extremen Quietismus, jedoch von der Vorstellung der Gegenwart und des Wirkens des Heiligen Geistes beflügelt. Einige behaupteten sogar: »Der Geist nimmt jeden Tag in uns leibhaftige Gestalt an«, er »inkarniert« sich täglich in uns *(Spiritus Sanctus quotidie in nobis incarnatur).*

Joachim von Fiore erweckte die Idee der *renovatio mundi* zum Leben, das heißt der Erneuerung der Welt, der Brüche, die eine neue Ordnung einleiten. Dieser Gedanke verschwand nie mehr aus Kirche und Gesellschaft. Er wird von jenen bekämpft, die die herrschende Ordnung unterstützen. Doch er wird stets von revolutionären, im Allgemeinen mit den Unterdrückten und Ausgegrenzten verbundenen Gruppierungen beschworen.

G.W.F. Hegel: Der Geist in der Geschichte

Der große deutsche Philosoph Hegel (1770–1831) bezieht sich in seinen Theoriegebäuden ausdrücklich auf Joachim von Fiore. Er verfolgt dieselbe Absicht, nämlich eine umfassende Perspektive zu entwickeln und eine in sich stimmige Gesamtschau der Geschichte zu liefern, angefangen von der Naturgeschichte über die Geschichte des Menschen bis hin zur Geschichte des absoluten Geistes. Als junger Theologe in Tübingen entwarf er einen ersten systematischen Versuch in Form seines Buches *Der Geist des Christentums und sein Schicksal* (1798/99), in dem er bereits die Grundeinsicht seiner berühmten *Phänomenologie des Geistes* (1806) vorwegnahm, nämlich die Versöhnung des Menschen mit der Natur, des objektiven mit dem subjektiven Geist und des Universums mit dem absoluten Geist.

Grundlegend war die Einsicht, die während der Karwochen in Tübingen in seinen Geist drang und die er »theoretischen Karfreitag« nannte. Aus dem Ostergeheimnis leitete er die Methode her, die ihn am besten charakterisiert: die Dialektik. Die *These* (das Leben Christi), die *Antithese* (sein Tod am Kreuz) und die *Synthese* (seine Auferstehung). These und Antithese sind einander nicht einfach entgegengesetzt. Sie sind aufgehoben in dem Maße, in dem sie auf einer höheren Ebene, der Synthese, integriert werden. Diese wird ihrerseits zu einer neuen These, die ihre entsprechende Antithese hervorruft, und beide werden in einer neuen Synthese integriert, und so fort. Dies ist der dialektische Prozess der Geschichte.

Es wird deutlich: Hier herrscht eine ständige Bewegung, eine ununterbrochene Dynamik, die alles umfasst. Hegel geht in seinem Philosophieren von einem theologischen Grunddatum aus: Gott als absoluter Geist. Doch er bezieht den absoluten Geist in die Dialektik ein, die sich in Natur und Geschichte verwirklicht. Mit Recht behauptet er, dass sich der Sinn des Lebens nicht in Abstraktionen verwirklicht, sondern in der Konkretheit von Natur und Geschichte.

Natur und Geschichte sind der Ort der Offenbarung und auch der Ort der Verwirklichung des absoluten sowie des menschlichen Geistes. Der absolute Geist, der an und für sich ist, entäußert sich in die Geschichte, die die gesamte Schöpfung umfasst: die Natur, den Menschen und das Universum. Er bereichert sich selbst in diesem seinem Gang ins Exil außerhalb seiner selbst, denn er offenbart sich selbst und schafft eine Art Spiegel, in dem er sich selbst betrachtet. Auf diese Weise gelangt er zum absoluten Selbstbewusstsein. Schließlich kehrt er zu sich selbst zurück und trägt in sich die gesamte Wirklichkeit, die er in sich aufgenommen hat. Diese Totalität ist die Wahrheit (»Das Wahre ist das Ganze«).

Dialektisch gesprochen: Der absolute Geist, in sich und in seiner Realität für sich selbst genommen, stellt die These dar. Seine Entäußerung in die Natur und Geschichte ist die Antithese. Und die Rückkehr zu sich selbst, wobei er alle Errungenschaften und alles Scheitern in Natur und Geschichte in die er vollkommen eingegangen ist, in sich trägt, ist die Synthese, die zu einer neuerlichen These wird, welche eine Antithese hervorbringt, und beide zusammen bilden eine neue Synthese, und so weiter bis ins Unendliche.

Diese Sichtweise Hegels führt die Evolution als grundlegende Perspektive ein. Doch es handelt sich hierbei nicht um eine Evolution im mechanischen Sinne, sondern um eine vom Geist belebte Evolution, der sie zu je neuen Ordnungen auf einer immer höheren Stufe der Sinnverwirklichung führt, bis hin zur höchsten Integration im absoluten Geist.

Wenn Hegel von absolutem Geist spricht, dann bezieht er sich nur in geringem Maß auf den Heiligen Geist, sondern vielmehr auf den dreieinigen Gott, der auch in sich selbst auf göttliche Weise die Dialektik verwirklicht. Der Vater ist die These, der Sohn die Antithese und der Heilige Geist die Synthese, das heißt die Einheit der göttlichen Personen in der Liebe und wechselseitiger Gemeinschaft.

Der Einfluss Hegels war und ist immer noch enorm. Er entwickelt eine Gesamtschau, die nichts unberücksichtigt lässt, auch nicht das Negative der Geschichte (es bildet einen Teil der Antithese). Seine Sprache ist nicht leicht verständlich, doch seine Absicht ist klar. Eine dynamische und umfassende Gesamtschau der Wirklichkeit zu entwerfen, die Gott, die Natur, die Geschichte, das Recht, die Ethik und die Ästhetik mit einbezieht, und so dem Menschen dessen Größe und Würde vor Augen zu führen. Bei seiner Antrittsvorlesung in Berlin formulierte er den berühmten Satz: »Uns ist die Bewahrung dieses heiligen Lichtes anvertraut, und es ist unser Beruf, es zu pflegen und zu nähren und dafür zu sorgen, dass das Höchste, was der Mensch besitzen kann, das Selbstbewusstsein seines Wesens, nicht erlösche und untergehe« (Hegel 1840, 37).

Einige kritische Theologen sehen bei Hegel eine exzessive Aneignung christlicher Aussagen über den Geist, wobei das spezifische Wirken der dritten Person nicht klar herausgestellt wird. Diese wird einfach unter den absoluten Geist (also Gott) subsumiert und verliert so ihre strikte Bezogenheit auf das Erlösungs- und Befreiungswerk des menschgewordenen Sohnes. Doch auch wenn man diese Grenzen berücksichtigt, lädt Hegels Auffassung die Pneumatologie dazu ein, den Geist in Verbindung mit dem Universum und auch mit seiner Verwundbarkeit zu denken – was in der lateinischen Theologie praktisch fehlt.

Aus der Geschichte wissen wir, dass Hegels Philosophie in zwei unterschiedlichen Richtungen interpretiert wurde: Die eine war materialistischer Art, wie sie etwa von Marx und Engels vertreten wurde, die andere war idealistischer Natur, erwies sich als fruchtbar für die Theologie und die Religionswissenschaften und trug zu einem besseren Verständnis der Geschichte als Ort der Offenbarung und Entfaltung nicht nur des absoluten Geistes, sondern auch des menschlichen Geistes und seiner Freiheit als Gestalter der Wirklichkeit bei.

Paul Tillich: Der Geist und das Leben ohne Zweideutigkeit

Der deutsche lutherische Theologe und Philosoph Paul Tillich (1886–1965) war derjenige unter den evangelischen Theologen der jüngeren Zeit, der den Heiligen Geist am stärksten ins Zentrum seines Denkens rückte. Er fühlte sich philosophisch und soziologisch der Kritischen Theorie der Frankfurter Schule nahe. Im Lauf seines Lebens hat er sich stets über die spezifisch soziologischen, philosophischen und theologischen Themen hinaus grundlegenden Fragen der Kultur und Politik gewidmet. So engagierte er sich in der Bewegung für den »religiösen Sozialismus«. E zog sich den Verdacht der aufstrebenden Nazi-Bewegung zu und wurde 1933 zur Emigration in die Vereinigten Staaten gezwungen. Hier war er als Professor an mehreren Universitäten tätig, zuletzt von 1955 bis 1962 in Harvard und in seinen letzten drei Lebensjahren in Chicago. Sein Stil, Theologie zu betreiben, übte auf viele nordamerikanische Intellektuelle aus den verschiedensten Wissenschaftszweigen eine große Anziehungskraft aus. Für sie organisierte er Seminare und offene Gesprächskreise.

Tillich war ein sehr fruchtbarer Autor. Zwei Werke werden immer noch zitiert, und zwar *Der Mut zum Sein* (Tillich 1991) und *In der Tiefe ist Wahrheit* (Tillich 1952). Doch sein bekanntestes Werk ist seine dreibändige *Systematische Theologie*.

Drei Punkte sind in Tillichs Theologie besonders wichtig: die Methode der Korrelation, der Gegenstand der Theologie und die Zweideutigkeit der gesamten Wirklichkeit. In seinem gesamten Werk versuchte er, die theologischen Begriffe auf einen Existenzialismus hin zu überschreiten und damit eine Theologie in säkularer Sprache zu entwickeln.

Für Tillich besteht immer eine Korrelation zwischen den existenziellen Fragen des Menschen und den Antworten der christlichen Botschaft. Frage und Antwort sind stets aufeinander bezogen. Die christliche Botschaft ist keine »Summe geoffenbarter Wahrheiten, die wie Fremdkörper aus einer fremden Welt in die menschliche Situation hineingefallen sind«, und die Bibel ist kein Buch »›übernatürlicher Orakel‹, welche die Aufnahmefähigkeit des Menschen ganz außer Acht lassen« (Tillich 1955, 79–80).

Zwischen der menschlichen Suche und der göttlichen Antwort muss eine Korrelation bestehen. Von daher ist es entscheidend, von der existenziellen Suchbewegung des Menschen auszugehen, um in Entsprechung dazu die erleuchtende und verändernde Kraft der christlichen Antwort zu entdecken. Deshalb gibt es, wie wir schon angedeutet haben, im Werk Tillichs einen bewussten Existenzialismus, in dem die menschlichen Fragen als Vorbedingung dafür gewürdigt werden, dass die Theologie ihre möglichst adäquate Antwort anbieten kann. Diese Methode ist fruchtbar und mit der Methode der Theologie der Befreiung eng verwandt, die ebenfalls mit dem Sehen der Wirklichkeit anfängt, diese dann kritische analysiert und sie im Hinblick auf die notwendigen Veränderungen mittels des Wortes der Offenbarung erhellt (vgl. dazu neuerdings Kern 2013, vor allem 26–53).

Der zweite Punkt betrifft die Definition des Gegenstandes der Theologie. Dieser Punkt hängt mit dem vorhergehenden Thema, der Korrelation zwischen menschlicher Frage und göttlicher Antwort, zusammen. Tillich betont in seinem ganzen umfangreichen Werk, dass dem Menschen ein forschendes Fragen innewohnt, das ihn stets begleitet: Was ist das in unserem Leben, was uns unbedingt angeht? Was ist das unbedingt Wichtige, was ist unser letztes Anliegen, die Sorge, die uns umtreibt? Tillich vermeidet es, vom *Letzten*, *Unbedingten*, *Unendlichen* in abstrakter Weise zu sprechen. Er sieht mehr Gründe dafür, vom letzten Anliegen, von unserem unbedingten Interesse und von unserer unendlichen Suche zu sprechen.

Von daher definiert er den Gegenstand der Theologie: »Der Gegenstand der Theologie ist etwas, worum es uns im letzten Sinne geht. Nur solche Sätze sind theologische Sätze, die sich mit ihrem Gegenstand insoweit beschäftigen, als er eine Sache letzten Anliegens für uns werden kann« (Tillich 1955, 19–20). Und dieses »letzte Anliegen« wiederum definiert er folgendermaßen: »Unser letztes Anliegen ist das, was unser Sein oder Nichtsein bestimmt. Nur diejenigen Sätze sind theologisch, die mit ihrem Gegenstand insoweit sich beschäftigen, als er eine Sache des Seins oder Nichtseins für uns werden kann« (Tillich 1955, 21). Gott hat nur dann einen Sinn, wenn er das bezeichnet, was das Wichtigste ist, wenn er der Sinn hinter unserem gesamten Leben, dem Leben der Welt und des Universums ist.

Diese Verständnis bewirkt, dass wir Gott und den Menschen in seiner konkreten Realität immer zusammen sehen – den Menschen voller Ängste und in seinen Begegnungen, die ihm Sinn vermitteln und ihn glücklich machen, und mit gescheiterten Begegnungen, die sein Leben beunruhigen. Gott verbirgt sich in dieser Frage nach dem absolut Wichtigen in unserem Leben. In diesem Kontext muss die Theologie Gott und die christliche Botschaft denken und deren Fähigkeit darlegen, einen Sinn der Sinne aufscheinen zu lassen und die Wahrnehmung einer Letzten Wirklichkeit zu ermöglichen.

Der dritte Punkt ist die Zweideutigkeit der gesamten Wirklichkeit. Hier zeigt sich Tillich am deutlichsten als Philosoph. Als ein Philosoph, der sich in die abendländische Tradition einreiht, behauptet er, dass alles sein Wesen und seine Existenz habe. Das Wesen bezeichnet die ideale und reine Seite jedweder Wirklichkeit. Es existiert in unserem Verstand. Anders gesagt: Es stellt die Gesamtheit der Möglichkeiten einer Wirklichkeit dar. Das Wesen eines Baumes (die Baumheit) beinhaltet eine fast unendliche Anzahl von möglichen Realisierungen in den vielen verschiedenen Arten von Bäumen. Hier kommt die Existenz ins Spiel. Sie verwirklicht eine von vielen Möglichkeiten des Wesens.

Zwischen Wesen und Existenz gibt es also eine Begrenzung und einen inneren Unterschied. Deshalb ist jede konkrete Wirklichkeit in dem Maße, in dem sie konkret ist, stets ambivalent. Sie zeigt nicht das Wesen, sondern lediglich eine seiner Realisierungen. Nicht alle Potenzialitäten des Wesens werden konkrete geschichtliche Wirklichkeit; das Wesen bleibt also stets verborgen und offen für eine eventuelle Verwirklichung. Darin besteht die ambivalente Situation der gesamten Wirklichkeit: Sie offenbart das Wesen in den verschiedenen Formen der Existenz; es ist das sein, das in den Seienden konkrete Gestalt annimmt. Doch sowohl das Wesen als auch das Sein bleiben stets verborgen.

Die Zweideutigkeit zeigt sich auch auf dem spezifischen Feld der Situation des Menschen vor Gott. Er findet sich in einer Situation der Hinfälligkeit vor, die vom Sündenfall und vom Ungehorsam Gott gegenüber gezeichnet ist. Andererseits ist er von seinem Wesen her Offenheit und steht in fortdauerndem Zwiegespräch mit Gott, denn er hört niemals auf, die Frage nach dem letzten Anliegen und nach dem, was unbedingt wichtig ist, zu stellen. Wir sind gespaltene Wesen, ausgespannt zwischen dem hinfälligen Dasein und unserem Wesen, dem die unaufhörliche Suche nach Gott eingeschrieben ist.

Tillich wendet nun diese Deutung auf das Leben an und sagt: »In allen Lebensprozessen ist ein essenzielles und ein existenzielles Element – geschaffene Gutheit und Entfremdung – so miteinander verflochten, dass weder das eine noch das andere ausschließlich wirksam ist. Das Leben umfasst immer essenzielle und existenzielle Elemente – das ist die Wurzel seiner Zweideutigkeit« (Tillich 1966, 130).

Diese ambivalente Situation wirft die Frage auf: Wie kann man diese Ambivalenz überwinden? Können wir auf ein Leben ohne Zweideutigkeit hoffen? Und hier ertönt, der Methode Tillichs von Frage und Antwort entsprechend, die christliche Botschaft mit lautem Schall: Ja, wir können auf ein Leben ohne Ambivalenz hoffen! Tillich sagt: »Der religiöse Symbolismus hat drei Hauptsymbole für unzweideutiges Leben geschaffen: ›Gegenwart des göttlichen Geistes‹, ›Reich Gottes‹ und ›Ewiges Leben‹« (Tillich 1966, 130–131). Der gesamte vierte Teil seiner Systematischen Theologie ist dem Heiligen Geist gewidmet (Tillich 1966, 19–337). Der Heilige Geist ist Gegenwart des göttlichen Lebens im Leben der Kreatur. Er ist der *anwesende Gott*. Die Kategorie *Gegenwart* ist der Schlüssel zum Verständnis des Wirkens des Geistes in der Geschichte. Gegenwart bedeutet kein einfaches Da-sein. Es ist die Dichte des Seins, das immer seiende Sein, das sich zeitigt und nach seiner Fülle strebt und die Ambivalenz aufhebt. Der Geist durchdringt die konkrete Wirklichkeit. Das nennt Tillich die *Gegenwart des göttlichen Geistes* (Tillich 1966, 134–190).

Diese *Gegenwart des Geistes* verwirklicht sich in erster Linie im menschlichen Geist, der die Dimension des Glaubens und der Liebe lebt und auf diese Weise eine Überwindung der Ambivalenz erfährt. Dann zeigt sie sich in der menschlichen Geschichte, in die bereits das neue Sein, das Jesus Christus ist, eingegangen ist.

In diesem Kontext entwickelt Tillich eine inspirierende »Geist-Christologie« (Tillich 1966, 171–176). Sie konkretisiert sich auch in der Kirche, die grundsätzlich geistliche Gemeinde und vom neuen Sein Jesu durchdrungen ist. In diesen Sphären ereignet sich die Wirklichkeit des Lebens ohne Ambivalenz.

Dann thematisiert Tillich die geistige Gegenwart auf drei großen Gebieten: der Religion, der Kultur und der Moral, die alle aus dem menschlichen Geist hervorgehen. In all diesen Bereichen geht die dem Leben innewohnende Zweideutigkeit zugleich mit der Sehnsucht nach deren Überwindung einher.

Tillich beschränkt die Gegenwart des Geistes nicht nur auf diese persönlichen oder gemeinschaftlichen Dimensionen des Menschseins. Er zeigt sie auch für die anorganische und organische Welt auf. So entsteht eine Art kosmischer Pneumatologie (Tillich 1966, 315–323). Jedoch: »Der göttliche Geist ergreift den menschlichen Geist, aber er ergreift das Psychische und das Physische im Menschen nur indirekt und in begrenzter Weise. Das Universum ist noch nicht verwandelt; es ›wartet‹ auf Verwandlung. Verwandlung durch den göttlichen Geist ist aktuell nur im menschlichen Geist; die Menschen sind die ›Erstlinge‹ des neuen Seins. Das Universum folgt« (Tillich 1966, 317).

Die Lehre vom Geist führt zur Lehre vom Reich Gottes als ewiger Fülle. Der Geist nimmt durch seine Gegenwart dieses Reich vorweg, das allmählich durch das ambivalente Bemühen der Menschen, doch hauptsächlich durch die Gaben des Heiligen Geistes aufgebaut wird. Es entsteht also innerhalb der Geschichte eine nicht ambivalente Wirklichkeit, die durch den Auferstandenen und den Geist verbürgt ist.

Die Sichtweise Tillichs ist nüchtern. Da er sich ständig mit den anthropologischen Grundkonstanten auseinandersetzt, die er im Licht des Glaubens deutet, wird er immer ein anregender Gesprächspartner bleiben, und nicht wenige finden in seinen Überlegungen Hinweise für ein Leben in Besonnenheit und Weisheit.

José Comblin: Der Geist als befreiendes Wirken

In Lateinamerika traten die Armen auf politischer Ebene machtvoll in Erscheinung. Zur selben Zeit hatte die katholische Kirche mit dem Zweiten Vatikanischen Konzil ihr *aggiornamento*, ihre »Verheutigung« vollzogen. Dieses *aggiornamento* wurde von den lateinamerikanischen Bischöfen bei ihren Generalversammlungen in Medellín (1968) und Puebla (1979) in schöpferischer Weise aufgegriffen, und die charismatischen Bewegungen trugen zu einer Verlebendigung des Glaubenslebens bei. Dies alles schuf die Bedingungen für eine starke theologische Neubesinnung auf den Heiligen Geist.

Der Theologe, der sich auf diesem Gebiet am stärksten profilierte, ist der Belgier José Comblin (1932–2011), der in Chile und Brasilien lebte. Er erneuerte das Nachdenken über den Heiligen Geist, indem er Themen behandelte, die über die klassischen Traktate hinausgingen, welche sich praktisch auf die innertrinitarischen Fragen und die Gegenwart des Geistes in der Kirche beschränken. Während mehr als 25 Jahren arbeitete Comblin zum Thema »Heiliger Geist«. Dabei versuchte er nach eigener Aussage vor allem zu ergründen, was der Geist auf der Erde hervorbringt und wo er wirkt.

Sieben Bücher hat er insgesamt geschrieben, in denen der Heilige Geist und dessen Wirken in Kosmos und Welt, in den Kulturen und Religionen, in den Einzelnen und in der Kirche das zentrale Thema sind (vgl. Comblin 1982; 1986; 1988; 1999; 2002 a; 2002 b). Das letzte Buch über den Geist stellt seinen Abschied aus diesem Leben dar (Comblin 2012). Es blieb unvollendet und wurde nach seinem Tod veröffentlicht. Wenn wir das Gesamtwerk Comblins zu diesem Thema betrachten, dann können wir wahrhaftig sagen, dass er zu den großen Denkern des Geistes im 20. Jahrhundert und zu Beginn des 21. Jahrhunderts gehört.

Es ist nicht möglich, seine gesamte praktische Pneumatologie im Detail vorzustellen. Wir konzentrieren uns auf drei seiner Bücher, die am deutlichsten der hier von uns vertretenen Denkrichtung entsprechen. Comblin arbeitet im Detail das Spannungsverhältnis zwischen einem Christentum heraus, das die Überlieferung Jesu in eine Religion, die hierarchisch um die *sacra potestas* (heilige Gewalt) strukturierte katholische Kirche verwandelte, und dem Erbe Jesu, wie es in den Evangelien sichtbar wird und das mit Freiheit, Erfahrung Gottes als Abba und bedingungsloser Liebe zu tun hat. Dieses Erbe ist eher *Bewegung* Jesu als *Institution*, die historisch vielfachen Bedingungen unterworfen war und dann mit der Macht verknüpft wurde. Jesus ist nicht gekommen, um eine neue Religion zu gründen, denn zu seiner Zeit gab es bereits viele davon. *Er kam, um zu lehren, wie man lebt.* Sein Erbe ist eine Praxis, die darauf abzielt, den neuen Menschen hervorzubringen und nicht fromme Gläubige einer institutionalisierten Religion.

Comblin übt harte Kritik an der »Klasse, die alle Entscheidungsgewalt an sich riss und die Rolle des Heiligen Geistes an den Rand drängte; an der offiziellen Ideologie, derzufolge der Heilige Geist die Kirche mittels des Klerus lenke [...] Der Klerus hat den Platz des Heiligen Geistes eingenommen [....]; im Neuen Testament wurde aber der Heilige Geist allen verliehen und alle empfangen Inspiration, Mut und Orientierung vom Heiligen Geist, mögen sie ihm auch nicht immer treu sein; doch dasselbe gilt für den Klerus. Die Geschichte kennt schier unglaubliche Irrtümer, die von Päpsten, Bischöfen oder Priestern begangen wurden, und das christliche Volk macht diese Erfahrung jeden Tag« (Comblin 2012, 161).

Die Herausforderung für die Christen und die Kirche als ganze besteht darin, wie man sich das Erbe Jesu ständig neu aneignen kann, das eben nicht aus dogmatischen Lehrinhalten und Moralvorschriften besteht – ein Erbe, das zu einem großen Teil verloren ging oder von religiös-christlichen Zeichen verdeckt ist, die sie entstellen oder verunstalten. Jesus hat eine Praxis als Erbe hinterlassen, eine Art und Weise, dem Abba-Gott und den anderen (die alle Nächste sind) zu begegnen, sich dem Gesetz gegenüber zu verhalten (Freiheit), und dies alles im Zeichen eines großen Traums: des Reiches Gottes, das herbeikommt und die Schöpfung aus ihrer Hinfälligkeit, die vom Weg abgekommenen Menschen und die Welt befreien und sie mit Gott versöhnen wird. Es geht also um eine absolute Revolution, die nicht nur angekündigt wird, sondern die durch diejenigen verwirklicht wird, die Jesus in seinem Handeln nachzufolgen versuchen.

Comblin analysiert, was mit dem Erbe Jesu passiert ist, wie es kleingeredet und teilweise verraten wurde, als sich die klerikale Institution mit imperialer Macht ausstattete und zu einem Herrschaftsinstrument anstatt zum Dienst am Leben, besonders am Leben der Armen, wurde. Andererseits gab es immer auch diejenigen, die dieses Erbe lebendig hielten, angefangen von den Wüstenvätern, den Märtyrern, den Ordensleuten bis hin zu den Christen, die sich – inspiriert vom Erbe Jesu – für Gerechtigkeit und die Würde der zu Unrecht dieser Würde Beraubten engagiert haben.

Bereits der Titel seiner zwei bedeutenden Arbeiten deuten die Richtung seines Denkens an, das wir oben knapp skizziert haben. »Zeit des Handelns. Versuch über den Heiligen Geist in der Geschichte« (Comblin 1982), und »Der Heilige Geist und die Befreiung« (so lautet der Titel des portugiesischen Originals von Comblin 1988).

Die Theologie der Befreiung hat eine detaillierte Christologie entwickelt, in der sie Christus als den Befreier der Armen und Unterdrückten und die christliche Praxis als Nachfolge Jesu in seinem Leben, der »Sache«, um die es ihm ging, und in seinem Schicksal. Was fehlte, war eine Pneumatologie, eine spezifischere Reflexion über den Heiligen Geist. Wie wir gesehen haben, ist dies genau das, was Comblin angeregt und in ihren Grundlinien auch umgesetzt hat.

Sein Verdienst besteht darin, dass er die Perspektive durchgehalten hat, die das Besondere der Selbstoffenbarug des Geistes ausmacht: das schöpferische, befreiende, revolutionäre Handeln in Kirche, Gesellschaft und Welt insgesamt. Deshalb ist sein

Horizont die Theologie der Befreiung, das heißt jene Theologie, die zum Handeln hinführen will, zu einem Handeln, das die zuvor unterdrückte Freiheit freisetzt, auf dass sie nun endlich frei sei. Und dies ist das Werk des Heiligen Geistes.

Tatsächlich kam es Anfang der Sechzigerjahre des vorigen Jahrhunderts zu einem beispiellosen ursprünglichen Ereignis: einem Hereinbrechen des Heiligen Geistes. Es fand zunächst unter den evangelischen Glaubensgeschwistern und fast immer in den Milieus der Armen statt. Daraufhin beobachtete man es auch innerhalb der katholischen Kirche, wie wir dies im ersten Kapitel knapp dargestellt haben.

Ob wir nun wollen oder nicht: Die charismatische Bewegung stellt einen Bruch mit dem religiösen Formalismus, mit dem Dogmatismus und mit dem Monopol der Wortverkündigung dar, das sich der Klerus gesichert hat. Nun beginnt das Volk selbst zu handeln und zu sprechen, es macht seine eigenen Erfahrungen und drückt diese in seinen eigenen Riten aus.

Comblin widmet sich der Aufgabe, die Zeichen des Geistes in den verschiedenen Aktionsformen des Volkes aufzuspüren, insbesondere unter den traditionell erniedrigten und gedemütigten Schichten (vgl. Comblin 1988, 38–53). Jahrhundertelang wurden diese Menschen entweder versklavt oder ausgegrenzt und stets unsichtbar gemacht und waren stets nur das Echo der Stimme derer, die die Macht innehatten. Plötzlich und überraschend begannen sie ihre eigene Stimme zu erheben und ein freies Wort zu führen. Auf dem ganzen Subkontinent entstanden innerhalb der Gesellschaft Protestbewegungen und revolutionäre Bewegungen, die es nicht hinnahmen, dass die Menschen unterworfen und zum Schweigen gebracht wurden. Unter ihnen waren und sind nach wie vor Tausende von Christen.

In dem Maße, in dem sie eine Strategie des Widerstandes und vor allem Projekte der Befreiung entwickelten, organisieren sie ihre Aktionen. Sie bieten den Militärregimen und den Regimen der »nationalen Sicherheit« (in Wahrheit ging es um nichts anders als die Sicherheit für das Kapital) mutig die Stirn. Sie haben keine Angst mehr. Sie machen die Erfahrung der Freiheit und nehmen furchtlos Verfolgung, Gefängnis, Folter, Verbannung und Ermordung auf sich. Diese Erfahrung der Freiheit hat nicht nur eine politische Dimension, sondern auch eine religiöse: Sie emanzipieren sich von vielen Kirchengesetzen, die doch nur Kontrollinstrumente des Klerus sind, und gründen Bibelkreise sowie kirchliche Basisgemeinden, in denen sie selbst die Subjekte ihres Handelns sind; darüber hinaus gründen sie auch andere Bewegungen der gesellschaftlichen Praxis und der Reflexion wie etwa die Menschenrechtsbewegung, die Bewegung »Glaube und Politik«, die Frauenbewegung, die Bewegung der Schwarzen, der Indigenas, der Bauern, der ausgegrenzten Frauen (Prostituierte).

Ein bedeutendes Zeichen des Wirkens des Heiligen Geistes ist die Entstehung der kirchlichen Basisgemeinden. Comblin sagt: »Gemeinschaft, Gemeinde ist für beinahe alle Lateinamerikaner eine Entdeckung [...] ein Wunder [...] Die Männer und Frauen, die eine Gemeinde bilden wollen, sind sich der radikalen Veränderung ihrer Lebensweise bewusst. Die Art und Weise, in Gemeinschaft zu leben, schafft neue Persönlichkeiten und bereichert sie in jeder Hinsicht« (Comblin 1988, 47–49). Die zentrale Erfahrung der Gemeinden ist die Erfahrung von Leben, von neuem Leben, von Leben für das Wohl aller, die Erfahrung der für ein gerechteres, geschwisterlicheres und besseres Leben notwendigen Veränderungen. Es geht nicht darum, mehr zu *haben*, obwohl die Menschen aufgrund der allgemeinen Armut tatsächlich mehr brauchen, vielmehr geht es darum, mehr zu *sein*.

Im Allgemeinen bezeichnet das Volk diese Erfahrung nicht als ein Hereinbrechen des Heiligen Geistes. Was die Leute aus mündlicher Überlieferung und eventuell aus der Katechese vom Heiligen Geist wissen, lässt eine solche Schlussfolgerung nicht zu. Worauf es ankommt, sind aber nicht die Begriffe, sondern ihre Erfahrung, von einer neuen Kraft, einer neuen Begeisterung ergriffen zu sein, die sie vorher nicht kannten und die sie handeln lässt. Genau dies ist aber theologisch gesprochen die Gegenwart des Heiligen Geistes. Die Aufgabe der neuen Evangelisierung und der Beitrag der Theologen bestehen darin, den Gemeinden dies bewusst zu machen und ihnen zu dieser Deutung ihrer Erfahrung zu verhelfen. Und sie lernen ihre Lektion. Sie rufen den unter ihnen gegenwärtigen Geist herab, empfangen ihn, sagen ihm dank und preisen ihn. Deshalb singen sie auch häufig das Lied »Komm auf uns herab, göttliches Licht«, das wir im letzten Kapitel kommentieren werden (s. S. 271–275).

Es ist wichtig für uns zu erkennen, dass wir den Kampf der Armen für ihr Leben und das Nötige zum Leben nicht genug zu würdigen wissen. Comblin macht uns darauf aufmerksam, dass sie jahrhundertelang ständig beherrscht, von den Kirchen zu Zuschauern und von den Mächtigen zu Untertanen gemacht worden sind. Nie hatten sie die Chance, mit ihren Erfahrungen, ihrem Beispiel und ihrem Wort durchzudringen. Das Neue in dieser Geschichtsepoche ist das Hereinbrechen der Armen, wie Gustavo Gutiérrez und die Befreiungstheologen und -theologinnen allgemein unermüdlich in Erinnerung rufen. Comblin widmet dieser entstehenden Wirklichkeit, die in generativen Begriffen wie Veränderung, Revolution und Befreiung zum Ausdruck kommt, ganze Kapitel (z. B. das gesamte siebte Kapitel von Comblin 1982).

Die alte Ordnung, die diskriminierte und unterdrückte, wird nicht länger hingenommen. Das Christentum hat sich durch die Option für die Armen und gegen deren Armut zum Verbündeten der Armen gemacht. All das ist das Wirken des Heiligen Geistes in der Geschichte. Es ist nun an der Theologie, diese besondere Situation zu erfassen und einen angemessenen Diskurs zum Wesen der Spirituellen zu entwickeln, das nicht länger in substanzialistischen und statischen Kategorien gedacht werden kann, sondern im Sinne von Prozess, Bewegung und neuem Leben, so wie wir es in unseren Überlegungen versuchen. Dies ist die Herausforderung, die Comblin den Theologinnen und Theologen nicht nur in Lateinamerika, sondern aller Kirchen, mit auf den Weg gegeben hat.

Hildegard von Bingen: Prophetin, Theologin, Ärztin

Bis jetzt haben wir nur Männer als große Denker des Heiligen Geistes besprochen. Die männlich geprägte theologische Kultur hat den vom Heiligen Geist inspirierten Frauen wenig Aufmerksamkeit geschenkt. Teilweise, weil sie keine Schriften wie die männlichen Theologen hinterließen, denn erst in den letzten beiden Jahrhunderten konnten die Frauen aus dem Schatten heraustreten, eine theologische Ausbildung absolvieren und ihre Gedanken darlegen. Heute gibt es in der ganzen Kirche eine umfangreiche Literatur von Frauen und aus deren spezifischer Perspektive, was unsere Erfahrung Gottes und seiner Gnade enorm bereichert hat.

Von den zahlreichen Frauen der Vergangenheit und Gegenwart möchten wir Hildegard von Bingen (1098–1179) besonders hervorheben. Sie gilt vielen als die erste »Feministin« innerhalb der Kirche. Sie entstammte einer Adelsfamilie aus dem Rheinhessischen und lebte in einer Zeit, die von heftigen politischen Auseinandersetzungen zwischen Päpsten und Kaisern geprägt war. Zu ihren Lebzeiten fanden die ersten Kreuzzüge statt, die ganz Europa mobilisierten.

Hildegard war eine geniale und außergewöhnliche Frau, und zwar nicht nur gemessen an den Maßstäben ihrer Zeit, sondern über die Jahrhunderte hinweg. Sie war Benediktinerin und Äbtissin im von ihr gegründeten Kloster Rupertsberg bei Bingen am Rhein, sie wurde als Prophetin (»propheta teutonica«, also deutsche Prophetin) bezeichnet, war Mystikerin, Theologin, eine glühende Predigerin, Komponistin, Dichterin, Natur- und Heilkundlerin, hat ein kleines Drama (»Der Reigen der Tugenden«; vgl. Hildegard von Bingen 2009) und etliche größere und kleinere Werke auf Deutsch verfasst.

Es stellt für ihre Biografen und für die Wissenschaftler ein Rätsel dar, wie diese Frau inmitten einer strengen, patriarchalisch geprägten mittelalterlichen Welt all dies sein konnte. Auf allen Gebieten, denen sie sich widmete, leistete sie Hervorragendes und legte eine erstaunliche Kreativität an den Tag. Wir führen hier einige Werke aus ihrer Feder an:

Ihre theologischen bzw. mystischen Werke: *Scivias Domini* (»Wisse die Wege des Herrn«); *Liber vitae meritorum* (»Buch der Lebensverdienste«); *Liber divinorum operum* (»Buch der göttlichen Werke«).

Ihre naturkundlichen Bücher: *Liber subtilitatum diversarum naturarum creaturarum* (»Buch der Feinheiten der verschiedenen Naturen und Kreaturen«), das zwei Teile umfasst: *Physica* und *Causae et curae* (»Ursachen und Heilmittel«).

Musikalische und poetische Werke: *Symphonia armoniae celestium revelationum* (»Symphonie der Harmonie der himmlischen Offenbarungen«; es umfasst insgesamt 77 Lieder) *Ordo virtutum* (»Reigen der Tugenden«) und *Lingua ignota* (»unbekannte Sprache«; Hildegard entwickelte eine Art Geheimsprache).

Darüber hinaus schrieb sie noch Evangelienkommentare, Kommentare zur Benediktregel, das Leben des hl. Rupert und insgesamt etwa vierhundert Briefe, unter anderem an den Papst, an den Kaiser (Friedrich Barbarossa), an Bischöfe, Fürsten, Mönche (etwa an Bernhard von Clairvaux) und Familienmitglieder.

Vor allem aber war Hildegard eine Frau, der göttliche Visionen geschenkt wurden. In einem autobiografischen Bericht (in *Scivias*, Vorrede der Seherin) schreibt sie darüber: »Im Jahre

1141 der Menschwerdung Jesu Christi, des Gottessohnes, als ich zweiundvierzig Jahre und sieben Monate alt war, kam ein feuriges Licht mit Blitzesleuchten vom offenen Himmel hernieder. Es durchströmte mein Gehirn und durchglühte mir Herz und Brust gleich einer Flamme, die jedoch nicht brannte, sondern wärmte, wie die Sonne den Gegenstand erwärmt, auf den sie ihre Strahlen legt. Nun erschloss sich mir plötzlich der Sinn der Schriften, des Psalters, des Evangeliums und der übrigen katholischen Bücher des Alten und Neuen Testamentes« (Hildegard von Bingen ^{8}1987, 89).

An anderer Stelle wiederum schreibt sie: »Ich sehe, höre und weiß gleichzeitig, und wie in einem Augenblick erfasse ich das, was ich weiß [...] Die Worte sind in der Schau nicht wie Worte, die aus Menschenmund tönen, sondern wie eine zuckende Flamme oder eine in reiner Luft segelnde Wolke [...] Die Gestalt des Lichtes vermag ich nicht zu erkennen, ebenso wenig wie ich in die volle Sonnenkugel hineinsehen kann. Aber manchmal – nicht oft – schaue ich in diesem Licht ein anderes Licht. Das wird mir das ›lebendige Licht‹ genannt. Wann und wie ich es sehe, ist mir unmöglich zu sagen. Aber solange ich es sehe, sind alle Bedrückung und Bedrängnis von mir genommen, sodass ich wieder wie ein junges Mädchen und nicht wie eine alte Frau bin [...] Ich bin wie umgewandelt und vergesse alle Schmerzen und Hemmungen. Meine Seele trinkt wie aus einem Quell. Der Quell selbst bleibt voll und unerschöpft« (Termolen 1990, 115).

Es ist ein Rätsel, wie sie so viel Kenntnis aus dem Bereich der Kosmologie, über Heilpflanzen, über den menschlichen Körper und die Menschheitsgeschichte haben konnte. In der Theologie gibt es einen Begriff, der davon ausgeht, dass es eine entsprechende Gabe des Geistes gibt. Man spricht von *sciencia infusa*, von »eingegossenem Wissen«. Auf Hildegard lässt sich dies hervorragend anwenden.

Hildegard entwickelte eine erstaunlich umfassende Gesamtschau der Wirklichkeit, in der Mensch, Natur und Kosmos stets untrennbar miteinander verknüpft sind. Genau in diesem Zusammenhang spricht sie vom Heiligen Geist als jener Energie, die als *viriditas* (»Grünkraft«) in allen Dingen wirksam ist. Viriditas, ein Kunstwort, meint das Grün und die Frische, die alle vom Geist durchdrungenen Wirklichkeiten auszeichnen. *O viriditas digiti Dei*, »Du Grün des Fingers Gottes« – so lautet die erste Zeile eines ihrer Lieder (Hildegard von Bingen 2009, 85). Ein anders Mal saht sie: »… unermesslich ist die Süßigkeit des Heiligen Geistes. Seine Gnade umkreist alle Geschöpfe« (Termolen 1990, 122). Es gibt eine bedeutende Zeichnung, die den Geist zeigt, der über einer Harfe schwebt. Hildegard schrieb auf Lateinisch an den Rand: »In dir entfaltet der Heilige Geist seine Symphonie« *(In te symphonizat Spiritus Sanctus)*. Und darunter schrieb sie auf Deutsch: »Du bist die Zither des Heiligen Geistes (Termolen 1990, 202).

Sie vermittelt ein menschliches Antlitz Gottes, denn er regiert das Universum »mit Macht und Milde« und begleitet alle Lebewesen mit seiner behütenden Hand und seinem liebevollen Blick (vgl. Fierro 1994, 187).

Es gibt einen Text aus *Scivias* (Zweites Buch, Vierte Schau), in dem sie sich direkt auf den Heiligen Geist bezieht, der hier zitiert werden sollte: »Denn unermesslich ist die Süßigkeit des Heiligen Geistes. Seine Gnade umkreist alle Geschöpfe. Keine Verderbnis zernichtet in ihr die unversehrte Fülle der Gerechtigkeit. Wie ein Glutstrom fließt sie dahin. Alle Bächlein der Heiligkeit entsendet sie in der lichten Klarheit ihrer Kraft, die nicht die leiseste Befleckung je verdunkelte. Denn der Heilige Geist selbst ist brennende, leuchtende Klarheit. Machtvoll entzündet sie glühende Tugenden. Niemals erlischt sie, und alle Finsternisse zerrinnen vor ihr.« (Hildegard von Bingen ^{8}1987, 173)

Hildegard ist besonders aufgrund der von ihr entwickelten Heilmethoden bekannt geworden, die in Österreich und Deutschland von Ärzten bis heute angewandt werden. Sie beweist eine überraschende Kenntnis des menschlichen Körpers und davon, welche aktiven Substanzen von Heilkräutern bei welchen Störungen der Körperfunktionen angewandt werden können.

Das theologische und prophetische Wirken Hildegards rief natürlich die Aufmerksamkeit der kirchlichen Instanzen auf den Plan. Papst Eugen III. las ihr Buch *Scivias* und billigte es. Der Bischof von Mainz stellt ihrer Prophetie das Zeugnis aus: »Es kommt aus dem Geist und aus der Prophetengabe, aus der einst die Propheten geweissagt haben« (Termolen 1990, 118).

Hildegard war nicht nur gelehrt und weise. Sie verstand es, das Klosterleben bis ins geringste Detail zu organisieren. Eine Zeit lang leitete sie zwei Klöster gleichzeitig: das, in dem sie selbst lebte, auf dem Rupertsberg, und das alte Kloster, in das sie als junges Mädchen eingetreten war, auf dem Disibodenberg in der Nähe von Bingen.

Die Kunde von ihr dauert bis in unsere Tage fort, und Papst Benedikt XVI. hat sie im Jahr 2012 heiliggesprochen.

Juliana von Norwich: Gott ist Vater und Mutter

Eine andere bemerkenswerte Frau war Juliana von Norwich aus England (1342–1416). Über ihr Leben ist nur wenig bekannt, und man weiß nicht einmal, ob sie Ordensfrau oder aus dem Laienstand und Witwe war. Fest steht, dass sie die ganze Zeit über als »Reklusin«, also als »eingeschlossene« Einsiedlerin in einer gemauerten Klause bei der Kirche Sankt Julian lebte. Mit dreißig Jahren suchte sie eine schwere Krankheit heim, an der sie fast verstarb. Während dieser Zeit hatte sie einmal fünf Stunden lang zwanzig Visionen von Jesus Christus. Sofort schrieb sie einen zusammenfassenden Bericht ihrer Visionen. Zwanzig Jahre später, nachdem sie lange über die Bedeutung dessen nachgedacht hatte, was sie geschaut hatte, schrieb sie eine lange und endgültige Version unter dem Titel *Offenbarungen der Göttlichen Liebe*. Es ist der erste Text, den eine Frau auf Englisch geschrieben hat.

Ihre *Offenbarungen* sind verblüffend, denn sie sind von einem unbeirrbaren Optimismus durchdrungen, der aus der Liebe Gottes erwächst. So heißt es zum Beispiel darin: »Alles soll gut werden, und du selbst wirst es sehen, dass Jegliches gut werden wird« (Juliana von Norwich 1926, 151). Sie spricht von der Liebe als Freude und Mitleid. Sie versteht die Krankheiten nicht, wie man zu ihrer Zeit im einfachen Volk allgemein annahm und bis heute in einigen Kreisen glaubt, als Strafe Gottes. Für sie sind die Krankheiten und Seuchen Gelegenheiten, um Gott zu begegnen.

Die Sünde wird als eine Art Pädagogik gesehen, durch welche Gott uns zwingt, uns selbst kennenzulernen und seine Barmherzigkeit zu suchen. Mehr noch: Hinter dem, was wir über die Hölle sagen, gibt es eine größere Wirklichkeit, die stets siegreich bleibt: die Liebe Gottes.

Weil Jesus barmherzig und voller Mitleid ist, ist sie unsere liebe Mutter. Gott selbst ist barmherziger Vater und gütige Mutter. Sie sagt: »Und der allweise Gott ist unsere Mutter, samt der Liebe und Güte des Heiligen Geistes. Es ist aber alles *ein* Gott und *ein* Herr« (Juliana von Norwich 1926, 138).

Für sie zeichnet sich die Heilige Dreieinigkeit durch drei »proprietates«, drei Eigenheiten aus: Vaterschaft, Mutterschaft und Herrschaft. Die Mutterschaft wird der zweiten Person zugeordnet, die unsere Mutter von Natur und aus Gnade ist; sie ist unsere Mutter in Gestalt unserer Substanz, in der wir gründen und unsere Wurzeln haben; sie ist unsere Mutter in der Barmherzigkeit und in unserem Empfinden. So ist sie in vielfacher Weise Mutter und wir sind von ihr völlig umfangen (vgl. Juliana von Norwich, 138–139). Wir geben hier einen Abschnitt aus ihrem Buch wieder, der die Originalität ihrer Theologie, die eine Grundlage für die feministischen Theologie bildet, gut zeigt:

»So wahr also Gott unser Vater ist, so wahr ist Gott auch unsere Mutter [...] Die Mütterlichkeit Gottes zeigte sich in einem Dreifachen: Erstens: Gott ist der Grund unserer Erschaffung; zweitens: Gott nimmt unsere Gestalt an: Hier beginnt die mütterliche Gnade; drittens: Gott wirkt ewiglich, und er fördert alles durch seine Gnade weit und breit, in der Höhe und in der Tiefe, und alles geschieht aus *einer* großen Liebe. [...] Gott ist unsere gütige Mutter, unsere gnädige Mutter – in allem wollte er unsere Mutter sein. Er legte den Grund zu seinem Werk, als er voller Demut und Milde in der Jungfrau Leib einging [...] Unser erhabener Gott in seiner herrlichen Allweisheit ließ ihn herabsteigen in diese Niedrigkeit und tat ihn an mit unserm armen Fleisch, damit er in Mütterlichkeit uns diene in allen Dingen« (Juliana von Norwich 1926, 141–142).

Nur eine Frau kann sich dieser Sprache der liebevollen Zuwendung und des Mitleids bedienen und Gott Mutter unendlicher Güte nennen. So sehen wir einmal mehr, wie wichtig die Stimme der Frau ist, damit wir ein vollständigeres Bild von Gott und vom Geist erhalten, der uns stets mit seinen Gefühlen und seiner Gnade umfängt.

Wir könnten hier noch viele andere Frauen aufzählen, wie etwa Teresa von Avila, Simone Weil, Madeleine Delbrêl, Mutter Theresa von Kalkutta, Zilda Arns, Schwester Dorothy Stang und so viele andere, die Trägerinnen des Geistes waren und in seiner Kraft gehandelt haben.

Man darf auch niemals die unbekannten vom Geist Ergriffenen vergessen: diejenigen, die zu trösten und Tränen wegzuwischen verstehen, diejenigen, die Worte des Trostes und der

Unterscheidung haben, diejenigen, die sich begeistern lassen und andere zu guten Taten mitreißen. Vielleicht wissen sie nicht einmal, dass diese Energie, die in ihnen am Werk ist, ihren Ursprung im Geist hat. Doch es ist dem Geist eigentümlich, dass er sich verbirgt, dass er in die Dinge eingeht, insgeheim Verstand und Herz der Menschen und Gemeinschaften durchdringt und jene heilige Flamme der Liebe, der Geschwisterlichkeit und des Mitleids – die allesamt Gaben des Geistes sind – am Brennen hält.

Zusammenfassend können wir sagen, dass all diese Männer und Frauen, die über den Geist nachgedacht haben und von ihm ergriffen waren, und so viele andere, die man noch anführen könnte (aus der orthodoxen Kirche Evdokimow, Lossky und Olivier, aus der westlichen Tradition Moltmann …), uns geholfen haben, jene *dýnamis*, jene verborgene und geheimnisvolle Energie zu erfassen, die das sich in Entwicklung befindliche Universum durchdringt, die es immer mehr auf einen Höhepunkt zutreibt, auch wenn es dabei Rückschläge und Umwege gibt, die schließlich im menschlichen Geist hervorbricht und in Jesus Christus die Fülle vorwegnimmt und als Gegenwart des Geistes sichtbar wird in Maria sowie in der Menschheit mit ihren verschiedenen religiösen, kulturellen und moralischen Manifestationen, in einem Leben, das von Zweideutigkeiten durchzogen und verletzt, aber dennoch bereits von der verändernden Kraft des Geistes durchdrungen ist. Dies gewährleistet einen glücklichen Ausgang der Dinge für die ganze Schöpfung. Dann wird das Reich der Fülle ohne jeglichen Schatten von Ambivalenz und in seiner glänzenden Herrlichkeit da sein.

IX. Der Geist, Maria von Nazaret und das vom Geist ergriffene Weibliche

Der dreieinige Gott offenbart sich, indem er sich selbst mitteilt. Das bedeutet, dass er sich völlig und so, wie er ist, ohne Vorbehalt, dem Empfänger der Offenbarung hingibt. Er nimmt dessen Geschick auf sich und wird eins mit ihm. So stellt es sich dar, wenn wir in einer absteigenden Denkbewegung von der Dreieinigkeit ausgehen und von da aus zum Menschen und zum Universum gelangen. Wir können dieselbe Wirklichkeit aber auch von unten bzw. von innen her denken.

Aus dem Innersten des Evolutionsprozesses, der stets von der Dreieinigkeit getragen und durchdrungen ist, brachen sich die göttlichen Personen in jenen Menschen Bahn, die vom Universum selbst und vom Wirken Gottes dafür bereitet wurden, eine der drei göttlichen Personen in sich aufzunehmen.

Der Geist: Der Erste, der kam und in Maria seine Wohnstatt nahm

Das Wirken des Geistes erreichte seinen Höhepunkt, als er ins Leben einer einfachen und frommen Frau aus dem Volk namens Miriam trat. Er trat aus seinem transzendenten Sein heraus und nahm Miriam in so radikaler Weise in sich auf, dass er sie »spiritualisierte« (von lat.: spiritus = Geist) oder »pneumatifizierte« (von griech.: pneuma = Geist).

Sie begann nun, dem Heiligen Geist anzugehören, und der Heilige Geist bildete mit ihr zusammen eine einzigartige Wirklichkeit, wobei die Unterschiede zwischen Schöpfer und Geschöpf gewahrt blieben. Wir finden eine Parallele dieses Ereignisses von unübertroffener Bedeutung in der Selbstmitteilung des Sohnes an den Menschen Jesus von Nazaret, die in der Inkarnation, der Menschwerdung des Sohnes oder in der Vergöttlichung des Menschen mündete.

Dieses Ereignis, in dem die Geschichte des Universums und der Menschheit ihren Höhepunkt fand, wird ausdrücklich vom Evangelisten Lukas bezeugt: »Heiliger Geist wird über dich kommen und Kraft des Höchsten wird dich überschatten. Deshalb wird auch das Kind heilig und Sohn Gottes genannt werden« (Lk 1,35). Betrachten wir den Inhalt dieses Zeugnisses genauer.

Zunächst ist es wichtig festzuhalten, dass die erste göttliche Person, die in diese Welt kommt oder aus dem Inneren des Evolutionsprozesses hervorbricht, nicht das Wort oder der Sohn ist. Es ist der Heilige Geist. Der Dritte im Reich der Dreieinigkeit ist der Erste der Ordnung der Schöpfung nach. Nicht ich bin es, der dies behauptet; es ist der Evangelist Lukas selbst. Diese Feststellung lässt uns die Gefahr des *Christomonismus* überwinden, die praktisch in allen Kirchen und in der Schultheologie lauert. Damit ist die übertriebene Konzentration der Heilsgeschichte auf Christus, die Inkarnation des Sohnes, gemeint.

Als Erster bricht der Geist hervor und wird von Maria aufgenommen. Was in den gängigen deutschen Übersetzungen meist mit »überschatten« wiedergegeben wird, ist das griechische Verb *episkiásei*, was eigentlich »das Zelt über ihr aufschlagen« heißt. Gemeint ist damit: Der Geist kommt oder bricht hervor und bleibt dauerhaft in ihr. Das ist etwas anderes als bei den Propheten, von denen der Geist Besitz ergreift, damit sie einen Auftrag erfüllen. Sobald dieser erfüllt ist, verlässt ihn der Geist. Im Fall Mariens ist es anders: Der Geist kommt und bleibt endgültig. Lukas gebraucht die Metapher des Zeltes (griech.: *skéne*, wovon sich *epi-skiásei* ableitet). Das heißt: Er schlägt das Zelt *(skéne)* über *(epí)* Maria auf und bleibt für immer darin (vgl. Richard 1979, 291–327 und auch Lyonnet 1956, 33–46).

Dasselbe Wort benutzt der Evangelist Johannes in Bezug auf die Menschwerdung des Wortes: »Und das Wort ist Fleisch geworden und hat unter uns sein Zelt aufgeschlagen *(eskénosen)*« (Joh 1,14). Auch hier kommt der Sohn in die heilige Menschheit Jesu (empfangen von Maria) oder bricht darin hervor und weicht niemals mehr von ihr. Durch Jesus von Nazaret wird der Sohn einer von uns, in allem uns gleich, außer der Sünde.

Zweitens gilt es zu betonen, dass wir nur ausgehend vom »Ja« Mariens bzw. ihrem »mir geschehe nach deinem Wort« (Lk 1,38) vom Kommen des Sohnes sprechen können, der die von Maria empfangene Menschheit annimmt. Der Sohn kommt also aufgrund des vollen Einverständnisses Mariens mit der Herabkunft des Heiligen Geistes.

Drittens muss man die kleine Nuance hervorheben: »Deshalb *(dià hóti)* wird auch das Kind heilig und Sohn Gottes genannt werden« (Lk 1,35). Hier zeigt sich folgende Logik: Der Heilige Geist pneumatisiert sich in ihr; sie wird zur Höhe des Geistes emporgehoben; Gott allein kann den Sohn Gottes hervorbringen. Die vom Geist angenommene und mit diesem identifizierte Maria allein kann etwas Heiliges gebären, jemanden, der Sohn Gottes ist.

Die intellektuelle Blindheit der Kirchen und Theologien

Eigenartigerweise zitieren bedeutende Theologen, die intensiv zur Theologie des Heiligen Geistes gearbeitet haben, kaum diesen Text aus dem Lukasevangelium, der davon spricht, dass der Geist in Maria seine Wohnstatt nahm. Weder Jürgen Moltmann, der bekannte Tübinger Theologe, geht in seinem hervorragenden Buch (Moltmann 1991) darauf ein, noch Michael Welker (Welker 1992). Beide zitieren diesen wichtigen Vers aus dem Lukasevangelium kein einziges Mal. Der ausgewiesene Experte für die Theologie des Heiligen Geistes, Heribert Mühlen, zitiert in seinem Standardwerk *Una mystica persona* (Mühlen ^{2}1967), das mehr als 600 Seiten umfasst, die Stelle bei Lukas insgesamt dreimal, wobei er lediglich auf die Zeugung des Sohnes Bezug nimmt und auf Maria nicht eingeht. Yves Congar, der die vollständigste und umfangreichste Abhandlung über den Heiligen Geist verfasst hat, die im französischen Original drei Bände umfasst (Congar 1982), zitiert diesen Vers aus dem Lukasevangelium lediglich nebenbei, bezieht ihn aber niemals auf das Kommen des Geistes zu Maria, sondern hat lediglich die Zeugung des Sohnes im Auge.

Auch unser herausragender belgisch-brasilianischer Theologe José Comblin, dessen einschlägige Werke zum Heiligen Geist wir weiter oben ausführlich besprochen haben (s. S. 157–164), bezieht sich zwar in der Tat auf die weibliche und mütterliche Dimension des Geistes, doch er zitiert nirgendwo Lk 1,35 im Sinne der Spiritualisierung bzw. Pneumatisierung Mariens und stellt sie auch nicht als diejenige dar, die uns das weibliche und mütterliche Antlitz Gottes offenbart (vgl. dazu Boff 1995 a).

Dies zeigt einfach die intellektuelle Blindheit einer männlich und patriarchalisch geprägten Theologie, die unfähig ist, die Texte angemessen zu lesen, die vom Weiblichen und von Maria handeln. Männliche Scheuklappen hindern sie daran, Realitäten wahrzunehmen, die von Kultur und Kirche unsichtbar gemacht und als unbedeutend herabgestuft wurden, denn alles konzentriert sich auf den Mann und das Maskuline. Gott ist männlich, Jesus ist ein Mann und die römisch-katholische Kirche wird ausschließlich von Männern geleitet, die im Allgemeinen fortgeschrittenen Alters sind. Die anthropologischen Kategorien des Weiblichen und des Männlichen wurden nicht im Sinne von strukturbildenden Prinzipien des Daseins von Mann und Frau gleichermaßen und in ihrer Bedeutung für unser Verständnis von Gott entdeckt.

Die beneidenswerte Gelehrtheit, wie sie die europäischen Theologen an den Tag legen, die über den Heiligen Geist arbeiten, genügt also nicht. Was nottut, ist eine Selbstkritik hinsichtlich des eigenen gesellschaftlichen Standorts und des eigenen Mannseins, das jegliche Reflexion mitbestimmt.

Schwerer noch wiegt die Tatsache, dass die Mehrheit der christlichen Theologinnen die männliche Sichtweise Gottes verinnerlicht, sich zu Geiseln der Christologie des menschgewordenen Gottessohns gemacht und Gott nicht in seiner Weiblichkeit angenommen hat. Sie blieben weiterhin von der Theologie der Männer abhängig. Sie entdeckten die Beziehung des Geistes zum Weiblichen und die Rolle Mariens im Heilsgeheimnis, die uns das Antlitz Gottes als Mutter von unendlicher Zärtlichkeit und unendlichem Mitleid zeigt, nicht oder konnten sie nicht zur Sprache bringen. Dieses Versäumnis der Theologinnen verstärkt letztlich den bereits exzessiven Patriarchalismus und Männlichkeitswahn der hierarchisch verfassten Kirche und verzögert den Kampf für die volle Befreiung der Frauen innerhalb der Gesellschaft.

Die Einwohnung des Geistes in Maria, Spiritualisierung und Pneumatisierung

Die deutlichste theologische Grundlage für die Affinität des Geistes zum Weiblichen und insbesondere zu Maria findet sich bereits auf der ersten Seite der Bibel. In Gen 1,27 heißt es ausdrücklich: »Und Gott schuf den Menschen nach seinem Bild, nach dem Bild Gottes schuf er ihn, als Mann und Frau schuf er sie.« Das heißt: Es gibt in Gott etwas, das dem Männlichen und dem Weiblichen entspricht. Andersherum gesagt: Das Männliche und das Weibliche sind Orte der Offenbarung des Wesens Gottes. Es sind menschliche Wege, die uns zu Gott hinführen, und göttliche Wege, die uns zum Menschen, zu Mann und Frau, führen.

Bekanntermaßen dürfen das Männliche und das Weibliche nicht sexuell-geschlechtlich verstanden werden (Gott ist über dem Geschlechterunterschied), sondern als Aufbauprinzipien des menschlichen Daseins, als Eigenschaften, die in jedem Mann und in jeder Frau vorhanden sind.

Im Hebräischen *(ruach)* und Aramäischen hat das Wort »Geist« das weibliche grammatikalische Geschlecht. Im Ersten und im Zweiten Testament werden dem Geist tatsächlich Wirkweisen zugeordnet, die man hauptsächlich (wenn auch nicht ausschließlich) mit dem Weiblichen, dem Mütterlichen in Verbindung bringt wie etwa gebären, umsorgen, helfen, inspirieren, beschützen, aufnehmen, verzeihen und trösten. Die göttliche Gegenwart selbst, die man mit der Bundeslade im Tempel in Verbindung bringt, die *shekina*, aus der im Griechischen das Wort *skéne* (Zelt) wird, wurde als eine weibliche Realität betrachtet. Sie wird geliebt und gesucht wie eine Frau (Sir 14,22 ff); sie ist Braut und Mutter (Sir 14,26 ff); sie ist fruchtbare Quelle, etwas Intimes und von heiterer Freude. Die Weisheit, von der das Erste Testament handelt, wird mit dem Heiligen Geist identifiziert (Weish 9,17).

Mit Recht schrieb der französische Theologe A Lemonnyer: »Der Geist ist der, der von allen göttlichen Personen uns am meisten ›gegeben‹ ist. Er ist die Gabe Gottes schlechthin und erhält von da seinen Namen. In der Trinität ist er die Liebe, und auch dies ist einer seiner Eigennamen. Doch diese Eigenschaften treffen am meisten auf die Mutter zu und definieren sie gewissermaßen. Niemand auf Erden ist und so sehr ›geschenkt‹ wie unsere Mutter; sie personifiziert die Liebe nach ihrer selbstlosesten, großmütigsten, hingebendsten Seite« (Congar 1982, 432).

Der Geist zeugt die heilige Menschheit des Sohnes

Die Gegenwart des Geistes in Maria war so innig und von solcher Dichte, dass er das offenbarte, was er ist und stets in der Schöpfung zeigte: Er ist der *Spiritus Creator*, Schöpfergeist, derjenige, der aus dem ursprünglichen Chaos alle Ordnungen entstehen ließ und alle kreativen Bewegungen der aufsteigenden Evolution durchdrang. So wie er die erste Schöpfung in Gang setzte, so brachte er nun die endgültige Schöpfung hervor. Er brachte den *novissimus Adam* (1 Kor 15,45), den Sohn Gottes in unserer Menschengestalt, hervor. Die heilige Menschheit Jesu von Nazaret kommt aus Maria in der Kraft des Heiligen Geistes, die Neues hervorbringt.

Wir wollen hier keine indiskrete Neugierde anstacheln, die die Frage stellt, wie ein solch heiliges Geschehen vonstatten ging. Wir respektieren voller Ehrfurcht die biblischen Schriftsteller, die sich hierzu nicht äußern.

Es ist etwas Wunderbares und Überraschendes: In einem bestimmten Augenblick der Geschichte konzentriert sich alles auf eine Frau. Sie ist einfach und unwissend wie alle Frauen ihrer Zeit, doch sie hört aufmerksam auf die Stimme Gottes und sie ist bereit, den Geist zu empfangen. Plötzlich nimmt der Geist sie an und sie wird pneumatisiert. Sie ist die Trägerin des Geistes schlechthin, denn er macht sie zu seiner bleibenden Wohnstatt. In ihr wirkt der Geist. Deshalb *(dià hóti)* wächst in ihr die Menschheit dessen heran, der vom Sohn angenommen wurde, Jesus von Nazaret. Maria ist der Tempel, in dem der Geist und der Sohn unter dem Schutz des Vaters unendlicher Güte einander begegnen, des Vaters, der nach meinem Verständnis seinerseits im Bräutigam Mariens, Josef, gegenwärtig wird und sich in ihm *personalisiert* (vgl. Boff 2013 c, 49–53). In dieser einfachen, arbeitsamen und frommen Familie vergegenwärtigt sich die gesamte göttliche Gemeinschaft von Vater, Sohn und Heiligem Geist.

Die Ausstrahlung der Geistergriffenheit Mariens auf das Weibliche und die Schöpfung

Die Spiritualisierung bzw. Pneumatisierung Mariens ist kein Geschehen, dass nur mit ihr allein zu tun hätte. Maria ist ein Mitglied der Gemeinschaft der Menschen, die sich aus Männern und Frauen gleichermaßen zusammensetzt. Alle sind von diesem Ereignis unendlicher Zärtlichkeit und trinitarischer, doch besonders durch die Person des Geistes offenbar gewordener Liebe betroffen. Etwas in uns ist bereits vergöttlicht, und durch Maria wurde es ins Reich der Dreieinigkeit hineingenommen. Etwas von uns, menschlich, lebendig und sterblich, ist endgültig verewigt.

Das Weibliche in all seinen Ausdrucksweisen hat sich seit den ersten Momenten, als vor zwei Milliarden Jahren die Sexualität innerhalb des Evolutionsprozesses auftauchte, auf diesen Höhepunkt hin orientiert. Im Inneren des Weiblichen bereitete sich die aufnehmende Wiege für die volle Herabkunft des Geistes. In einem Augenblick der Geschichte kam alles zur Reife, öffnete sich alles. Dies war der Augenblick, als der ewige Geist sein Zelt in Maria, einer Frau aus dem Volk, aufschlug.

Das Weibliche im Mann und in der Frau wurde davon berührt und gleichfalls pneumatisiert. Wir gelangten bei der Fülle der Zeit an. Das Ende der Evolution wurde vorweggenommen. Es steht nur noch seine vollständige Verwirklichung aus, wenn das gesamte Universum samt dem Weiblichen ihre Fülle und

Konvergenz erreicht haben werden. Dann wird das Reich der Dreieinigkeit, des Vaters, des Sohnes und des Heiligen Geistes, von Innen hervorbrechen. Dieser Geist war von Anfang an und ist stets verborgen im Prozess der Evolution gegenwärtig, bis er sie schließlich zur ihrer vollständigen Verwirklichung hinführt.

X.
Das Universum: Tempel und Wirkstätte des Heiligen Geistes

Wir werden hier ein Thema behandeln, das innerhalb der Pneumatologie relativ neu ist: die Beziehung des Heiligen Geistes zum Universum, wie wir es heute ausgehend von der neuen Kosmologie und den Geowissenschaften verstehen. Bereits Jürgen Moltmann hat in seinen beiden Büchern *Der Geist des Lebens* (Moltmann 1991) und noch viel intensiver in *Gott in der Schöpfung* (Moltmann 1985) Elemente der neuen Kosmologie rezipiert.

In den klassischen Traktaten über den Heiligen Geist fehlt diese Dimension fast völlig oder wird nur nebenbei angesprochen. Das umfangreiche Werk Congars (Congar 1982) widmet von insgesamt mehr als sechshundert Seiten lediglich etwa zehn Seiten dem Thema Schöpfung. Dabei gibt er kostbare Zeugnisse der Kirchenväter wieder, doch er tritt nicht in Dialog mit dem heutigen Weltbild und dessen Bedeutung für die Pneumatologie.

In der Tat gibt es nur ganz wenige Theologen, die diesen so notwendigen Dialog, um Gott, die Dreieinigkeit und den Heiligen Geist besser zu verstehen, in ihre Reflexion mit einbeziehen. Wir selbst haben das im Rahmen einer umfangreichen Arbeit zusammen mit dem kanadischen Experten für neue Kosmologie, Marc Hathaway, versucht. Wir gaben dem Buch den Titel *Tao der Befreiung. Erkundung der Ökologie der Veränderung* (Hathaway / Boff 2009). Das Buch wurde von der Gemeinschaft der Wissenschaftler so gut aufgenommen, dass die englische Originalausgabe im Jahr 2010 mit dem hoch angesehenen *Golden Nautilus Award* auf dem Gebiet Naturwissenschaft und Kosmologie ausgezeichnet wurde – einem Preis, der für Beiträge verliehen wird, die einen Fortschritt der Kenntnisse bewirken.

Die neue Kosmologie: Grundlegende Perspektive

Wir bieten hier eine knappe Skizze der neuen Kosmologie, die nur dem Zweck dienen soll, die Gegenwart und das Wirken des Heiligen Geistes im Evolutionsprozess und in unserem Leben zu erkennen (vgl. auch Boff 1996 b,65–101; Boff 2010 a, 15–70).

Eine der größten Revolutionen in unserem Verständnis der Wirklichkeit fand vor nicht ganz hundert Jahren statt, als es der Gemeinschaft der Wissenschaftler klar wurde, dass der natürliche Zustand des Universums nicht Stabilität, sondern Veränderung ist. Der nordamerikanische Astronom Edwin P. Hubble (1889–1953) hat bereits im Jahr 1924 den wissenschaftlichen Beweis geführt, dass sich das Universum ausdehnt. Alles begann mit einer unvorstellbar gewaltigen, stillen Explosion (da es noch keinen Raum gab, konnte man den Krach noch nicht hören), dem *Urknall* oder *big bang*, dessen Echo bis heute in der sognannten Hintergrundstrahlung wahrgenommen wird; das ist eine äußerst kurzwellige Strahlung, die von allen Seiten des Universums her kommt. Wenn man die am weitesten entfernten Galaxien zum Bezugspunkt wählt, dann stellt man eine Rotverschiebung des Lichtes (aufgrund des Doppler-Effekts, demzufolge sich die Wellenfrequenz mit der Entfernung vom Beobachter entsprechend verändert). Das bedeutet, dass sich diese Himmelskörper immer weiter entfernen. Wenn man die Lichtgeschwindigkeit berücksichtigt, kann man Berechnungen anstellen, die zum Schluss führen, dass die Entstehung des Universums etwa 13,7 Milliarden Jahre zurückliegt.

Wir müssen also sehen, wie das Universum im Verlauf seiner Ausdehnung auch an Komplexität zunimmt, sich dabei immer mehr verinnerlicht und im Verlauf dieses Interiorisierungsprozesses Subjektivität und Bewusstsein hervorbringt. Ein Universum, das einen Anfang hat, das sich verändert und entwickelt, hat folglich auch eine Geschichte. Diese Geschichte kann in ihren unterschiedlichen Entwicklungsphasen erzählt werden. Genau dies tun heute die Kosmologie, die Astrophysik, die Quantenphysik und die Evolutionsbiologie. Wir Menschen befinden uns nicht außerhalb dieses Prozesses, wir haben vielmehr unseren spezifischen Platz darin. Das Leben, das Bewusstsein, die Intelligenz, die Kreativität und die Liebe sind aus dieser kosmischen Geschichte hervorgegangen. Durch uns sieht sich das Universum selbst, denkt sich selbst und ist erstaunt angesichts seiner erhabenen Schönheit. In diesem Universum existiert nichts für sich allein, ohne Verbindung zu anderem oder einfach zufällig. Alles ist mit allem verbunden und bildet ein engmaschiges Netz von Beziehungen, das bewirkt, dass alle Dinge in wechselseitiger Abhängigkeit voneinander existieren.

Das Weltbild der letzten fünfhundert Jahre, in denen sich das mechanistische und atomistische Paradigma durchsetzte, hat uns blind gemacht für diese wechselseitigen Verknüpfungen, indem es die Dinge getrennt voneinander und vom Ganzen losgelöst sah und auf diese Weise unsere tatsächliche Einbindung in die kosmische Gemeinschaft zum Verschwinden brachte – eine Einbindung, die von allen Völkern und Kulturen der Vergangenheit, insbesondere den indigenen Völkern, klar erkannt und tief empfunden worden ist.

Die Hauptakte des kosmischen Schauspiels

Betrachten wir die Hauptakte dieses gewaltigen kosmischen Schauspiels näher:

Was war vor dem »vorher«, das heißt, bevor es überhaupt Raum, Zeit und irgendeine Seinsform gab? Es gab nicht nichts, denn aus dem Nichts entsteht nichts. Es gab das Unerkennbare, das Unnennbare und das Geheimnis. Die Kosmologen verwenden einen Ausdruck, der das Gegenteil seines wörtlichen Verständnisses meint: Sie sagen, es habe das *Quantenvakuum* gegeben. Dieses Vakuum ist alles andere als leer. Es stellt die Fülle der Möglichkeiten dar, die hervorbrechen und deren Wellenfunktion »kollabieren« kann, das heißt, die sich in konkreten Seienden konkretisieren können. Andere ziehen es – mit besseren Gründen – vor, von der *Ursprungsquelle allen Seins* oder vom *Alles nährenden Abgrund* zu sprechen. Wiederum andere werden spezifischer und behaupten, es handle sich um die *Hintergrundenergie*, die allen Energieformen und allem Seienden vorausgeht. Sie hält sie im Sein, durchdringt sie und bewirkt, dass sie sich ausdehnen und entwickeln. Wir können sie uns als einen Ozean von brodelnder Energie ohne jegliche Grenzen vorstellen, die bereit ist, in Erscheinung zu treten.

Aus diesem schöpferischen Abgrund geht ein äußerst winziger Punkt hervor, millionenmal kleiner als ein Stecknadelkopf, der voller brodelnder Energie von unzähligen Milliarden Grad ist. An einem bestimmten Augenblick außerhalb der Zeit blähte sich dieser winzige Punkt auf die Größe eines Atoms auf, dann nahm er die Größe eines Apfels an. Und ohne dass man weiß, warum und wie, explodierte er plötzlich.

Aus dieser Singularität entstand eine grenzenlose Zahl von Elementarteilchen, Hadrionen, Topquarks, Leptonen, Neutrinos und andere, doch lediglich virtuell. Das heißt, es waren Partikel aus reiner Energie, jedoch ohne Masse. Ohne Masse ist die

Entstehung von Materie nicht möglich. Das große Ereignis am Teilchenbeschleuniger CERN (Europäisches Zentrum für Kernforschung) in Genf war am 4. Juli 2012 die Entdeckung des Higgs-Feldes, in dem sich das Boson Higgs bewegt, das auch als »Gottesteilchen« bezeichnet wird. Die Elementarteilchen ohne Masse gewinnen Masse beim Durchgang durch das Higgs-Feld, und auf diese Weise entsteht die Materie. Dieses Higgs-Feld ist eine Art feinster Zähflüssigkeit, die wie der feinstoffliche Äther, den man in der Antike (Aristoteles) und in der klassischen Physik annahm, das ganze Universum erfüllt und die Aufgabe hat, den Energieteilchen ständig Masse zuzuführen, sie so in Materie zu verwandeln und damit das Universum permanent zu schaffen.

Dieses »Gottesteilchen« wäre also theologisch gesprochen das Instrument, mittels dessen Gott alles, was existiert, schafft und kontinuierlich hervorbringt. Es handelt sich nicht um das »Teilchen Gott«, was ein theologischer Irrtum wäre, denn Gott ist weder Teilchen noch Teil der Welt, vielmehr Schöpfer der Welt und derjenige, der sie im Sein hält.

Diese Teilchen und die im Urknall enthaltene Energie wurden hinausgeschleudert und bildeten eine Art Wolke aus Energie, subatomaren Teilchen und Atomen. Nun erst entstehen Raum und Zeit. Allmählich beginnt diese Wolke sich abzukühlen, obwohl sie noch immer eine Temperatur von Milliarden Grad aufweist. Sie dehnt sich aus und erweitert damit Raum und Zeit. In ihrem Inneren bilden sich die ersten Wasserstoffkerne und freie Protonen. Eine halbe Stunde später hatte sich bereits mit Wasserstoff- und Heliumkernen (die einfachsten Elemente, die das Universum erfüllen) ein Großteil der ursprünglichen Materie gebildet, aus der wir alle hervorgehen.

Nach mehr als 700.000 Jahren war eine solche Abkühlung erreicht, dass sich die Wolke verdichten konnte und in ihrem Inneren stabile Atome mit Atomkernen und Elektronen entstanden. Nach einer Milliarde Jahre verdichtet sich diese unförmige Wolke aus ursprünglicher Energie und Materie noch mehr, bis sie die großen roten Sterne (»rote Riesen«) aus sich gebar. Vier Milliarden Jahre lang glühten sie, verbrannten dabei Wasserstoff und Helium und bildeten riesige Hochöfen, in denen sich die physikalisch-chemischen Elemente bildeten, die wir kennen.

Danach explodierten diese Sterne. Sie verwandelten sich in Supernovae von entsetzlicher Strahlkraft. Sie schleuderten diese Elemente in alle Richtungen (und schufen dabei allererst noch den Raum, der aus dieser Ausdehnung hervorgeht). Im Inneren dieser Sterne entstanden die Bedingungen, um die Zahl der Elemente voll zu machen, und es bildeten sich die schwereren Elemente wie Kohlenstoff, Silizium, Sauerstoff, Stickstoff usw. Unter diesen Sternen war auch die erste Sonne, die Vorläuferin unserer heutigen Sonne.

Diese Sterne explodierten ebenfalls. Aus ihren Elementen und aus dem kosmischen Staub, der in alle Richtungen geschleudert wurde, formten sich im Lauf von Millionen Jahren die heutigen Galaxien, die Sterne und unsere Sonne. Die Elemente, die sich in ihrem Inneren gebildet hatten, machten das organische Leben und damit auch uns möglich. Wir stammen alle aus derselben Quelle. Eine grundlegende Einheit verbindet alles in alle Richtungen miteinander.

Es gibt zwei Kräfte, die die Kreativität des Universums möglich machen und in ein dynamisches Gleichgewicht zueinander eintreten: die Kontraktionskraft und die Expansionskraft. Die Kontraktionskraft ist die Schwerkraft, die die Geschwindigkeit der Ausdehnung reduziert. Die Expansionskraft ist jene Kraft, die ihren Ursprung in der großen Explosion hat, die dafür sorgte, dass sich alles nach allen Richtungen hin ausweitete. Wenn zum Beispiel die Gravitation nur ein wenig größer gewesen wäre, dann hätte sich das Universum zusammengezogen, sich selbst erdrückt und wäre zu einem schwarzen Loch geworden. Wenn sie nur ein wenig schwächer gewesen wäre, dann wären die großen roten Sterne nicht entstanden, und kein Leben wäre möglich.

Die beiden Kräfte begrenzen sich und schaffen auf diese Weise die Möglichkeit einer geordneten Ausdehnung, die immer komplexere und höhere Strukturen hervorbringt. Dies legt nahe, dass die konkrete Gestalt des Kosmos nicht Ergebnis eines puren Zufalls ist. Im Gegenteil: Vom ersten Augenblick an haben diese beiden Kräfte die Evolution und die unaufhörliche Kreativität aufrechterhalten.

Die ständige Schöpfung *(creatio continua)*: Kosmogenese

Die Schöpfung ist kein einmaliges Ereignis am Anfang. Sie geschieht kontinuierlich in dem Maße, in dem neue Arten von Beziehungen zwischen den beiden Kräften von Anziehung und Ausdehnung konkrete Gestalt annehmen. Deshalb dürfen wir streng genommen nicht von Kosmologie, sondern wir müssen von Kosmogenese, von der permanenten Genese des Universums, sprechen.

Innerhalb dieses Prozesses der ständigen Schöpfung gibt es Entwicklungsstufen, die einmalig sind, nur ein einziges Mal eintreten und von denen alle übrigen Dinge abhängen. So gab es zum Beispiel einen einzigen Moment, an dem sich die Galaxien bilden konnten. Es wäre weder vorher noch nachher möglich gewesen. Wenn sich der Moment nicht ereignet hätte, wäre unser Kosmos eine gestaltlose Mischung aus ursprünglicher Energie und Materie ohne jegliche Struktur geblieben. Im Universum hätte es dann niemals die Bedingungen für die Entstehung von Leben und Bewusstsein gegeben. Dieses Faktum macht es offenkundig, dass allen Prozessen eine verborgene Absicht zugrunde liegt, die eine kontinuierliche Höherentwicklung garantiert.

Der Kosmos war also bereits in seinen Anfangsbedingungen darauf vorbereitet und daraufhin orientiert, zu entsprechender, fortgeschrittener Zeit ein bestimmtes Niveau hoch entwickelter Komplexität, das Leben und das Bewusstsein hervorzubringen. Wenn alles sich nicht so zugetragen hätte, wie es tatsächlich geschehen ist, dann wären wir nicht hier, um über diese Dinge nachzudenken. Irgendwie »wusste« das Universum, dass in der Zukunft, nach Milliarden von Jahren, Leben und Bewusstsein entstehen sollten.

Das Universum dehnt sich ständig aus, schafft ständig Neues, ist ständig im Prozess der Selbstorganisation begriffen, bringt ständig stets komplexere und höhere Ordnungen hervor und verbindet alles mit allem.

Das kosmogenetische Prinzip

Der gesamte offene Prozess der Evolution weist drei Merkmale auf, die seine innere Dynamik offenbaren. Dies wird auch das kosmogenetische Prinzip genannt (vgl. Hathaway / Boff 2009, 278 ff).

Das erste Merkmal ist das der stets wachsenden *Komplexität*, auch *Differenzierung* genannt, die von dem Augenblick an beginnt, in dem sich zwei Hadrionen, Topquarks oder Protonen zueinander in Beziehung setzen und daraus eine erste Komplexität entsteht. Das heißt: Mehrere Faktoren wurden wirksam, um eine neue Ordnung hervorzubringen. Die Komplexität nimmt dann zu, bis die Atome, die dichte Materie, Zellen, Körper, lebende Organismen und Lebewesen mit Bewusstsein und Intelligenz in Erscheinung treten.

Das zweite Merkmal ist die *Interiorisierung* (Verinnerlichung, In-sich-Zentriertheit) oder *Subjektivität*. In dem Maße, in dem die Seinsformen komplexer werden, rollen sie sich in sich selbst ein (dieser Ausdruck stammt von Pierre Teilhard de Chardin) und schaffen die Interiorisierung, die Verinnerlichung. Dies bedeutet einen gewissen Grad an Subjektivität, die dadurch entsteht, dass jede Seinsform ihre Art der Beziehung zu anderen, die Art und Weise, wie sie sich selbst organisiert und sich auf der historischen Bühne der Evolution darbietet, etabliert. Ein solches Phänomen rechtfertigt die Behauptung, dass alle Seinsformen eine Geschichte haben und je auf ihre eigene Weise an einem bestimmten Grad von Bewusstsein partizipieren: an kosmischem, mineralischem, pflanzlichem, tierischem und schließlich menschlichem, selbstreflexivem Bewusstsein.

Das dritte Merkmal ist die wechselseitige Beziehung und Verknüpfung von allem mit allem. Sie wird auch *relationale Matrix* oder auch *Gemeinschaft* von allen genannt. Das Universum ist nicht die Summe für sich existierender Seiender, sondern die Gesamtheit von Netzen der Beziehung, die alle mit einbeziehen und bewirken, dass alle wechselseitig voneinander abhängig sind. So zeigt sich das Universum als eines und vielfältig zugleich, als dynamisch und von Sinn durchdrungen.

Der renommierte Kosmologe Brian Swimme stellt fest: »Gäbe es keine Differenzierung, würde das Universum zu einem Einheitsbrei verkommen. Gäbe es keine Subjektivität [oder Autopoiese], würde es sich in öder, trostloser Ausdehnung verlieren. Und ohne Gemeinschaft geriete es in die Anarchie isolierter Einzelwesen« (Swimme / Berry 1999, 82).

Alles ist also in Bewegung, setzt sich zueinander in Beziehung und erklimmt stets höhere Stufen von Komplexität. Alles ist in gewisser Weise lebendig und von einer Botschaft durchdrungen. Die Seinsformen hören auf die Botschaft der jeweils anderen. Sie können die Geschichte einer jeden einzelnen in ihrem Milliarden Jahre umfassenden Evolutionsprozess hören. Der Berg führt ein Zwiegespräch mit dem Wind und mit den

Energien der Sonne und des Kosmos. Die tropischen Regenwälder hören die Stimme des Regens, der Wolken und der Völker, die in ihnen wohnen, ebenso wie die unzähligen Mikroorganismen, Insekten, Vögel und Landtiere. Der Mensch ist derjenige, der die Botschaft aller Seinsformen, des Sternenhimmels und des eigenen Herzens zu vernehmen vermag.

Die treibende Kraft der Evolution sind nicht Zufallsmutationen, sondern die ursprünglichen Kräfte, die Komplexitäten, strukturierte Ordnungen und unendliche Verbindungen schaffen. Das Universum erhält sich selbst kraft des kosmogenetischen Prinzips, der Kooperation aller und nicht durch die Durchsetzungskraft des Stärkeren. Dem Leben ist es nicht durch die Eliminierung des Andersartigen gelungen, den gesamten Planeten zu durchdringen, sondern durch die Verbindung mit anderen Seinsformen, durch den Austausch von Energie und Materie. So wurde die heutige Gestalt des Universums erst möglich.

Die lebendige Erde, Gaia: von den Energien des Geistes bewegt

Wir überspringen die verschiedenen Etappen der Evolution und verweilen etwas länger bei unserem Planeten, der Erde. Er entstand vor 4,4 Milliarden Jahren. Da er sich in einer günstigen Entfernung zur Sonne befindet, lief alles auf ihm darauf zu, dass das Leben entstand. Dieses Leben brach vor 3,8 Milliarden Jahren in irgendeinem Urozean oder einem alten Sumpf in Gestalt eines Bakteriums hervor, das die Mutter aller anderen Lebewesen wurde. Die Mikroorganismen machen 95 % aller Lebewesen aus (in einer Handvoll Erde gibt es mehr als zehn Milliarden von ihnen). Dann begann ein intensiver Dialog zwischen den Lebewesen und den Energien des Universums, der Sonne und der Erde.

Die Atmosphäre und die Biosphäre sind Schöpfungen der Erde, aber insbesondere der Lebewesen, die sich eine günstige Umgebung für ihre Fortpflanzung schufen. Mehr noch: Die wissenschaftliche Forschung hat gezeigt, dass sich das Leben nicht nur auf der Erde befindet. Die Erde selbst als ganze verbindet das Physische, das Chemische und das Ökologische so, wie dies nur ein lebendiger Organismus vermag. Die Erde ist lebendig und wurde Gaia genannt – eine Bezeichnung, die aus der alten griechischen Mythologie kommt und auf die als lebend aufgefasste Erde angewandt wurde. Diese Feststellung deckt sich mit der Überzeugung der Kulturen, die bis zur Heraufkunft der Moderne die Erde Große Mutter und Pacha Mama nannten und sie auch so empfanden.

In einem fortgeschrittenen Stadium der Komplexität des Lebens entstand vor etwa 7 bis 9 Millionen Jahren der Australopitecus, ein alter Anthropoide, der auf die volle Hominisierung vorauswies. Diese fand vor etwa 150.000 Jahren statt, als der *homo sapiens sapiens*, also der Mensch in seiner heutigen Gestalt, auftauchte.

Seit den Fünfzigerjahren des 20. Jahrhunderts, als es gelang, die DNA der Zellen zu entschlüsseln, konnten wir etwas Überraschendes feststellen: Alle lebenden Organismen, angefangen von den einfachsten Bakterien über die Wälder, die Dinosaurier bis hin zum Menschen, sind aus denselben physikalisch-chemischen Bausteinen aufgebaut, die im Inneren der großen roten Sterne und in den Supernovae heranreiften. Wir alle besitzen dasselbe genetische Basis-Alphabet: Zwanzig Aminosäuren und vier Nukleotide. Das heißt: Wir sind alle miteinander verwandt, wir sind Geschwister und bilden als solche die große Gemeinschaft des Lebens, die wiederum ein Teil der irdischen und der kosmischen Gemeinschaft ist.

Bewusstsein und Geist bilden einen Höhepunkt des kosmischen Prozesses. Da wir Teil des Universums sind, denkt das

Universum durch uns intelligente und mit Bewusstsein ausgestattete Wesen und wird sich durch uns seiner selbst bewusst. Wenn wir den Sternenhimmel sehen und die grünende, unermessliche, von riesigen Flüssen durchschnittene Weite Amazoniens betrachten, dann ist es die Erde selbst, das Universum selbst, das sich durch uns selbst erblickt und seine unbeschreibliche Schönheit wertschätzt. Wenn Geist und Bewusstsein in uns sind, so ist das ein Zeichen dafür, dass sie zuvor im Universum waren. Das Universum ist mit Selbstbewusstsein ausgestattet und wächst in dem Maße in diesem Bewusstsein, in dem wir wachsen und den Horizont unseres Verstandes und unseres Herzens erweitern.

Der kosmogenetische Prozess

Wir haben festgestellt, dass der Evolutionsprozess von einem tiefen und in sich stimmigen Sinn geprägt ist, als ob es eine Art »Attraktor« gäbe, der alle Seinsformen in eine bestimmt Richtung zieht. In der Tat gelangen wir von den subatomaren Teilchen zu den Atomen, von den Atomen zu den in sich bestehenden Dingen, von dort zu den Organismen und von dort wiederum zum Bewusstsein in den komplexesten Wirbeltieren, und von dort zum reflexiven Bewusstsein in uns Menschen. Wie könnte man hier keinen aufsteigenden Pfeil erkennen! Und heute gehen wir von der lokalen Ebene auf die nationale, von der nationalen auf die globale und von dort auf die universale Ebene über; wir sind offen für die Ganzheit und empfinden uns selbst als ein wichtiges Kapitel innerhalb der Geschichte des Universums.

Es ist dem Menschen eigen, zu erkennen, dass die Dinge nicht einfach so hingeworfen, einander entgegengesetzt und ungeordnet sind. Es gibt in ihnen einen »roten Faden«, der alles verbindet und von Neuem verbindet und einen Kosmos anstelle eines Chaos formt. Der Mensch spürt, dass hier eine machtvolle und zugleich liebevolle Energie am Werk ist, die alles im Dasein hält, bewahrt und sich gemeinsam entwickeln lässt. Er wagt es, diese geheimnisvolle und faszinierende Wirklichkeit zu benennen. Er verleiht ihr die Namen, die seinen Respekt und seine Verehrung zum Ausdruck bringen. Ja mehr noch: Er kann in Dialog mit dieser Wirklichkeit treten, sie in Riten, Tanz und Fest feiern. Er spürt sie in seinem Inneren in Gestalt der Begeist-erung, des Enthusiasmus (die wörtliche griechische Bedeutung ist: »einen Gott in sich haben«). Sie weckt in ihm Gefühle der Verehrung, der Ehrfurcht und Anbetung.

Heute wissen wir, dass Neurowissenschaftler im Gehirn eine Region entdeckt haben, die sie »Gottespunkt« nennen (vgl. Zohar / Marshall 2001; Boff 2010 a, 174–179). Immer wenn der Mensch mit einem Sinn hinter den Dingen, mit dem, was ihn »unbedingt angeht« (P. Tillich, s. weiter oben S. 153), oder mit der Wahrnehmung der Verbindung mit dem Ganzen konfrontiert ist, kann man im Schläfenlappen des Gehirns eine beschleunigte Aktivität feststellen.

Für den Menschen ist es ein evolutiver Vorteil, die Gegenwart des Geheimnisses und des Unaussprechlichen, das in der Wirklichkeit da ist, zu erkennen. Von daher entwickelt er Haltungen des Respekts und der stillen Ehrerbietung. So wie wir mit Sinnesorganen ausgestattet sind, die es uns ermöglichen zu sehen, zu hören und zu riechen, so sind wir auch mit einem »inneren Organ« ausgestattet, das uns dazu befähigt, Gott in allen Dingen zu erspüren. Gott ist nicht im »Gottespunkt«. Er ist an allen Orten. Doch durch dieses »innere Organ« nehmen wir seine Gegenwart und sein Wirken in allen Dingen und im gesamten Universum wahr.

Das Universum als Tempel des Heiligen Geistes

Damit haben wir schon die wichtigsten Gegebenheiten benannt, die uns über das Verhältnis des Geistes zum Universum nachdenken lassen. Doch zuvor sollte man die Übereinstimmung und Wesensentsprechung zwischen der Auffassung vom Kosmos als einem äußerst engmaschigen Netz von Beziehungen und dem christlichen Gottesverständnis betonen. Das Christentum denkt, ohne Gott vervielfachen zu wollen, diesen als Dreieinigkeit von göttlichen Personen. Die Personen sind einander stets durchdringende Beziehungen in so inniger und vollkommener Gemeinschaft und Liebe, dass sie eins werden in einem einzigen dreieinigen Gott.

Wenn Gott eine relationale Wirklichkeit ist, dann ist es klar, dass seine Schöpfung, das gesamte Universum, ebenfalls dieses Merkmal der Relationalität in sich trägt. Die Quantenphysiker sagen: Alles steht mit allem an allen Punkten und zu allen Momenten in Beziehung. Alles ist nach dem Bild und Ebenbild des dreieinigen Gottes geschaffen, der Beziehung und Gemeinschaft ist.

Die jüdisch-christliche Tradition ordnet dem Vater, aber besonders dem Geist des Vaters, die Schöpfung und deren Ordnung zu. Die Bibel stellt ihn an den Anfang (Gen 1,1; 2,7) und ans Ende (Offb 22,17). Im Buch der Weisheit findet sich die schöne Formulierung: »Der Geist des Herrn erfüllt ja den Erdkreis« (Weish 1,7). Der Geist ist Leben und »belebend«, »der Lebensspender«, wie es im nizäno-konstantinopolitanischen Glaubensbekenntnis heißt. Wenn dem so ist, dann können wir sagen, dass diese machtvolle und schöpferische Energie, die vor dem »vorher« war, die Hintergrundenergie und das nährende Prinzip allen Seins eine Manifestation des Heiligen Geistes war.

Der Geist selbst ist, insofern er Gott (dritte Person der Dreieinigkeit) ist, jenseits jeglicher Vorstellung und jenseits all dessen, was existiert. Doch sein Wirken, »die Energien des Geistes«, wie es in der Theologie genannt wird, tritt aus dem innertrinitarischen Leben heraus und wendet sich nach außen. Die Hintergrundenergie ist eine seiner Manifestationen. Ausgehend davon war er beim Urknall am Werk und schuf jenes äußerst fein abgestimmte Gleichgewicht, welche die Entstehung der Materie, der großen roten Sterne, der Galaxien und der Sterne der zweiten und dritten Generation, die Planeten, die Erde, die Lebewesen auf der Erde und uns selbst ermöglichte.

Er trieb den Evolutionsprozess voran und nach oben, die Kosmogenese, das heißt den Werdeprozess des Kosmos, der noch immer im Gang ist und dessen Entstehung noch nicht abgeschlossen ist. Er ist als impulsgebende Kraft hinter allem und als der große »Attraktor« vor allem und bewirkt, dass das Universum trotz aller galaktischen Unglücksfälle und massiven Auslöschung des Reichtums des Lebens immer eine Richtung beibehalten hat, die auf stets komplexere Seinsformen von stets höherer Ordnung verweist.

Wenn er Leben und Lebensquell ist, dann war er im Leben der Bakterien, in den Pflanzen, in den Tieren und Menschen gegenwärtig, denen »der Lebenshauch eingeblasen wurde« (Gen 2,7).

In besonderer Weise gegenwärtig war er in jener Frau, in der er »sein Zelt aufschlug«, das heißt seine bleibende Wohnstatt nahm (Lk 1,35), in Maria. Deshalb wurde in der Kraft des Geistes (Mt 1,18; Lk 1,35) jener hervorgebracht, der sich als der »letzte Adam« (1 Kor 15,45), die Erfüllung des Menschseins, zu erkennen gab: Jesus von Nazaret, über den »der Heilige Geist [...] wie eine Taube« (Lk 3,22; Joh 1,31) herabkam und den der Geist überall auf seinem Weg leitete und ergriff (vgl. Lk 4,1.18). Der Geist ist es, der Jesus auferweckt, und damit eine Revolution innerhalb der Evolution bewirkt, denn er setzt damit den Anfang eines Lebens ohne Entropie, das in der Weise der Vorwegnahme bereits am Höhepunkt des kosmogenetischen Prozesses angekommen ist (vgl. Röm 1,4, 1 Tim 3,16). Der Geist ist es, der im Pfingstereignis die Kirche begründet, um das Erbe Jesu für alle Völker zu bewahren (Apg 2,32). Der Geist ist es, der in uns wie in einem Tempel wohnt (1 Kor 6,19).

Der herausragende Theologe Jürgen Moltmann, der als einer der Wenigen über die Beziehung des Geistes zum Kosmos arbeitete, schrieb: »Gott *der Schöpfer* von Himmel und Erde ist *in* jedem seiner Geschöpfe und in ihrer Schöpfungsgemeinschaft durch seinen *kosmischen Geist* präsent. ›Deus penetrat praesentia sua totum universum.‹ [Gott durchdringt mit seiner Gegenwart das gesamte Universum]. Gott ist nicht nur der Schöpfer der Welt, sondern auch der *Geist des Universums.* Durch die Kräfte und Möglichkeiten des Geistes wohnt der Schöpfer seinen Geschöpfen ein, belebt sie, erhält sie im Dasein und führt sie in die Zukunft seines Reiches. Die *Geschichte der Schöpfung* ist in dieser Hinsicht die Wirkungsgeschichte des göttlichen Geistes« (Moltmann 1985, 28).

»Der Geist schläft im Stein ... träumt in der Blume«

Für die Christen ist es eine Grundtatsache des Glaubens, dass der Sohn des Vaters in Jesus von Nazaret durch die Kraft des Geistes Mensch geworden ist. Doch niemals, oder zumindest sehr selten, spricht man von seiner Einwohnung in der Schöpfung. Ein altes Weisheitswort besagt: »Der Geist schläft im Stein, träumt in der Blume, erwacht in den Tieren und weiß, dass er erwacht ist, im Menschen.« Der Geist kennt also unterschiedliche Intensitätsgrade seiner Gegenwart. Er offenbart sich als energetische Explosion, Bewegung der Materie, Lebensprinzip und Erwecker von Bewusstsein. Von ihm stammen die großen Träume, die in schöpferischer Kraft münden, denn er ist die

Fantasie Gottes, er stärkt den Mut, erweckt den heiligen Zorn angesichts des Unrechts, lässt den Schrei nach Befreiung erschallen und erscheint als Kraft der Gemeinschaft und der Kommunikation.

Da der Geist im Universum gegenwärtig ist, nimmt er an dessen Umwälzungen teil, von den großen Explosionen der Supernovae über den Zusammenprall der Galaxien bis zu den Vernichtungswellen von Leben, die auf der Erde stattgefunden haben. Er freut sich mit seiner Schöpfung, er leidet mit ihr, er seufzt mit den Geschöpfen und sehnt sich nach vollkommener Befreiung (vgl. Röm 8,22–24). Die *shekina* im Tempel, die die Gegenwart des Geistes inmitten seines Volkes veranschaulichte, geht mit diesem Volk zusammen ins Exil und kehrt auch wieder zurück. Er ist »betrübt« und »niedergeschlagen aufgrund des Dramas der Menschheit« (vgl. Eph 4,30).

Wir haben gesehen, dass eines der Merkmale des kosmogenetischen Prozesses das Entstehen von Komplexität und Vielfalt und der wechselseitigen Abhängigkeit aller Seinsformen voneinander ist. Genau diese Merkmale sind es nun auch, die wir weiter oben dem Geist zugesprochen haben, der die Vielfalt der Gaben (1 Kor 12,7–11) und zugleich die Beziehung des Dienens aller im Hinblick auf das Wohl aller (1 Kor 12,7) bewirkt. Er ist eine Kraft der Differenzierung (Artenvielfalt und Vielfalt der Charismen) und zugleich Energie der Gemeinschaft und Beziehung, die eine komplexe Einheit bewirkt (1 Kor 12,13).

Für eine pneumatologische Deutung des Universums sind all diese Aussagen selbstverständlich, denn alles wurde im Geist geschaffen und trägt in sich die Zeichen der Gegenwart und des Wirkens des Geistes. Wir sind der Tempel des Geistes, und das Universum ist in jeder einzelnen seiner Seinsformen und insbesondere in uns Menschen sein Wirkungsfeld.

Der Geist, der neue Himmel und die neue Erde

Sowohl das Universum als auch wir selbst befinden uns noch im Prozess des Werdens. Wir haben unseren Lauf durch die Zeit in Richtung Zukunft noch nicht vollendet. Diese Zukunft wird zeigen, was der Geist in uns verborgen hält und was durch seine Kraft Schritt für Schritt offenbar wird. Deshalb erfüllt der Geist alle Zeiten: Er ist am Anfang als der da, der die Schöpfung in Gang setzt, dann begleitet er sie auf ihrem aufsteigenden Weg durch alle Etappen hindurch und er wird am Ende da sein, wenn alle Seinsformen jene Fülle erreicht haben werden, die dem Willen des Geheimnisses entspricht. Wenn der Geist ausgegossen wird über seine Schöpfung, dann wird alles neu und mit Lebenskraft erfüllt: »Wenn aber der Geist aus der Höhe über uns ausgegossen wird, dann wird die Wüste zum Garten und der Garten wird zu einem Wald. Dann weilt in der Wüste das Recht und im Gartenland wohnt die Gerechtigkeit. Die Gerechtigkeit schafft Frieden, die Frucht des Rechts ist ewige Sicherheit« (Jes 32,15–17).

In biblischer Sprache wird auf diese Weise das gute Ende des gesamten Universums ausgedrückt: der Moment, an dem der Geist die Oberhand über alle widerstrebenden und dem Leben feindlichen Mächte gewinnen wird und der neue Himmel und die neue Erde ihren Anfang nehmen werden (Joël 2,28–32; Offb 21,1). Wir alle werden eintauchen ins dynamische und von Liebe durchdrungene Leben der Dreieinigkeit.

Dann beginnt die wahre Geschichte ohne die Entropie, eine Entwicklung, die immer mehr in die unaussprechliche Quelle allen Seins, aller Güte und aller Liebe hinein mündet, die alle Seinsformen untereinander und mit der Quelle selbst verbindet.

In dieser unserer Zeit, die eine Zwischenzeit bis hin zum Anbruch der Zeitlosigkeit darstellt, lassen wir in uns die tröstenden Worte der Offenbarung des Johannes nachklingen: »Der Geist und die Braut aber sagen: Komm! Wer es hört, soll sprechen: Komm! Wer Durst hat, der komme! Wer will, empfange das Wasser des Lebens umsonst.« (Offb 21,17) *Veni, Spiritus Creator, veni!*

XI.
Die Kirche: Sakrament des Heiligen Geistes

Das zweite große Werk des Heiligen Geistes war die Schaffung der Gemeinde der Nachfolger und Nachfolgerinnen Jesu, die Kirche. Diese stellt eine komplexe Wirklichkeit dar. Drei Elemente sind für ihre Entstehung bedeutsam: der historische, gestorbene und auferstanden Jesus, die Herabkunft des Geistes zu Pfingsten und die sozio-kulturellen Bedingungen.

Tod und Auferstehung Jesu: Voraussetzungen für die Geburt der Kirche

Die Kirche ist ohne Jesus Christus nicht denkbar. Doch sie ist auch nicht, wie man früher aus der Perspektive eines ekklesiozentrischen Denkens sagte, der Christus, der sich in die Geschichte hinein fortsetzt. Sie führt die Sache Jesu Christi in der Tat weiter und vertieft sie, doch sie ist nicht Christus, sondern wesensverschieden von ihm. Jesus ist in seinem Menschsein Gott. Die menschliche Kirche hingegen ist nicht Gott, auch wenn sie Elemente des Göttlichen in sich birgt.

Die Beziehung zwischen Christus und der Kirche ist nicht linear, denn zwischen beiden besteht ein Bruch: die Hinrichtung Jesu am Kreuz und die Flucht der Jünger mit Ausnahme der Frauen, die ihm stets die Treue gehalten haben.

Die Kirche gehörte nicht zu dem, was Jesus wollte; er hat vielmehr das Reich Gottes verkündet und anfanghaft verwirklicht (Mk 1,15; Mt 4,17). Mit Ausnahme des Evangelisten Matthäus, der dreimal auf die Kirche Bezug nimmt (Mt 16,18;

18,18), kennen die anderen Evangelisten (Markus, Lukas, Johannes) das Wort »Kirche« gar nicht. Alles dreht sich um die Botschaft vom Reich Gottes. Jesus ist »gescheitert«, denn das Volk glaubte nicht an die frohe Botschaft, Petrus verleugnete ihn und seine Jünger ergriffen die Flucht.

»Jesus predigte das Reich Gottes und gekommen ist die Kirche«, formulierte Alfred Loisy einst treffend (Loisy 1902, 111). Die Perspektive Jesu war apokalyptisch bzw. eschatologisch, denn er ging davon aus, dass das Kommen des Reiches Gottes unmittelbar bevorsteht: »Amen, ich sage euch: Unter denen, die hier stehen, sind einige, die den Tod nicht kosten werden, bis sie das Reich Gottes in Macht haben kommen sehen« (Mk 9,1). – »Amen, ich sage euch: Ihr werdet mit den Städten Israels nicht zu Ende kommen, bis der Menschensohn kommt« (Mt 10,23). – »Amen, ich sage euch: Dieses Geschlecht wird nicht vergehen, bis dies alles geschieht« (Mk 13,30). Jesus stellt dennoch klar, dass die genaue Stunde des Hereinbrechens des Reiches Gottes nur der Vater kennt (Mk 13,32; Mt 24,42–44), doch seine Überzeugung und die der ganzen Urkirche war es, dass das Kommen des Reiches Gottes nahe, sehr nahe ist.

Jesus setzte auch durch seine Taten Zeichen für dieses bevorstehende Hereinbrechen des Reiches Gottes. Die Berufung der Zwölf etwa war ein Zeichen der Wiederherstellung der zerstreuten zwölf Stämme Israels, ein eschatologisches Zeichen, wie die Exegese gut herausarbeitete. Worauf es hier ankommt, ist die Zwölfzahl und nicht die Tatsache, dass es sich um die Apostel handelt. Das geht klar aus dem Markusevangelium hervor, das einfach nur von den »Zwölf« spricht (Mk 3,14–16; 4,10; 6,7–35; 9,35; 10,32; 11,11; 14,10–17). Erst nach der Auferstehung und nach Pfingsten, als sie sich entschließen, die Welt zu missionieren, werden sie zwölf Apostel, das heißt zwölf Gesandte, genannt.

Ein anderes apokalyptisches bzw. eschatologisches Zeichen ist das Letzte Abendmahl. Jesus hat viele Gastmähler gehalten, insbesondere mit Sündern, um deutlich zu machen, dass Gnade und Vergebung von Gott ohne Vorbedingung allen angeboten werden. Doch das Letzte Abendmahl hatte einen speziellen und in herausragender Weise eschatologischen Charakter als Vorwegnahme des himmlischen Mahles im Reich Gottes.

Es weist noch keine direkte organische Verbindung zur Kirche auf, wie aus den folgenden Versen aus dem Lukasevangelium klar hervorgeht: »Und er sagte zu ihnen: Ich habe mich danach gesehnt, dieses Paschamahl mit euch zu essen, noch bevor mein Leiden beginnt. Denn ich sage euch: Von nun an werde ich es nicht mehr essen, bis es seine Vollendung im Reich Gottes findet. Und er nahm einen Becher, sprach das Dankgebet und sagte: Nehmt ihn und teilt ihn unter euch! Denn ich sage euch: Von nun an werde ich nicht mehr von der Frucht des Weinstocks trinken, bis das Reich Gottes kommt« (Lk 22,15–18).

Die Texte sprechen für sich und machen deutlich, welche Erwartungen Jesus hegte. Erst nach der Auferstehung und nach Pfingsten, als sich die Gemeinden bildeten, wurde das Abendmahl im Sinne der Gegenwart des Auferstandenen, als Gegenwärtigsetzung seines Opfers und im Sinne des Zusammenhalts der Gemeinschaft aufgegriffen, gedeutet und gefeiert. Nun ist es die Eucharistie.

Die Existenz der Kirche hängt von zwei Vorbedingungen ab: dem »Scheitern« Jesu, denn er wurde zurückgewiesen und hingerichtet. Wenn das Reich Gottes angenommen worden wäre, dann hätte es keinen Platz für die Kirche gegeben, sondern nur für das Reich Gottes allein. Die Kirche ist also hinterher aus dem Bemühen entstanden, die Reich-Gottes-Verkündigung Jesu wieder aufzunehmen und seinen Traum in der Welt bekannt zu machen. Doch das war nur möglich, weil sich die Auferstehung ereignet hatte. Sie zeigte, dass das »Scheitern« keine totale Niederlage war. Die Auferweckung ist die Antwort Gottes auf Jesu Treue. Sie bedeutet die Verwirklichung des Traums vom Reich Gottes in der Person Jesu. In ihm vollzieht sich die vollkommene Erneuerung der Welt. Er stellt eine Vorwegnahme im Kleinen des guten Endes der von Gott geliebten Schöpfung dar. So schaffen Tod und Auferstehung den Raum für die Entstehung der Kirche.

Die Entstehung der Kirche an Pfingsten

Diese Sicht der Dinge wäre unvollständig und die Kirche hätte sich nicht konkret gegründet, wenn es nicht zu einem geheimnisvollen Geschehen, dem Pfingstereignis, gekommen wäre (Apg 2). Der Heilige Geist, der Geist Christi, kommt auf die verängstigte Gemeinschaft in Gestalt von Feuerzungen herab und bewirkt, dass ein jeder in Sprachen zu reden beginnt. Juden und andere fromme Leute, die aus den verschiedenen Teilen der Welt gekommen waren, hörten dieses Reden und liefen herbei, um zu sehen, was geschehen war. Verblüfft hörten Parther, Meder, Leute aus Asien, Ägypten, Libyen usw., dass in ihrer eigenen Sprache gesprochen wurde (Apg 2,1 –13). Alle vernahmen dieselbe Botschaft in ihrer jeweiligen Sprache.

Die Sprachenverwirrung, die in Babel stattgefunden und dazu geführt hatte, dass niemand den anderen verstand, ist nun überwunden. Die Vielfalt der Sprachen blieb bestehen, und dabei hörten alle dieselbe befreiende Botschaft, die Petrus verkündete. Jesus wurde gekreuzigt, aber nun ist er auferstanden und lebt, er wurde zum Herrn und Christus erhöht (Apg 1,36). Er brachte die Versöhnung mit Gott für alle, die an ihn glauben.

Tatsächlich ging vielen »ein Stich durchs Herz« (Apg 2,37); sie bekehrten sich, wurden getauft und empfingen ebenfalls den Heiligen Geist (Apg 2,38).

So entstand die Kirche zu Pfingsten durch die Herabkunft des Heiligen Geistes. Zunächst blieb die Gemeinschaft der

Apostel noch in Jerusalem und besuchte dort regelmäßig den Tempel. Sicherlich erwarteten sie immer noch das Ende der Zeit, denn die alte Prophezeiung besagte, dass eines der Zeichen der Endzeit die Ausgießung des Geistes über alles Fleisch sei, wie es beim Propheten Joël steht, worauf sich Petrus in seiner Rede zum Volk ausdrücklich bezieht (Joël 3,1–5; Apg 2,17–21). Pfingsten war für sie die konkrete Erfüllung dieser alten Prophezeiung.

Angesichts dieser Überzeugung vom nahen Ende war es nicht sehr sinnvoll, Güter zu besitzen und anzuhäufen. Sie verkauften alles und legten alles zusammen. Sie lebten einen Urkommunismus der gemeinsamen Nutzung und des gemeinsamen Verbrauchs (Apg 2,42–45). Und als Lob wird hinzugefügt, dass es unter ihnen keine Armen gab.

Allmählich jedoch wurde ihnen bewusst, dass das Ende der Zeiten nicht kommt. Sie entdeckten, dass sie noch Zeit und eine Geschichte vor sich hatten. Dies wäre dann die Zeit des Geistes und der Verbreitung der Botschaft Jesu, die Zeit der Kirche. Es gab noch andere Motive: die Schwierigkeit der Bekehrung der Juden, Verfolgung und Folter, der die Mitglieder der Kirche ausgesetzt waren, das Martyrium des Jakobus, der auf Befehl des Herodes durch das Schwert getötet wurde (im Jahr 42: Apg 12,1–6), die Gefangennahme des Petrus und insbesondere die überraschende Bekehrung von Hellenisten und eines hohen römischen Offiziers, Kornelius (Apg 10). Es kam der Augenblick der Entscheidung, aus der engen Welt des Judentums auszubrechen und sich an die Heiden zu wenden.

Doch ein heikles Problem musste gelöst werden: Soll man an der Verpflichtung zur Beschneidung (des jüdischen Initiationsritus) festhalten, um auf diese Weise die Kontinuität zwischen Judentum und Heidentum sichtbar zu machen, oder kann man darauf verzichten und einen neuen, rein christlichen Weg einschlagen (Apg 15,1–6)? Es kam zu einem langen Streit zwischen den Aposteln, an dem auch Paulus und Barnabas teilnahmen. Man entschloss sich, das berühmte Konzil von Jerusalem abzuhalten (Apg 15,6–33), auf dem jede der Parteien mit ihren jeweiligen Argumenten zu Wort kam. Schließlich kamen sie zum Schluss, »den Heiden, die sich zu Gott bekehren, keine Lasten aufzubürden« (Apg 15,19).

Bei dieser Gelegenheit wurden zum ersten Mal jene Worte gesprochen, die im Lauf der Zeiten immer dann wiederholt wurden, wenn die Kirche Entscheidungen traf, die für alle bindend waren: »Denn *es hat dem Heiligen Geist und uns gefallen*, euch keine weitere Last aufzulegen, als diese notwendigen Dinge …« (Apg 15,28). Und dann traf man also die Entscheidung, dass die neu bekehrten Heiden nicht die jüdische Beschneidung vollziehen lassen müssen. Die Bekehrung und die Taufe allein würde sie zu Mitgliedern der christlichen Gemeinde machen. Die christliche Freiheit, für die Paulus so sehr kämpfte, der Grundsatz des Evangeliums von der Freiheit der Kinder Gottes, hatte den Sieg davongetragen.

Immer mehr setzte sich die Überzeugung durch, dass der Auferstandene nicht der ist, der bald kommen wird, um die Lebenden und die Toten zu richten, sondern dass er weggegangen, zum Himmel aufgefahren ist, wie dies Lukas in seiner Erzählung von der Himmelfahrt Jesu darstellte (Apg 1,6–11). Angesichts der Verzögerung des endgültigen Kommens des Reiches Gottes konnte die Kirche nun nach vorne schauen und sich für ihre Sendung organisieren.

Genau in dieser Zeit setzte ein Prozess gewagter Neuinterpretation von Leben und Handeln Jesu ein. Die apostolische Gemeinschaft macht aus den Zwölf, einer Zahl, die symbolische Bedeutung hatte, die zwölf *Apostel* (das griechische Wort für Gesandte, Missionare), sie gibt sich eine Struktur durch die Schaffung von Gemeinden und verschafft sich ihr Führungspersonal (Bischöfe, Presbyter, Diakone und andere Dienstämter innerhalb der Gemeinde, von denen viele charismatischer Natur waren). Sie systematisiert die Botschaft Jesu, die in verstreuten Überlieferungen verschiedener Gemeinden vorlag (vermutlich in Form von einzelnen Sammlungen wie einer Sammlung der Worte Jesu, einer Sammlung der Wunder, der Gleichnisse, dem Passionsbericht, den Überlieferungen zu Tod und Auferstehung usw.). Sie verknüpften diese Materialien miteinander und brachten sie anhand eines theologischen roten Fadens in eine gewisse Ordnung. So entstanden die vier Evangelien, deren Verfasser (Redakteure) unter den Namen Matthäus, Markus, Lukas und Johannes bekannt sind und ihrerseits die jeweiligen Gemeinden, denen sie angehörten, repräsentieren. Die apostolische Gemeinschaft feiert nun die Eucharistie als Vergegenwärtigung des Auferstandenen und seiner Hingabe aus Liebe und gestaltet darüber hinaus andere Feiern, in denen die ersten Elemente des Glaubensbekenntnisses, eines Identitätsmerkmals der entstehenden Gemeinschaft der Gläubigen, auftauchen.

Die Kronzeugen dieser neuen Situation sind Petrus und Paulus. Petrus, weil er der Este war, der den Glauben an Jesus als den Christus und Sohn Gottes bekannte (Mt 16,16). Doch wohlgemerkt: Die Kirche ist nicht auf der Person des Petrus aufgebaut, der bald nachdem er sein Glaubensbekenntnis abgelegt hat, von Jesus als »Stein des Anstoßes« und »Satan« (Mt 16,23) bezeichnet wird, weil er kein Verständnis für das Schicksal Jesu als das des leidenden Gottesknechts hatte. Sein Glaubensbekenntnis führte dazu, dass Jesus seinen Namen von Simon in Petrus, Fels, abänderte, und auf diesem Felsen – das heißt auf diesem Glaubensbekenntnis – wollte er seine Kirche aufbauen (Mt 16,18). Die beste konkrete Definition der Kirche lautet tatsächlich: *communitas fidelium*, Gemeinschaft der Gläubigen, aufgebaut aus Menschen, die sich zum selben Glauben bekennen, wie es Petrus vor ihnen getan hatte.

Der zweite Hauptprotagonist ist Paulus. Er kannte den historischen Jesus nicht (»dem Fleische nach«), doch er machte seine persönliche Erfahrung mit dem Auferstandenen (»dem Geiste nach«), als er auf dem Weg nach Damaskus eine Stimme vernahm, die sagte: »Saul, warum verfolgst du mich? [...] Ich bin Jesus, den du verfolgst« (Apg 9,4–5). Auf eigene Verantwortung und ohne jemanden um Erlaubnis zu fragen beginnt er eine ausgedehnte missionarische Arbeit, insbesondere unter den Griechen, denen er Jesus als den Sohn Gottes verkündete.

Diese Verkündigung hatte nicht nur einen speziellen theologischen Inhalt, da sie Jesus in die Sphäre der Gottheit erhob und die Existenz des Vaters voraussetzte (vom Sohn zu reden setzt einen Vater voraus), sondern hatte darüber hinaus einen deutlichen und gefährlichen politischen Beiklang. Denn die römischen Kaiser nahmen für sich den Titel »Sohn Gottes« in Anspruch. Zu verkündigen, dass Jesus der einzige Sohn Gottes sei, bedeutete eine direkte Konfrontation mit der imperialen Theologie und war mit der Gefahr verbunden, sich des Verbrechens der Majestätsbeleidigung schuldig zu machen. Und Paulus war sich dessen bewusst.

Nachdem Paulus lange Reisen nach Kleinasien und Griechenland unternommen hatte, ging er nach Jerusalem, um sich mit den tragenden Säulen der Urkirche, Petrus und Jakobus, zu treffen (Apg 15,3, Gal 1,19). Seine besondere Mission erfährt hier Anerkennung. Es kam dann zu einer Art Arbeitsteilung: Petrus predigte den Juden und Paulus den Heiden. Doch beide kamen in derselben Grundbotschaft von der Bedeutung des Todes und der Auferstehung Jesu, des Sohnes Gottes und Heilandes, und des Wirkens des Heiligen Geistes überein, der die Gemeinden mit seinen Gaben beschenkte und sie »begeisterte«.

Der Evangelist Lukas legt dem Auferstandenen die Formulierung eines kühnen Missionsprojektes in den Mund: »... ihr werdet die Kraft des Heiligen Geistes empfangen, der auf euch kommt, und werdet meine Zeugen sein in Jerusalem und in ganz Judäa und Samarien und bis ans Ende der Erde« (Apg 1,8).

Lukas rückt den Geist ins Zentrum, der der Kirche eine universale Dimension verleiht. Er wurde gesandt, damit alle Sprachen gesprochen werden. Deshalb zählt Lukas in der Apostelgeschichte zwölf verschiedene Völker auf, die die Nachricht von Christus, dem Heiland, in ihrer jeweiligen Sprache vernehmen. Nach orientalischem Verständnis, das Lukas hier voraussetzt und das seinen Hörern geläufig war, ist jedes Volk einem Sternbild geweiht. Die aufgeführten Völker (Apg 2,9–11), Parther, Meder, Elamiten usw., entsprechen sogar in ihrer Reihenfolge den Tierkreiszeichen. Damit wollte Lukas uns seine Überzeugung vermitteln, dass die Kirche eine universale Dimension hat.

Tatsächlich besitzt die Kirche dieselben Dimensionen wie der Auferstandene und der Geist, der ja stets der Geist Jesu Christi ist. In dieser Perspektive konnte Irenäus von Lyon formulieren: »Wo die Kirche ist, da ist der Geist Gottes, und wo der Geist Gottes ist, da ist die Kirche und alle Gnade« (Adversus Haereses III,38,1).

Die Kirche lebt vom Geist, sie ist das Sakrament des Heiligen Geistes. Man sollte, wie wir in den vorherigen Kapiteln gesehen haben, gut im Auge behalten, dass der Geist am Ursprung aller großen Werke steht: der Schöpfung (Gen 1,1), der Schaffung des Volkes Israel, des Erstehens seiner politischen Führungsgestalten (Ri 13,25; 1 Sam 11,6), des Auftretens der inspirierten Propheten (Joël 3). Schließlich kam er endgültig in Maria und stand am Ursprung der Empfängnis Jesu und seiner Berufungserfahrung bei der Taufe am Jordan und kam dann mit einem Brausen zu Pfingsten auf die um die Apostel versammelte Gemeinschaft in Jerusalem herab. Der Geist ist es auch, der die Entscheidung, zu den Heiden zu gehen, eingibt (»dem Heiligen Geist und uns hat es gefallen ...«; Apg 15,28) und auf diese Weise der entstehenden Kirche ihre konkrete universale Gestalt verleiht, die damit eben nicht zu einer »Sekte der Nazarener« (Apg 24,5, 28,22) wird. Und schließlich ist der Geist in der eucharistischen Epiklese anwesend, wenn er herabgerufen wird, um Brot und Wein in den Leib und das Blut des Herrn zu verwandeln.

Die Charismen: Organisationsprinzip der Gemeinschaft

Die Ekklesiologie der Schultheologie zog den physischen Leib Christi als Vergleich heran und fasste die Kirche als mystischen Leib Christi auf. So wie der Leib viele Glieder mit unterschiedlichen Funktionen hat, so gibt es auch in ähnlicher Weise innerhalb der Kirche viele Glieder mit besonderen Aufgaben. So argumentierte die bekannte Enzyklika *Mystici Corporis Christi* von Papst Pius XII. (1943), die die Sichtbarkeit, die Vielfalt und die Einheit der Kirche ausgehend vom physischen Leib Christi herleitete.

Es ist wichtig festzuhalten, dass diese Art von Ekklesiologie die tief greifenden Veränderungen nicht beachtete, die der Leib Christi durch die Auferstehung erfuhr. Sein fleischlicher Leib wurde in einen geistlichen Leib verwandelt (1 Kor 15,44 ff). Ein geistlicher Leib bildet die neue Seinsweise des auferstandenen Jesus, der nun die Merkmale des Geistes angenommen hat und nicht mehr in der Raum-Zeit eingeschlossen, sondern frei ist und eine kosmische Dimension besitzt, wie dies Paulus im Kolosser- und im Epheserbrief betont. Hier erscheint der kosmische Christus, der Geist wurde (2 Kor 3,17), das heißt die Merkmale und Dimensionen des Geistes angenommen hat, welcher das Antlitz der Erde erfüllt und »weht, wo er will« (Joh 3,7). »Der Herr aber ist der Geist und wo der Geist des Herrn ist, da ist Freiheit« (2 Kor 3,17).

Die Kirche ist der auferstandene und vergeistigte Leib Christi. Wenn dieser Leib keine Begrenzungen mehr kennt, dann kann sich auch die Kirche nicht in den hermetisch abgeschlossenen Räumen ihrer Lehre, ihrer Riten, ihrer Liturgie und ihrer Rechtsvorschriften verschanzen. Es kommt darauf an, die Manifestationen des Geistes außerhalb der Kirche, innerhalb des Evolutionsprozesses und in der Geschichte, zu erfassen und mit ihnen zu wachsen, den Mut zu haben, stets vollkommener zu werden und sich für die unausweichlichen Veränderungen als möglichst nützlich zu erweisen. Diese Entwicklungen finden nicht außerhalb des Wirkens des Geistes statt, denn die Heilsgeschichte ist keine Alternative zur menschlichen Geschichte, sie vollzieht sich vielmehr in derselben.

Die Kirche muss lernen, das Wirken des Geistes in all jenen zu erkennen, die in der Wahrheit und in der Liebe leben, in den Menschen, die sich in den sozialen Bewegungen und in den Kämpfen um Gerechtigkeit und Menschenrechte engagieren, inmitten der Armen (der Geist wird schließlich in der Liturgie als »Vater der Armen bezeichnet), die an dem Leiden Christi Anteil haben und mit ihm auferstehen wollen. Der Geist handelt also außerhalb des kirchlichen Bereichs und kommt stets früher als der Missionar, denn er wird überall und in all jenen Menschen gegenwärtig, die die Liebe, die Vergebung, das Mitleid, die Solidarität und den achtsamen Umgang mit der Schöpfung leben.

Falls sich die Kirche dem Geist verschließt, dann läuft sie Gefahr, sich zu verhärten, ein Hort des Konservativismus und ein Instrument der Unterdrückung und damit zu einem Anti-Zeichen zu werden, das der Lebendigkeit des Geistes widerspricht.

Der Geist regt eine besondere Organisationsform der Kirche an, die sich von der klassischen unterscheidet, welche um die *sacra potestas* (die heilige Gewalt) als Mittelpunkt strukturiert war, die in den Händen nur weniger konzentriert war: des Papstes, der Bischöfe, der Presbyter und der Diakone. Diese hierarchische Organisationsform hat sich historisch durchgesetzt, sie hat jedoch zu andauernden internen Spannungen geführt, da sie nicht auf einer Gemeinschaft von Gleichen aufruht (»Denn durch einen Geist sind wir alle zu einem Leib getauft worden [...] und alle wurden wir mit einem Geist getränkt« [1 Kor 12,13]), sondern auf einer hierarchisch verfassten Gemeinschaft – was ja bereits einen Widerspruch darstellt, denn der Begriff Gemeinschaft schließt bereits Hierarchie aus und kennt nur Unterschiede hinsichtlich der Funktion zum Wohl aller, jedoch eingebettet in eine grundsätzliche Gleichheit aller Kinder Gottes, die füreinander Geschwister sind.

Für Paulus ist die Kirche eine Gemeinschaft, die von der Gegenwart des Auferstandenen durchdrungen und vom Geist belebt ist. Sie ist eine Gemeinschaft von Charismen und Diensten. Das Charisma ist für ihn nichts Außergewöhnliches, sondern vielmehr etwas Alltägliches. Charisma bedeutet einfach die Rolle, die ein jeder innerhalb der Gemeinde zum Wohl aller ausfüllt (1 Kor 12,7; Röm 12,4, Eph 4,7). Es gibt kein Gemeindemitglied, das nicht »charismatisch« wäre, das heißt, das keinen Nutzen hätte und keinen bestimmten Platz innerhalb der Gemeinde ausfüllte (Röm 12,5).

Alle erfreuen sich der gleichen Würde. Es gibt keine Privilegien, welche die Gemeinschaft zerstören. »Das Auge kann nicht zur Hand sagen: ich brauche dich nicht!, ebenso wenig der Kopf zu den Füßen: ich brauche euch nicht!« (1 Kor 12,21). Die Goldene Regel lautet: »... Gott hat bei der Zusammensetzung des Leibes dem Minderbeachteten größere Ehre verliehen, damit im Leib kein Zwiespalt entsteht, sondern *alle Glieder einträchtig füreinander sorgen*« (1 Kor 12,25).

Wie sehr unterscheidet sich doch dieser Stil der Organisation der Gemeinde von der hierarchischen, in der einige alle Macht, das Wort und die Entscheidungsgewalt an sich reißen und dem Laien sagen: »Du hör zu, gehorche, stell keine Fragen und mach einfach das, was man dir sagt.« Es ist die perfekte Herrschaft des Kopfes über die Füße, der Hände über das Herz. Hier wird leider vergessen, dass die Kirche nicht nur auf dem Fundament der Apostel errichtet ist, die privilegierte Zeugen sind, da sie mit Jesus zusammenlebten und von daher ihre Autorität ableiten, sondern auch auf dem Fundament der Propheten (Eph 2,20) und Lehrer (Eph 4,1; 1 Kor 12,28). Die Hierarchie ist Trägerin des Charismas der Leitung und der Schaffung von Einheit, doch dieses Charisma darf andere Charismen nicht verdrängen, wie dies häufig geschieht. Deshalb ermahnt Paulus streng: »Löscht den Geist nicht aus!« (1 Thess 5,19).

Das Wirken Gottes in der Gemeinde zeigt sich in einer großen »Vielfalt von Gaben« oder »Charismen« (1 Kor 12,5). Wir haben es hier mit Diensten zu tun, die der Apostel aufzählt (1 Kor 12,8–10; Röm 12,6–7; Eph 4,11–12). Einige betreffen gelegentlich auftretende Situationen, wie der Dienst der Barmherzigkeit (Röm 12,8) oder der Ermahnung (Röm 12,8), der Heilung und Wundertaten (1 Kor 12,9); andere beziehen sich auf die dauerhaften strukturellen Notwendigkeiten wie etwa das Charisma der Lehre, der Leitung, der Unterscheidung der Geister (1 Kor 12,10; Eph 4,11; Röm 1,8). Daraus entsteht eine Kirche als geschwisterliche Gemeinschaft, die innerhalb einer dem Verfall anheimgefallenen, ja sogar feindlichen Welt dieselben Ziele der Heiligkeit und des Zeugnisses verfolgt.

Wir können sagen, dass diese Art, die Kirche zu organisieren, nicht nur den ersten Christen vorbehalten war. Sie gewinnt heute in den Basisgemeinden neue Gestalt, in denen alle gleichermaßen teilnehmen und die verschiedenen Aufgaben untereinander aufteilen, aber auch in den charismatischen Gruppen und im Ordensleben, wo Gemeinschaft Geschwisterlichkeit und ein Zusammenleben bei allen Unterschieden im Vordergrund stehen, die als Reichtum betrachtet werden und nicht zu Ungleichheit führen.

Das Charisma der Einheit: Ein Charisma unter anderen

Innerhalb der christlichen Gemeinde gibt es jegliche Art von Charisma und Dienst: »... jeder hat seine besondere Gnadengabe von Gott, der eine so, der andere so« (1 Kor 7,7), denn: »Jedem [...] wird die Offenbarung des Geistes verliehen zum allgemeinen Nutzen« (1 Kor 12,7). Alle Charismen tragen zum Aufbau der Kirche bei. Doch es muss eine gewisse Ordnung unter ihnen herrschen, wenn keiner sich über den anderen erheben, keine Konkurrenz untereinander und keine Verwirrung entstehen soll, wie es Paulus in ersten Brief an die Korinther beklagt (1 Kor 12,12–31).

Es gibt einige, die in übertriebener Weise in Zungen reden, bis niemand mehr etwas versteht. Deshalb empfiehlt Paulus: »... aber in der Gemeindeversammlung will ich lieber fünf Worte mit Verstand reden, um auch andere zu unterweisen, als zehntausend Worte in Zungenrede« (1 Kor 14,19), die niemand versteht. Der Zungenredner muss jemanden haben, der ihn auslegt: »Ist jedoch kein Ausleger anwesend, soll man in der Gemeindeversammlung schweigen und für sich allein vor Gott reden« (1 Kor 14,28).

Um etwaige Konflikte beizulegen, schlägt Paulus den besten Weg vor (1 Kor 12,31), nämlich die Liebe, deren Lob zu einem der wirklichkeitsverbundensten und tiefsten Texte der Bibel und der Literatur überhaupt geworden ist (1 Kor 13,1–13), denn: »Die Liebe ist langmütig, gütig ist die Liebe, sie ist nicht eifersüchtig, die Liebe prahlt nicht, sie bläht sich nicht auf. Sie handelt nicht taktlos, sie sucht nicht den eigenen Vorteil; sie lässt sich nicht erbittern, sie trägt das Böse nicht nach. Sie freut sich nicht über das Unrecht, freut sich vielmehr mit an der Wahrheit. Alles deckt sie zu, alles glaubt sie, alles hofft sie, alles duldet sie. Die Liebe hört niemals auf [...] Jetzt bleiben Glaube, Hoffnung, Liebe, diese drei; doch am größten unter ihnen ist die Liebe« (1 Kor 13,4–8,13).

Die Liebe ist eine Atmosphäre, die alle Beziehungen durchdringen muss. Die Liebe allein jedoch vermag nicht alles, wie Paulus im oben zitierten Text nahelegt. Der ganze große Strauß aller anderen oben genannten Tugenden muss mit ihr einhergehen, wenn sie nicht bloß ein Gefühl bleiben, sondern zu einem Lebensprojekt der Öffnung auf alle hin und der Annahme aller werden soll.

Es gibt eine Frage, die in jeder Gemeinde immer wieder beantwortet werden muss: Wer sorgt für den inneren Zusammenhalt und wer koordiniert alle Charismen, damit sie allen dienen? Hier ergibt sich die Notwendigkeit eines Charismas der Integration, der Koordination und der Animation. Es darf nicht als Charisma der Anhäufung, der Unterordnung, ja sogar der Ausschaltung anderer Charismen in Erscheinung treten. Doch wir haben es mit einem Charisma zu tun, das zusammenführen, vereinen, verbinden, die einen stärken und andere, die zu weit gehen, mäßigen soll, um den Lebensprozess der Gemeinde nicht zu beeinträchtigen. Dies ist die Rolle des Charismas der »Leitung, des Vorsteheramtes, der Dienstleistung und Führung« (1 Kor 12,18; 16,16; 1Thess 5,12; Röm 12,8).

Allgemein können wir sagen, dass im Zweiten Testament keine Dienstämter im eigentlichen Sinne, sondern einfach nur Diener existieren. In diesem Sinne wird an verschiedenen anderen Stellen von *epískopoi* (Bischöfen), *presbýsteroi* (Presbytern) und *diákonoi* (Diakonen) gesprochen. Doch grundsätzlich stehen weder der Bischof, noch der Presbyter oder der Diakon in Verbindung mit den Sakramenten oder dem Gottesdienst. Die Rolle des Bischofs, so, wie sie allgemein akzeptiert ist, ist es, darüber zu wachen und mit ordnender Hand dafür zu sorgen, dass alles in der Gemeinde zur Zufriedenheit läuft. Der Diakon ist ein Assistent oder Helfer der Gemeindeleitung. Der Presbyter ist ein Erbe der jüdischen Tradition: Er war jemand aus der Gruppe der Ehrbaren und Älteren (das ist die wörtliche Bedeutung), denen man größere Weisheit und Klugheit unterstellte und die deshalb das Gemeindeleben koordinierten. Für unsere Ohren, die an byzantinische Titel gewohnt sind, die mit dem Hofstaat und Palast zu tun haben (Monsignore, Seine Hochwürden, Seine Exzellenz, Seine Eminenz, Seine Heiligkeit), ist es ein Ärgernis, dass das Zweite Testament profane Bezeichnungen verwendet, die bloße Aufgaben im Dienst der Gemeindeleitung benennt.

Das spezifische Charisma derer, die eine Funktion in der Gemeindeleitung ausüben, kann deshalb nicht darin bestehen, mehr Macht anzuhäufen, sondern darin, zu integrieren. Es zielt darauf ab, das notwendige harmonische Zusammenspiel aller anderen Charismen zu gewährleisten und auf diese Weise die komplexe und reichhaltige Einheit der kirchlichen Gemeinschaft herzustellen.

Dieses so bedeutende Charisma setzt, wie man vermuten kann, andere Charismen voraus, wie zum Beispiel das der Dialogfähigkeit, der Geduld, des aufmerksamen Zuhörenkönnens, der heiteren Gelassenheit, des gesunden Hausverstandes und der Unterscheidung der Geister, um zu erkennen, ob es bei den einen nur um den eitlen äußeren Schein, die Selbstdarstellung oder darum geht, das Charisma zum eigenen Vorteil zu nutzen. Es ist wichtig, ermahnen zu können und den Mut zu haben, Übertreibungen entgegenzutreten, um andere, einfachere und kaum sichtbare Charismen nicht zu ersticken.

Gegenwärtig wird diese Rolle in den Basisgemeinden vom Koordinator oder der Koordinatorin oder besser von der Gruppe ausgeübt, die für Koordination und Animation zuständig ist. In der Pfarrgemeinde ist es der Pfarrer, dem diese Aufgabe zukommt, in der Diözese der Bischof, und für die Weltkirche insgesamt leistet dies der Papst. Aufgrund des Charismas der Einheit sind es im Allgemeinen auch diese Personen, die der Feier des Gottesdienstes vorstehen. Sie sind auch an erster Stelle verantwortlich für die rechte Weitergabe des Glaubens und für die Koordinierung der karitativen Aufgaben. Doch sie tun dies stets in organischer Verbundenheit mit der Gemeinde und deren Charismen, damit ihre Rolle sich nicht verfestige, sich weder verselbstständige noch – und darin besteht die ständige Versuchung der Macht – zu übertriebener Selbstbehauptung, überheblichem Gebaren und Kommandoerteilung verkommt.

Die notwendige Koexistenz verschiedener Modelle von Kirche

Leider hat sich dieses charismatische Modell von Kirche historisch nicht durchgesetzt. Es blieb gleichsam eine geistige Haltung und Atmosphäre, aus der heraus man die Kirche als Gemeinde und Gemeinschaft im Licht der trinitarischen Gemeinschaft verstehen konnte. Trotz der hierarchischen Verfasstheit war diese geistige Haltung im ganzen ersten Jahrtausend der Kirchengeschichte lebendig. Dennoch errang sie niemals die Vorherrschaft. Aus Gründen, die hier nicht im Detail erörtert werden können, gewann die Auffassung von Kirche als *societas perfecta*, als vollkommene Gesellschaft, die Oberhand, die hierarchisch strukturiert und in zwei Stände aufgeteilt ist: den Klerikerstand und den Laienstand.

Es handelt sich dabei um zwei strikt voneinander getrennte Welten, wie klar aus der Formulierung Papst Gregors XVI. (1831–1846) hervorgeht: »Niemandem kann es unbekannt sein, dass die Kirche eine ungleiche Gesellschaft ist, in der Gott die einen zum Herrschen und die andern zum Dienen bestimmt hat. Diese sind die Laien, jene die Kleriker« (zitiert bei Schmaus 1970, 102). Nach Papst Pius X. (1903–1914) ist die Mauer, die Kleriker und Laien voneinander trennt, noch schwerer zu überwinden: »Allein das Kollegium der Hirten hat das Recht und die Autorität [...] zu lenken und zu führen. Die Mehrheit hat kein anderes Recht, als sich führen zu lassen und als folgsame Herde ihren Hirten zu folgen« (zitiert nach Boff 1985, 248–249). Hier wird eine Funktion mit einer bestimmten Gruppe identifiziert. Innerhalb einer vernünftigen Ekklesiologie geht es jedoch nicht um zwei Fraktionen in der Kirche, sondern um zwei unterschiedliche Funktionen, die alle Ausdrucksgestalten der Gemeinde und Dienst an der Gemeinde sind.

Das Zweite Vatikanische Konzil (1962–1965) wollte das Gleichgewicht wiederherstellen, indem es die Kirche grundsätzlich als Volk Gottes definierte (vgl. das zweite Kapitel der Konzilskonstitution *Lumen Gentium*) und erst auf diesem allgemeinen Fundament die Hierarchie zum Thema machte (Kap. III von *Lumen Gentium*). Doch diese Umkehr des Verhältnisses wurde wiederum von der Ekklesiologie der römischen Kurie rückgängig gemacht, die die Unterstützung der Päpste Johannes Paul II. und Benedikt XVI., erhielt. Sie rückten anstelle der Gemeinschaft aller die Strukturen der *sacra potestas* wieder in dem Mittelpunkt und verhinderten so die erhoffte institutionelle Erneuerung. Die Bischofssynode, die Kollegialität und der Päpstliche Rat für die Laien wurden ihrer Bedeutung beraubt und zu bloßen beratenden Organen ohne jegliche Entscheidungsbefugnis hinsichtlich des Weges der Kirche. Alles blieb auf die Gestalt des Papstes hin konzentriert. Das Papstamt stellt eine so umfassende und übermenschliche Aufgabe dar, dass Papst Benedikt XVI. angesichts dessen seine Ohnmacht empfand und merkte, dass er weder körperlich noch psychisch oder spirituell die nötige Kraft hat, die Kirche zu leiten. Folgerichtig rang er sich zu einer ungewöhnlichen Geste der Demut durch und trat am 28. Februar 2013 von seinem Amt zurück.

Die oben zitierten Auffassung Gregors XVI. und Pius' X. sind Lichtjahre von der Botschaft Jesu entfernt, der lehrte: »Ihr aber sollt euch nicht Rabbi nennen lassen; denn nur einer ist euer Meister, ihr alle aber seid Brüder und Schwestern« (Mt 23,8). Ebenso befreiend klingen die Sätze, die Paulus formuliert: »Ihr alle seid also durch den Glauben Söhne und Töchter Gottes in Christus Jesus. Denn ihr alle, die ihr auf Christus getauft seid, habt Christus angezogen. Da gibt es nicht mehr Juden und Griechen, Sklaven und Freie, da gibt es nicht Mann und Frau. Denn ihr alle seid einer in Christus Jesus« (Gal 3,26–28).

Diese klerikalistische und exklusivistische Auffassung von Kirche begann sich seit 325 allmählich durchzusetzen, als Kaiser Konstantin den Klerikern eine politische Führungsrolle zugestand, was seit 392 unter dem Kaiser Theodosius († 395), der das Christentum zur einzig legitimen Staatsreligion erhob, auch offiziell bestätigt wurde. Seither diente die Kategorie der *sacra potestas*, der heiligen Gewalt, als Strukturprinzip für die ganze Kirche. Papst Leo der Große, der den Niedergang des Römischen Reiches erlebte, nahm selbst den Titel an, den bis dahin die Kaiser führten, nämlich Papst, und legte die Worte Jesu an Petrus (Mt 16,16) in einem strikt juridischen Sinne aus. Damit nahm er die Weichenstellung für die Zukunft der Kirche als einer politischen Macht mit all dem vor, was zur Macht gehört: Gepränge, Paläste, höfische Gepflogenheiten, die Kleidung, wie sie vorher die Kaiser trugen, wie etwa Purpur, goldener Stab, ein prächtiger Umhang (Mozeta) und die Stola als Symbole der Macht, wurde nun von den Päpsten übernommen, die im Gegensatz zu allem, was Jesus wollte, zu Herren der Welt wurden.

Ab nun sollte sich alles um die *sacra potestas* drehen, die sich ihrerseits, um selbst an Einfluss zu gewinnen, mit anderen Mächten verband. Zur großen Wende kam es, als sich Papst Gregor VII. († 1085) in seinem Dekret *Dictatus Papae* selbst zum Inhaber zweier Gewalten ausrief: der politischen und der religiösen. Dies war ein Handstreich, der alles Maß überschritt, doch dieses Selbstverständnis machten sich auch andere Päpste zu eigen wie Eugen III. († 1152), gegen den dann sogar Bernhard von Clairvaux († 1153) das strenge Urteil formulierte: »Dieser Papst war eher der Nachfolger Konstantins als der Nachfolger Petri.«

Die Päpste verstanden sich tatsächlich nicht mehr als Nachfolger des demütigen Fischers Petrus. Sie machten sich zu Nachfolgern des verherrlichten Christus und vergaßen dabei völlig den armen Christus aus der Krippe von Betlehem und den nackten Christus am Kreuz. Ja mehr noch: Sie riefen sich zu Stellvertretern Gottes auf Erden aus! So erklärte es etwa Innozenz III. († 1254). Folgerichtig entschied Papst Nikolaus V. († 1455) im Vertrag von Tordesillas, als ob er Gott selbst wäre, wie der Besitz der von Portugal und Spanien entdecken neuen Welt aufzuteilen wäre. Damit war das Recht verbunden, sich die Ländereien und Reichtümer der dort lebenden Völker anzueignen, diese zu unterwerfen und alle zu versklaven, die sich der Bekehrung zum christlichen Glauben und der Anerkennung der Herrschaft der jeweiligen Könige widersetzten.

Der Kreislauf der Macht wurde geschlossen, als das Erste Vatikanische Konzil unter Papst Pius IX. erklärte, dass der Papst immer dann unfehlbar sei, wenn er sein offizielles Lehramt wahrnehme und sich zu Fragen der Moral und der Sitten ausgestattet mit der Macht äußere, die ihn an die Seite Gottes stellt. Das Kirchenrecht spricht in diesem Zusammenhang von der »obersten, ordentlichen, vollen, unmittelbaren und universalen Vollmacht« (Kanon 331).

Dieser Aufstieg der Kirchenhierarchie zu immer mehr Macht bewirkte eine Entfremdung vom Volk Gottes und von den Armen. Wo die Macht die Vorherrschaft gewinnt, verschließt man sich der Liebe und der Barmherzigkeit. Die auf der Macht begründete Institution wird sehr leicht starr und unbeugsam, konservativ und jeglicher Neuerung feindlich gesinnt. Die Charismen geraten unter Verdacht und die Mystiker werden streng überwacht, wenn nicht gar verfolgt. Die Kirche beugt sich letztlich der Logik aller Macht, so wie sie Thomas Hobbes in seinem Leviathan treffend beschrieben hat: »Die Macht will stets mehr Macht, denn sie kann die Macht nur unter der Voraussetzung sichern, dass sie nach immer mehr Macht strebt.«

Das Verhängnisvolle an diesem Kurs ist, dass er niemals in Abrede gestellt, korrigiert oder der reinigenden Kritik des Evangeliums und der Praxis des demütigen, armen Jesus, des verfolgten Propheten und leidenden Gottesknechts, unterzogen wurde. So haben wir es heute mit einer Hierarchie zu tun, die die Sitten und Gebräuche der Paläste und herrschaftlichen Höfe pflegt und zur Schau stellt. Sie steht dem Palast des Herodes näher als der Krippe von Betlehem.

Bei den großen liturgischen Feiern, die im Fernsehen übertragen werden, sieht man fürstlichen Pomp, der unzeitgemäß und grotesk wirkt, und man sieht Kardinäle und Bischöfe eitel in ihren reichen und bunten Gewändern einherschreiten. Das ist wahrhaftig ein Skandal, und als solcher wird er auch von den einfachen Gläubigen empfunden, wenn sie den Prunk einer Weihnachtsmesse im Petersdom erleben und diesen mit dem vergleichen, was im Evangelium über den Stall von Betlehem in seiner Unwirtlichkeit und Armseligkeit geschrieben steht. Die Geburt des Gottessohnes fand an einem Ort statt, an dem sich die Tiere aufhalten.

Dieser Widerspruch scheint allerdings von denen nicht wahrgenommen zu werden, die sich selbst als die Nachfolger der Apostel dünken und nicht mehr bloß Fischer, sondern Fürsten mit dem Gefolge und den Palästen sind, wie sie für die Fürsten dieser Welt typisch sind. Auf den Steinbauten des Vatikans würde Jesus niemals seine Kirche bauen, sehr wohl aber auf den armseligen Ziegeln der Gemeindezentren, in denen die Armen zusammenkommen, um das Evangelium Jesu zu hören und zu meditieren.

Gegenwärtig stehen sich zwei Modelle von Kirche in asymmetrischer Weise gegenüber: ein Modell von Kirche als Gesellschaft, das pyramidenförmig, hierarchisch, zentralistisch ist und Ungleichheit schafft, und ein anderes, gemeinschaftliches horizontales, dezentralisiertes und egalitäres Modell. Das erste beruft sich auf den verherrlichten Christus, das zweite auf den Geist, den »Vater der Armen, das Licht der Herzen und den großen Tröster«. Dieses Modell steht der Kirche der ersten Christen näher, die eine Gemeinde von Brüdern und Schwestern in der Nachfolge des demütigen und armen Jesus bildeten, die jedoch vom Geist beseelt war, der sich in den verschiedenen Diensten an der Gemeinschaft (Charismen) offenbart. Diese Kirche ist vom Traum Jesu inspiriert: von seinem Reich der Liebe, der Gerechtigkeit, der Vergebung und der Barmherzigkeit, im Wissen darum, dass alle im einen Sohn Jesus Söhne und Töchter Gottes sind.

Das andere, hierarchische und pyramidale Modell ist auf die Wechselfälle der Geschichte zurückzuführen, die die Hierarchie durchlief, wobei es stets zu Spannungen und religiösen (Häresien, Konfrontation zwischen Ost- und Westkirche) sowie politischen (Investiturstreit, Machtkampf mit Königen und Fürsten, deren Absetzung und Einsetzung, erlittene Verfolgungen und umgekehrt selbst verfolgend) Konflikten kam. Dieses Modell von Kirche hält der Prüfung durch das Evangelium nicht stand, das Macht als Dienst versteht. Was die Oberhand gewann, war die Hierarchie (heilige Herrschaft), und nicht die Hierodoulie (heiliger Dienst). Letzteres entspräche dem Ideal Jesu und der Apostel (Mk 10,42–45; Mt 23,11), das jedoch vom gegenwärtigen Modell der weitgehend degenerierten und in einigen Teilen korrupten Institution verraten wird.

Doch trotzdem gab es auch innerhalb dieses Modells von Kirche große Heilige, Männer wie Frauen gleichermaßen, Priester, Ordensleuten, Bischöfe, Kardinäle, ja sogar prophetische Päpste mit hervorragenden Tugenden, welche trotz dieser Widersprüche und mitsamt ihnen den Traum Jesu vom Reich Gottes lebten und den Geist der Seligpreisungen bezeugten. Auch in zerbrechlichen und zuweilen schmutzigen Gefäßen wurden der Inhalt des Evangeliums und das Erbe Jesu aufbewahrt. Deshalb müssen wir diese Schatten als die Schatten unserer eigenen Kirche annehmen, die heilig und Sünderin zugleich ist und dennoch niemals aufhörte, das Licht Christi und die Lebenskraft des Geistes auszustrahlen.

Das Modell der Kirche als Gemeinschaft und als Netz von Gemeinschaft fordert eine Kirche, die sich als Gesellschaft und hierarchisch verfasste Kirche der Macht versteht, stets dazu heraus, sich an der Praxis Jesu zu messen und in ihrem Inneren trotz aller ihr vorgegebenen engen Grenzen den Wert der Gemeinschaft zu verwirklichen. Diese stellt die höchste Gabe des Glaubens dar, denn sie ist das Wesen des dreieinigen Gottes selbst, der ewiglich Gemeinschaft von Vater, Sohn und Heiligem Geist ist. Diese Modelle existieren heute nebeneinander, nicht ohne Spannungen, die aber bis heute nicht zu einem schismatischen Bruch geführt haben.

In der planetarische Phase der Menschheitsgeschichte entspricht die Zukunft der Kirche wahrscheinlich der Vision des Paulus von kleinen Gemeinschaften, die sich in die verschiedenen Kulturen einfügen, ihr je eigenes Antlitz bekommen, die Unterschiede annehmen und sich mit anderen christlichen Kirchen und Religionen verbünden, um zusammen die heilige Flamme des Geistes am Leben zu erhalten, die im Inneren einer jeden Person, in der Geschichte der Völker und der ganzen Menschheit und – warum sollten wir es nicht sagen? – im Herzen des Universums selbst in seinem Evolutionsprozess brennt. Sie ist die Gegenwart des Reiches Gottes, und die Kirche ist – welchem Modell sie auch immer folgt – das Sakrament dieser Gegenwart in der Welt, das Sakrament Christi und seines Geistes; es ist die Kirche Gottes.

XII.
Spiritualität: Leben im Geist

Die Christen innerhalb einer erneuerten Kirche, insbesondere in Lateinamerika, entwickelten eine Spiritualität der Nachfolge Jesu, der lebte, starb und auferstanden ist. Jesus nachfolgen heißt an seinem Leben teilnehmen, sich sein Projekt des Reiches Gottes zu eigen machen, sich an seiner Praxis der bedingungslosen Liebe zu orientieren, besonders der Liebe zu den Armen, und, wenn es sein muss, sein Schicksal zu teilen. Letzteres war bei den vielen Menschen der Fall, die wegen ihres Engagements für die Gerechtigkeit und Befreiung der Armen den Märtyrertod erlitten. Darunter waren Laien. Ordensleute, Priester und auch Bischöfe.

Nun kommt es darauf an, die Spiritualität der Nachfolge Jesu durch eine Spiritualität zu ergänzen, die sich aus der Theologie des Heiligen Geistes nährt. Im Anschluss an Paulus prägte man den Ausdruck »Leben nach dem Geist« (Gal 5,16.25). Das dem Geist Eigentümliche ist Wirken und Gegenwart in allem und in allen, doch in besonders dichter Weise dort, wo die Realität verwundet und das Leben bedroht ist. Wir werden einige Grundzüge des Wirkens des Geistes herausarbeiten. Zuerst möchten wir die Lektion lernen, die wir vom Universum bekommen.

Der Geist: Die Energie, die alles durchdringt und belebt

Viele Kosmologen – etwa einer der bedeutendsten unter ihnen, Brian Swimme – gehen davon aus, dass das gesamte Universum und eine jede Seinsform, wie wir bereits zuvor gesehen haben, kontinuierlich von der geheimnisvollen und unbenennbaren

Hintergrundenergie geschaffen, durchdrungen und im Dasein gehalten wird. Sie gewinnt Gestalt in vier großen Ausdrucksformen: der Gravitation, der elektromagnetischen Kraft, der schwachen und der starken Kernkraft. Swimme nennt diese Hintergrundenergie den »schöpferischen Abgrund alles Seins«. Diese Energie ist jenseits der »Planck'schen Mauer« jener letzte Punkt, bis zu dem wir zurückgelangen können, unüberschreitbar, am Nullpunkt der Raumzeit, unmittelbar vor dem Urknall. Wir erfassen nur das, was nach dieser ersten und den Anfang setzenden Singularität kommt. Dieses »Zuvor« des Zuvor ist das, was die Theologie seit jeher »Spiritus Creator«, den Schöpfergeist, nennt.

Spirituell gewendet bedeutet dies: Bei jedem Kontakt mit unbelebten oder belebten Seinsformen treten wir in Gemeinschaft mit jener ursprünglichen Energie, ohne die nichts existiert und im Dasein gehalten wird. Es genügt nicht, um diese Letzte Wirklichkeit zu wissen. Man muss sie empfinden, man muss sie feiern, sie verehren und zulassen, dass sie Leib und Geist durchdringt und belebt. Auf diese Weise werden wir von Anfang an eine kosmische Spiritualität im Stil des Franziskus von Assisi leben. Er spürte, dass die Dinge, die ihn umgaben – die Blumen des Feldes, der Vogel auf dem Zweig und der Mensch, dem er begegnete –, permanent vom Geist geschaffen und im Dasein gehalten werden. Er lebte diese Erfahrung im Sinne einer universalen Geschwisterlichkeit. Bruder Sonne, Schwester Mond, Bruder Wolf, ja sogar Bruder Räuber pflegte er zu sagen.

Es gibt drei Grundmerkmale des kosmogenetischen Prozesses, in denen wir – in einem vom Glauben durchdrungenen naturwissenschaftlichen Denken – das Wirken des Geistes erkennen können.

Das erste Merkmal ist die Komplexität des einzigen, umfassenden Evolutionsprozesses. Unzählige ursprüngliche Energien und Teilchen sind es, die Seinsweisen ohne Zahl hervorbringen.

Der Geist erstreckt sich in alle Richtungen. Die Wirklichkeit ist nicht einfach, sondern komplex, das heißt, sie setzt sich aus unzähligen Faktoren, Energien und Elementen zusammen, die sich miteinander in Beziehung setzen und kombinieren, um das Hervorbrechen des Seins zu ermöglichen. Allein auf unserem blauen Planeten, der Mutter Erde, gibt es Billionen und Trillionen von Mikroorganismen, Abermilliarden von lebendigen Arten, mit einem Wort: eine überaus reiche Artenvielfalt.

Im Hinblick auf die Spiritualität bedeutet das: Wenn wir all unsere Sinne öffnen, um uns von dieser Komplexität beeindrucken zu lassen, dann machen wir die Erfahrung der Vielfalt der Gaben des Geistes, der unzähligen Wasserströme, die aus dieser schöpferischen Quelle von Sein und Leben hervorfließen. Wir geraten in Verzückung, wir werden von einem Zauber ergriffen und gelangen zur Ekstase der Meditation, die uns still und ehrfürchtig werden lässt.

Das zweite Merkmal ist die *gegenseitige Verbundenheit.* Alle Energien, selbst die virtuellen innerhalb des Higgs-Feldes, und die Seinsformen sind einander nicht entgegengesetzt oder zufällig in Raum und Zeit verteilt. Sie alle sind wechselseitig miteinander verbunden. In Wahrheit gibt es keine für sich bestehenden Energien oder Seinsformen. Alles steht in Beziehung zu allem. Es bilden sich Netze wechselseitiger Verbundenheit heraus, durch welche alles wechselseitig voneinander abhängig wird und sich so gegenseitig hilft, zusammen zu existieren und sich zusammen zu entwickeln.

Die Elementarteilchen (Hadrionen, Topquarks, Protonen, Neutronen usw.) bilden Atome, die Atome bilden Seinsformen, diese wiederum Organe, die in einen Organismus integriert sind. Es gehen leiblich verfasste Lebewesen daraus hervor, die zusammen ganze Arten bilden usw. Mit anderen Worten: Sie alle bilden die große kosmische, dynamische und für neu entstehende Seinsformen offene Gemeinschaft.

Im Hinblick auf die Spiritualität können wir sagen: Wenn wir die Myriaden von Sternen in einer dunklen Nacht betrachten, wenn wir uns von der Harmonie faszinieren lassen, die zwischen den einzelnen Seinsformen herrscht – die sich miteinander kombinieren, voneinander und füreinander existieren, ein geheimnisvolles Gleichgewicht aufrechterhalten –, wenn wir die Vielfalt der Kulturen, der Ethnien und der einzelnen Personen betrachten, dann kann man sich dem bewundernden Staunen und dem Zauber nicht entziehen, die uns ergreifen und uns mit Freude und unbändigem Staunen erfüllen.

Es gibt schließlich ein drittes Merkmal des Universums, die *Autopoiese*, das heißt die Fähigkeit des Universums, sich auszudehnen, an Komplexität zuzunehmen, sich selbst zu schaffen, indem es ein Spiel von Beziehungen ins Werk setzt. Diese Beziehungen bildeten sich bereits im ersten Moment des Urknalls heraus, und die gegenseitige Verflechtung nahm immer stärker zu, bis daraus komplexe und immer stärker strukturierte Ordnungen hervorgingen. Sie offenbaren in höchstem Maße Intelligenz und einen Plan, der nicht geleugnet werden kann.

Wenn wir auf die bereits 13,7 Milliarden Jahre währende Entwicklung von Energien und Materie zurückblicken, dann können wir erkennen, dass es einen Zeitpfeil gibt, der stets nach vorne und nach oben zielt. Von der Energie ging das Universum zur Materie über, von der Materie zum Leben, vom Leben zum individuellen und dann zum kollektiven und planetarischen Bewusstsein, und von dort aus zum transzendenten und universalen Bewusstsein. Deshalb gibt es Naturwissenschaftler und Quantenphysiker, die behaupten, das Universum sei mit Selbstbewusstsein ausgestattet. Das Bewusstsein ist in uns, weil es zuerst im Universum war. Wir sind in Wahrheit jener Teil der Erde, der empfindet, denkt, liebt, Achtsamkeit lebt und von Ehrfurcht durchdrungen ist.

Im Hinblick auf die Spiritualität bedeutet dies: Immer dann, wenn wir Ordnungen, organisierte Komplexe, Sinn und Bedeutung in der Natur oder in dem entdecken, was der Mensch in seinem Drang geschaffen hat, sein Leben und seinen Lebensraum zu gestalten, dann kommen wir in Berührung mit dem ordnenden Schöpfergeist, wie es das Buch Genesis mit der ersten Zeile der Bibel (Gen 1,1) andeutet. Unser Herz wird weit, unser Verstand öffnet sich, und wir entdecken, dass sich hinter den offenkundigen Ordnungen eine implizite Ordnung verbirgt, die für all die Ordnungen verantwortlich ist, wie der große Physiker und Nobelpreisträger David Bohm meint. Dieser Schöpfer und Erhalter der offenkundigen Ordnungen und der darin verborgenen impliziten Ordnung ist kein anderer als der Heilige Geist.

Der Geist des Lebens

»Der Geist des Lebens« (Röm 8,10) – Niemand schildert das Leben, das vom Geist herkommt, dramatischer als der Prophet Ezechiel in seiner Vision von der Wiederbelebung der ausgetrockneten Knochen: »Ich bringe Lebensatem [Geist] in euch, dass ihr lebendig werdet. Ich umgebe euch mit Sehnen uns bekleide euch mit Fleisch; ich überziehe euch mit Haut und bringe Lebensatem [Geist] in euch, dass ihr lebendig werdet« (Ez 37,5–6), Jesus, »mit Heiligem Geist und Kraft gesalbt«, »zog umher und tat Gutes ...« (Apg 10,38). Der Geist war es, der Jesus von den Toten auferweckte.

Zu sagen: »Der Geist ist Leben« bedeutet zu sagen, dass der Geist kontinuierlich das Leben hervorbringt, es trägt und sich an die Seite derer stellt, die dieses Leben am wenigsten haben. Ein großer Teil der Menschheit, insbesondere in Afrika und Lateinamerika, lebt in einer lebensfeindlichen Umwelt. Seit Jahr hunderten wurden diese Menschen von anderen Völkern beherrscht und ihre natürlichen Reichtümer wurden geplündert, um den Überfluss der Kolonialmächte damals und der neokolonialen Mächte heute zu garantieren. Sie setzten eine weltweite Arbeitsteilung durch: Die ökonomisch schwachen, aber ökologisch reichen Länder der Peripherie sind dazu verdammt, Güter der Natur (Rohstoffe, Mineralien, Getreide, usw.) zu exportieren, denen im Allgemeinen kein Wert durch technische Verarbeitung hinzugefügt wird, und die reichen Länder exportieren dorthin Technologien zu hohen Preisen, ohne jedoch eine Technologie bereitzustellen, die zum Vorteil der Länder der Peripherie wäre und ihre Eigenständigkeit fördern würde.

Die Folge davon ist, dass all diese ausgebeuteten Länder riesige Anstrengungen unternehmen müssen, um mit einem Minimum an Ressourcen, die ihnen ein anständiges Leben auf niedrigem Niveau garantieren können, zu überleben. Es ist ein Überlebenskampf ohne befreiende Fortschritte.

Diese Armut ist nicht naturgegeben. Sie wird von zutiefst ungleichen sozialen und wirtschaftlichen Beziehungen erzeugt, die Reichtum für die einen schaffen, indem sie große Armut und Ungerechtigkeit für die große Masse der Armgemachten verursacht.

Dem Geist nach leben bedeutet in dieser Situation, sich für das Recht der Armen auf Leben einzusetzen. Ein spirituelles Leben, das für das Leid der Armen unempfindlich ist, liegt völlig falsch und ist taub für den Anruf des Geistes. Wenn die Gläubigen auch noch so sehr beten, singen, tanzen und feiern und dabei kein waches Gespür für den Geist als den *pater pauperum*, den »Vater der Armen« haben, dann ist ihr Beten nichts als Selbstzufriedenheit, doch es führt nicht zu Gott. Der Geist mit seinen Gaben ist hier abwesend.

Treffend hat dies der in Nicaragua lebende baptistische Theologe Jorge Pixley formuliert: »Wenn der Heilige Geist dem nicht Leben schenkt, der das Leben nicht hat, dann ist seine lebenschaffende Kraft eine Lüge. In einer Welt, die eine Dritte und Vierte Welt hervorgebracht hat, ist das Ziel des spirituellen Lebens eher das Leben der Armen und nicht irgendwelche moralischen Klimmzüge der Gläubigen« (Pixley 1997, 235–236).

Die Option für die Armen und gegen deren Armut hat hier ihr theologisches Fundament. Der Geist ist unfehlbar auf der Seite der Armen, unabhängig von deren Moralität, einfach deshalb, weil sie des Lebens beraubt sind und der Geist will, dass sie das Leben haben. Doch er hat lediglich unsere Arme. Deshalb ruft er uns dazu auf, die Lebensbedingungen für diese Armen und diejenigen zu schaffen, die dazu verurteilt sind, den Tod ihrer unschuldigen Kinder aufgrund von Hunger und den Krankheiten, die er mit sich bringt, zu erleben.

Dem Geiste nach leben heißt um die Mittel zum Leben zu kämpfen: um die Gesundheit, um das Land, das man bebauen kann, um ein Dach über dem Kopf, um eine ausreichende Gesundheitsversorgung, um Sicherheit und ein Minimum an Bildung. Man kann keine wirkliche Liebe zum Leben haben und den Eingebungen des Geistes nicht treu sein, ohne sich für die Sache der Armen einzusetzen und dafür notfalls im Geist der Seligpreisungen zu leiden. Diese dringliche Aufgabe kann nicht einfach an den Staat und seine Sozialpolitik verwiesen werden. Sie stellt eine Herausforderung für alle Menschen dar, umso mehr für jene, die an den Geist des Lebens glauben.

Diejenigen, die sich für das Leben engagieren, sind auch gleichzeitig diejenigen, die tausend Gründe haben, es zu feiern, es zu besingen und fröhlich zu sein – sei es in den mit ihrem Kampf verbundenen Riten (zum Beispiel den sogenannten »místicas« der Landlosenbewegung) oder in den religiösen Feiern der Basisgemeinden und der großen Treffen.

In diesem Kontext müssen wir uns auf etwas beziehen, was wir bereits zuvor angesprochen haben: auf den Gegensatz zwischen Geist und Fleisch oder zwischen Geist und Welt. Dies hat mit dem Leben nach dem Geist und mit der konkreten, in der Geschichte verwurzelten Spiritualität zu tun.

Im biblischen Verständnis ist »Fleisch« kein Synonym für den Leib, denn der Leib steht nicht im Gegensatz zum Geist. Er ist vielmehr der Ort seines Wirkens und sein Tempel. Biblisch gesprochen meint »Fleisch« die Situation des Menschen im Verfall, der Lebensentwurf, der sich nur an den eigenen Interessen von Reichtumsanhäufung und Genuss orientiert, dem es an Solidarität und Mitleid mit dem Schicksal der Leidenden dieser Welt angesichts der allgemein herrschenden Ungerechtigkeit mangelt (Mitleid meint hier die Fähigkeit, sich an die Stelle des anderen zu versetzen). Mit einem Wort: Die Konsequenz des »Fleisches« ist das durch Ausbeutung, Demütigung und Versklavung erniedrigte und zerstörte Leben. (Wir erwähnen hier nur stellvertretend die Tausenden Frauen, die man mit falschen Versprechungen, Arbeit zu finden, gelockt hat und die zur Prostitution gezwungen wurden, den Handel mit Kindern, mit menschlichen Organen und Kinderarbeit, die der Sklavenarbeit gleicht). Paulus formuliert daher treffend: »Das Trachten des Fleisches führt zum Tod, das Trachten des Geistes aber zu Leben und Frieden« (Röm 8,6).

Leben dem Geiste nach heißt, sich nicht diesen Illusionen hinzugeben und nicht diesen Lügen auf den Leim zu gehen, wie sie uns die Werbung auftischt; das Bewusstsein für diese Perversitäten zu schärfen und den Mut zu haben, sie zu entlarven; sich als Einzelperson oder in Initiativen und Gruppen zu engagieren, die sich für die Rechte der Opfer einsetzen. Wer dem Geiste nach lebt, ist nicht länger Sklave seiner selbst und seiner individuellen Interessen; er öffnet sich für die anderen und erweist sich insbesondere den Bedürftigsten gegenüber als solidarisch, er will Freiheit nicht nur für sich, sondern für alle, angefangen bei denen, die am meisten unterdrückt sind. Diese

Entfernung von sich selbst als Mittelpunkt und diese Hinwendung zu den anderen ist charakteristisch für eine Spiritualität, die sich am Heiligen Geist orientiert.

Wie man sieht, sind »Fleisch« und Geist einander diametral entgegengesetzt. Es sind Lebensentwürfe, die einander ausschließen. Dasselbe gilt, wenn die Schrift den Geist der »Welt« gegenüberstellt. Hier und insbesondere im Johannesevangelium bedeutet Welt nicht die Schöpfung, von der ja das Buch Genesis bezeugt: »Und Gott sah alles, was er gemacht hatte, und siehe, es war sehr gut.« (Gen 1,31) »Welt« im biblischen Sinne meint im Gegenteil die gesellschaftliche Organisation und die historische Situation, die sich nicht an der Logik des Lebens nach dem Geist orientieren, sondern sich der Dynamik des »Fleisches« anheimgeben, das heißt der Reichtumsanhäufung um den Preis der Ausbeutung der anderen, der Zerstörung der Güter und der Tragfähigkeit der Erde und der Artenvielfalt, der Unterdrückung der Verwundbarsten durch die Mächtigen, der Waffen und der immer verheerenderen Kriege, die insbesondere Unschuldige töten (zurzeit etwa durch die unbemannten Drohnen, die nicht nur einzelne Anführer, sondern Hunderte Unschuldige töten und einäschern).

In diese »Welt« sandte Gott seinen Sohn, um sie, dem Johannesevangelium zufolge, in die Krise zu führen und sie so zu erlösen. Auf sie kam der Heilige Geist herab, um sie zu erlösen und zu erneuern. Die »Welt« nahm den Sohn nicht auf, sie verfolgte und tötete ihn. Der Geist wurde in Ungerechtigkeit und Attacken gegen das Leben der Menschen und der Natur erstickt. Markus spricht in seinem Evangelium, wie wir bereits in Kapitel V gesagt haben (s. S. 103), von der Lästerung gegen den Heiligen Geist, die keine Vergebung findet (vgl. Mk 3,29). Mit dieser Sünde haben wir es dann zu tun, wenn den Menschen bewusst ist, dass in Jesus der Heilige Geist wirkt, sie ihm aber bewusst und in böser Absicht unterstellen, dass sein Tun auf den

Satan zurückgehe. Die Vergebung wird von Gott immer angeboten. Doch diese Menschen verschließen sich ihr, verharren in dieser Haltung und weigern sich, die Vergebung anzunehmen.

Nach dem Geiste leben bedeutet, das strikt zu befolgen, was Paulus uns sagt: »Ich ermahne euch also, Brüder und Schwestern, angesichts des Erbarmens Gottes [...]. Passt euch nicht dieser Welt an, sondern gestaltet euch um, indem ihr euer Denken erneuert ...« (Röm 12,1–2). Der geistliche Mensch strebt nach Veränderung seiner selbst und der Strukturen *(tà schémata)* mithilfe eines anderen Paradigmas eines menschlicheren Zusammenlebens, das die Grenzen des Planeten respektiert und die Bedürfnisse so befriedigt, dass die Natur dabei nicht zerstört werden muss.

Dieses Streben ist nicht nur von politischer Bedeutung. Es ist ein Imperativ für alle, die nach den Geist des Lebens leben wollen. Folge davon ist, dass der spirituelle Mensch in Konflikt mit den »Schemata dieser Welt«, das heißt mit ihren Werten, Prinzipien, Plänen und Ideen liegt, denn mehrheitlich orientiert sich diese am Lebensentwurf des »Fleisches«, der den inhumanen Status quo, eine »bösartige« (Paulo Freire) und lebensfeindliche Gesellschaft, aufrechterhält. Sehr weise ist es in dem Brief formuliert, der traditionellerweise Jakobus zugeschrieben wird (einigen zufolge der Bruder, nach anderen wiederum der Cousin des Herrn; vgl. Gal 1,19; Mk 3,18; Joh 7,3): »... wisst ihr nicht, dass die Freundschaft mit der Welt Feindschaft mit Gott ist? Wer also ein Freund der Welt sein will, macht sich zum Feind Gottes« (Jak 4,4–5). Die Kraft des Geistes aber ist es, die stets Träume, Utopien und tausend Gründe in uns wachruft, diese »Welt« zurückzuweisen und zu versuchen, eine andere Welt aufzubauen – was möglich und notwendig ist.

Der Geist der Freiheit und Befreiung

Mit dem Thema des Lebens, das der Mehrheit der Menschen so sehr vorenthalten wird, verbunden ist das der Freiheit und ihrer schöpferischen Eroberung, des Prozesses der Befreiung. Das Neue Testament lässt nichts an Deutlichkeit zu wünschen übrig, wenn es ausruft: »... wo der Geist des Herrn ist, da ist Freiheit« (2 Kor 3,17). Ein großer Teil des Lebens Jesu, der in besonderer Weise vom Geist ergriffen war, bestand aus dem Kampf für Freiheit und Befreiung des Volkes.

Zunächst befreite Jesus von einer Vorstellung von Gott als gnadenlosen Richter, der alles prüft. Stattdessen verkündete er einen Gott, der ein Vater voller Güte ist und dessen Hauptmerkmal es ist, dass er sogar den Undankbaren und Bösen gegenüber gut und barmherzig ist (Lk 6,35).

Ein anderer harter Kampf galt dem damals herrschenden Gesetz. Das Gesetz ist die Organisation des jüdischen Lebens in seiner Gesamtheit, bis ins kleinste Detail (Comblin 1978, 62–68). Jesus unterzieht dies einer heftigen Kritik: »Ihr gebt den Zehnten von Minze, Dill und Kümmel, aber das Wichtigste im Gesetz schiebt ihr beiseite: die Gerechtigkeit, das Erbarmen und die Treue. Dies aber sollte man tun und jenes nicht lassen« (Mt 23,23).

Das Leben nach dem Gesetz widerspricht dem Leben nach dem Geist, denn das Gesetz versklavt: »Sie binden schwere Lasten zusammen und laden sie den Menschen auf die Schultern ...« (Mt 23,4). An die Stelle des Gesetzes setzt Jesus die bedingungslose Liebe. Alles lässt sich in der Liebe zusammenfassen, welche wiederum die Freiheit voraussetzt.

Paulus hat diese Lektion wohl begriffen und sagt: »Jetzt aber sind wir vom Gesetz frei geworden dadurch, dass wir für etwas starben, worin wir gefangen gehalten wurden, sodass wir nun in der neuen Wirklichkeit des Geistes dienen und nicht mehr in der alten des Buchstabens« (Röm 7,6). Der neue Geist ist die Freiheit, denn der Geist ist an nichts gebunden, er »weht, wo er will« (Joh 3,8). Im Brief an die Galater, dem Grunddokument der christlichen Freiheit, ruft Paulus in revolutionärer Weise aus: »Zur Freiheit hat uns Christus befreit. Steht also fest und lasst euch nicht wieder in das Joch der Knechtschaft spannen« (Gal 5,1).

Im Geist dieser Freiheit hat Martin Luther einen der schönsten Texte der christlichen Theologie verfasst: *Von der Freiheit eines Christenmenschen*. Darin heißt es sinngemäß: Der Christ ist frei gegenüber allem und allen und niemandem untertan; zugleich aber macht er sich aus Liebe zum Knecht aller und jedermann untertan. Die Freiheit ist also um der Liebe willen gegeben. Die Befreiung ist jene Tat, die die gefangene Freiheit befreit (vgl. Comblin 1999, Kapitel 9).

Für die große Mehrheit der Bevölkerung, für Schwarzafrikaner, Indigenas, unterdrückte Frauen und Arme allgemein, fehlt es an der grundlegenden Freiheit, nämlich der Freiheit, überleben zu können, sein Essen und sein Dach über dem Kopf zu haben und vor Umweltkatastrophen geschützt zu sein. Deshalb ist die Befreiung eine so dringende Angelegenheit. Innerhalb des herrschenden Systems (Gesetz) gibt es keine Rettung für die Armen. Sie stehen außerhalb und sind ausgeschlossen. Und da kommt Jesus und verkündet sein Manifest der Befreiung: »Der Geist des Herrn ruht auf mir, weil er mich gesalbt hat. Er hat mich gesandt, den Armen frohe Botschaft zu bringen, den Gefangenen Befreiung zu verkünden [...], die Zerschlagenen in Freiheit zu entlassen ...« (Lk 4,18). In der Kraft des Geistes verkündet Jesus diesen Aufruf zu Freiheit und Befreiung.

Ein Leben nach dem Geist ist nicht möglich, ohne dass der Gläubige die Freiheit lebt und sie für die anderen erstrebt. Diese Freiheit wird durch den Prozess der Bewusstseinsbildung, der

Selbstorganisation und der Vernetzung der Unterdrückten selbst errungen und hat sich in erster Linie gegen das herrschende System zu behaupten. Es kommt darauf an, dieses System historisch zu überwinden. Doch es betrifft auch die Kirchen, die sich in pharisäische Lehranstalten für Gesetze und Normen verwandelt haben, die den Gläubigen die Freiheit, die Kreativität und das Wort entziehen. Es geht hier um einen riskanten prophetischen Kampf, denn die kirchlichen Instanzen haben – entgegen dem, was der Geist will – Ausschlusskriterien und einen Strafkatalog geschaffen, deren Konsequenz stets die Zähmung und Entmündigung der Gläubigen, wenn nicht gar deren Exkommunikation ist.

Dem Geiste nach leben heißt die Freiheit des Wortes und der schöpferischen Gestaltung bei den liturgischen Feiern, den Initiativen für Solidarität und den karitativen Werken einzuüben. Hierfür braucht man keine kirchliche Erlaubnis, denn hier haben, wie beim ersten Apostelkonzil, nicht die Apostel und ihre Nachfolger das Sagen, sondern der Geist selbst: »Dem Heiligen Geist und uns hat es gefallen …« (Apg 15,28). Paulus hat gesagt, Christus habe uns befreit, damit wir von der Freiheit Gebrauch machen (vgl. Gal 5,1). Die Freiheit ist ein leeres Wort, wenn sie nicht in der Gesellschaft, in den Gemeinden und in der Kirche konkret praktiziert wird.

Besonders die römisch-katholischen Christen wissen nicht, was Freiheit innerhalb der Kirche bedeutet. Sie hören und gehorchen. Jede Initiative, die aus der Freiheit heraus entsteht, wird alsbald als Bedrohung empfunden, überwacht und verdächtigt. Jeder Grund ist gut genug, um unter dem Vorwand der Klugheit (um den Gläubigen kein Ärgernis zu geben, pflegt man zu sagen) die Basisgemeinden und Bibelkreise zu unterbinden oder ihnen Begrenzungen, Vorschriften und Verbote aufzuerlegen, die die Gläubigen entmutigen. Wie lautete noch mal die Ermahnung des Apostels Paulus: »Löscht den Geist nicht aus!«?

Es war ein spirituell höchst erfüllter Moment, als sich die Generalversammlung der lateinamerikanischen Bischöfe und auch die Konföderation der lateinamerikanischen Ordensleute seit Medellín (1968) zur vorrangigen Option für die Armen und gegen die Armut bekannten. Diese Option veranlasste die Bischöfe dazu, von den Zentren an die Peripherie zu ziehen, sie veranlasste Ordensleute dazu, mitten unter dem armen Volk zu leben, und sie veranlasste Theologinnen und Theologen dazu, sich die Sache der Befreiung der Unterdrückten zu eigen zu machen. Die Kirche wurde spiritueller und erleichterte es den Gläubigen dadurch, nach dem Geist zu leben.

Der Geist der Liebe

Der Geist hat direkt mit dem schöpferischen Wirken von allem zu tun. Er ist die ursprüngliche Energie, die alles in Gang setzt. Ähnlich ist es mit der Liebe. Nach dem Geist ist die Liebe, die ja eine Gabe des Geistes ist, die kosmische Energie, die alles durchdringt, alles an sich zieht, alles miteinander verbindet und vereint.

Diese kosmologische und biologische Grundlage der Liebe hat am besten der herausragende chilenische Biologe Humberto Maturana in seinen vielen Schriften erklärt: Die Liebe ist innerhalb der Dynamik der Evolution selbst seit den allerersten Anfängen am Werk. Sie zeigt sich in allen darauf folgenden Etappen bis hin zu den komplexesten Stufen auf der Ebene des Menschseins. So gelangt die Liebe ins Universum: Man kann darin zwei Arten von Verbindungen (Verzahnungen) der Seinsformen mit ihrer jeweiligen Umgebung ausmachen: eine notwendige und eine spontane. Die notwendige bewirkt, dass alle Seinsformen miteinander verbunden und in ihre jeweiligen Ökosysteme integriert werden, um ihr Überleben zu sichern.

Doch es gibt einen anderen Kupplungsmechanismus (eine andere Verzahnung), der sich spontan einstellt. Die Bosonen, die Topquarks, die erste Verdichtung von Energie zu Materie, und andere Elementarteilchen interagieren miteinander, ohne dass dies etwas mit ihrer Selbsterhaltung zu tun hätte, aus purem »Vergnügen«. Es handelt sich um dynamische und wechselseitige Verbindungen zwischen allen Seinsformen, ob sie nun belebt oder unbelebt sind. Es gibt hierfür keine Gründe. Sie finden eben statt, weil sie stattfinden. Es handelt sich um ein ursprüngliches Ereignis des Daseins in seiner reinen Ungeschuldetheit. Es ist wie die Blume, die ohne Grund blüht: »Die Ros' ist ohn' Warum, sie blühet, weil sie blühet«, dichtete der Mystiker Angelus Silesius.

Wenn sich eine Seinsform zur anderen in Beziehung setzt (sagen wir etwa zwei Protonen), dann entsteht ein Beziehungsfeld. Die Liebe als kosmisches Phänomen entsteht. Sie tendiert dazu, sich auszubreiten und stets intensivere Beziehungen wechselseitiger Verbundenheit hervorzubringen – bei den Lebewesen und insbesondere beim Menschen. Auf der Ebene des Menschseins ist es mehr als nur Spontaneität, wie in den anderen Seinsformen: Es wird zu einem Projekt der Freiheit, die den anderen bewusst annimmt und die Liebe als den höchsten Wert des Lebens hervorbringt.

Aus diesem Urstrom entsteht die Liebe im umfassenderen Sinn, das Phänomen der Gesellschaft als »Liebe« vieler Menschen vielen gegenüber. Es ist jene Energie, die eine Gesellschaft erhält und ihr Zusammenhalt verleiht. Die Liebe als Beziehung ist das Fundament des Phänomens Gesellschaft und nicht deren Folge. Mit anderen Worten: Die Liebe als Beziehung steht am Ursprung der Gesellschaft. Die Gesellschaft existiert, weil die Liebe existiert, und nicht umgekehrt, wie man gemeinhin glaubt. Ohne Liebe nimmt das Gesellschaftliche die Form der Zwangsgemeinschaft, der Herrschaft und der Gewalt an, da alle verpflichtet sind, sich einzufügen. Immer wenn die Verbindung und die Kongruenz zwischen den Seinsformen und zwischen den Menschen zerstört wird, wird auch das Verhältnis der Liebe und damit die Gesellschaftsfähigkeit zerstört. Liebe und Beziehung ist immer ein Sich-Öffnen auf den anderen hin, ein Zusammenleben und Gemeinschaft mit dem anderen.

Nicht der Kampf ums Überleben und das Durchsetzungsvermögen des Stärkeren hat den Fortbestand des Lebens und der Individuen bis heute gesichert, sondern vielmehr die Beziehung der Liebe zwischen ihnen, die sich in Formen der Kooperation und der Solidarität ausdrückt, welche ihren Ausgangspunkt bei den Letzten nimmt. Unsere Vorfahren, die Hominiden, vollzogen den Übergang zum Menschsein in dem Maß, in dem sie ihre gesammelten Früchte oder die Jagdbeute miteinander teilten und ihre Zuneigung zueinander ausdrückten. Selbst die Sprache, die den Menschen auszeichnet, entstand innerhalb dieser Dynamik von Liebe, Beziehung und Miteinander-Teilen.

Der Wettbewerb – so betont Maturana – ist antisozial, damals wie heute, denn er impliziert die Verneinung des anderen, die Ablehnung des Miteinander-Teilens und die Zurückweisung der Liebe. Deshalb grenzt er aus, ist unmenschlich und produziert allenthalben zahlreiche Opfer. Er vermittelt kein Glück, denn er orientiert sich nicht an der Liebe und Beziehung (vgl. auch Boff 2012 c, 137–140).

Wodurch zeichnet sich die menschliche Liebe aus? Maturana sagt dazu: Das spezifisch Menschliche an der Liebe ist nicht die Liebe als solche; diese ist vielmehr eine objektive, kosmische und biologische Tatsache. Das Spezifische ist, was wir als Menschen aus dieser Liebe machen. Sie muss das Zusammensein der Menschen als soziale und der Sprache (und damit zur Kommunikation) fähige Wesen stärken und vertiefen. Ohne die Liebe sind wir keine sozialen Lebewesen. Die Liebe in diesem Sinne ist es, die uns menschlich macht, und zwar auf persönlicher wir gesellschaftlicher Ebene. Sie ist die Quelle der Selbstentfaltung und des Glücks. Die Afrikaner haben eine Kategorie für dieses Dasein des Ichs für alle anderen: *ubuntu*. Das heißt: Ich bin Ich durch die anderen.

Es zeigt sich deutlich, dass die Liebe ein kosmisches und biologisches Phänomen ist. Auf der Ebene des Menschen wird sie als ein Projekt der Freiheit offenbar, dem eine große Kraft zur Vereinigung, zur Hingabe aneinander und zur freundschaftlichen Verbundenheit eignet. Die Menschen vereinen sich und schaffen sich neu durch die Sprache der Liebe, das Gefühl der Zuneigung und der Zusammengehörigkeit im gemeinsamen Schicksal.

Doch seien wir realistisch: Ohne die warme Zärtlichkeit und ohne die wesentliche Achtsamkeit wird die Bindekraft der Liebe und Beziehung schwächer, hält nicht lange, entfaltet sich nicht so, wie sie könnte, und erschwert das Verhältnis zu den anderen Seinsformen. Ohne Zärtlichkeit und Achtsamkeit ist die Liebe dem Verfall preisgegeben. Es gibt dann keine Atmosphäre mehr, die das Erblühen dessen fördert, was wahrhaft menschlich ist: das tiefe Gefühl der Verbundenheit mit dem anderen, der Wille zum Teilen und das Streben nach Liebe.

Diese Gedanken helfen uns, die Liebe Gottes und den Heiligen Geist als die stetig sprudelnde schöpferische Quelle der Liebe besser zu verstehen. Der stärkste Satz des Neuen Testaments überhaupt ist der folgende: »Gott ist die Liebe« (1 Joh 4,8.16). Diese Behauptung ist zutiefst befreiend, denn sie ist reine Positivität; sie nimmt kein Maß, sie nimmt an und vermittelt uns die Erfahrung Gottes als innige Zuneigung.

In diesem Zusammenhang steht eine weitere Behauptung, die schwerwiegende Konsequenzen nach sich zieht: »Wer nicht liebt, hat Gott nicht erkannt; denn Gott ist die Liebe« (1 Joh 4,8). Mit anderen Worten: Außerhalb der Liebe werden wir Gott vergeblich suchen. Wenn wir auch seinen Namen stets in unserem Mund führen und noch so schöne Worte über seine Existenz und Vorsehung formulieren können, aber keine Liebe haben, dann sind wir weit entfernt vom wahren Gott. Der Gott, den wir verkünden, ist kein Götze. Von daher wird die Mahnung des Apostels Paulus verständlich: »All euer Tun vollziehe sich in Liebe« (1 Kor 16,14). Alles in Liebe tun heißt alles in der Atmosphäre des Heiligen Geistes, in seiner Gegenwart und in Gemeinschaft mit ihm tun. Wir müssen nicht ausdrücklich an den Geist denken, um in ihm zu sein. Wenn wir alles in der Liebe tun, dann sind wir in Wirklichkeit bereits im Geist. Johannes sagt es deutlich: »... wer in der Liebe bleibt, der bleibt in Gott und Gott bleibt in ihm« (1 Joh 4,16).

Achten wir gut darauf: Johannes sagt nicht: Wer in Gott bleibt, der bleibt in der Liebe, sondern umgekehrt: »Wer in der Liebe bleibt, bleibt in Gott.« Die Liebe ist der Bezugspunkt, wiewohl das eigentlich überflüssig ist zu sagen, denn Liebe und Gott sind eins.

Der Heilige Geist ist es, der uns in diese Dimension der Liebe einführt. Deshalb ist Paulus zufolge die erste Frucht des Geistes die Liebe (Gal 5,22).

Im Zweiten Testament sind vier Aussagen grundlegend, in denen die Kraft des Geistes zum Ausdruck kommt: 1. »Du sollst deinen Nächsten lieben wie dich selbst« (Mk 12,31); 2. »Liebt euere Feinde ...« (Lk 6,2); 3. »... damit die Liebe, mit der du mich geliebt hast, in ihnen ist ...« (Joh 17,26); 4. Wir haben Anteil am Wesen Gottes (2 Petr 1,3–4; vgl. auch 1 Kor 2,12–16).

Die erste Aussage muss vom Geist Jesu her verstanden werden. Es geht nicht darum, den zu lieben, der an meiner Seite und mir physisch nahe ist. Das machen alle, auch die schlechten Menschen lieben sich untereinander. Damit hätte Jesus nichts Neues verkündet. Doch das Neue, das Jesus bringt, kommt im Gleichnis vom barmherzigen Samariter (Lk 10,33 ff) zum Ausdruck und besteht in Folgendem: Der Nächste ist jeder, dem ich mich nähere, wobei es von geringem Interesse ist, welchem Glauben und welcher Ethnie er angehört und an welche Moralvorschriften er sich hält. Es hängt also von mir ab, die anderen zu meinen Nächsten zu machen und sie zu lieben wie mich selbst.

Doch es gibt noch ein weiteres neues Element: Für Jesus sind die Allernächsten und ersten Adressaten der Liebe diejenigen, die niemand liebt, die Unbekannten und unsichtbar Gemachten. Die Welt ist voll von diesen Namenlosen, diesen ökonomischen Nullen, die für das herrschende System völlig wertlos sind, weil sie wenig produzieren und fast nichts konsumieren. Für Jesus sind es genau diejenigen, die zählen. Sie müssen geliebt werden wie die Allernächsten, und sie soll ich lieben wie mich selbst.

Leben nach dem Geist bedeutet, diese universale Liebe ohne Grenzen zu leben. Das heißt: Es kommt darauf an, aus dem Fernen einen Nächsten und aus dem Nächsten einen Bruder und eine Schwester zu machen und sie wahrhaftig, aus tiefstem Herzen zu lieben. Wenn diese Liebe wirklich unter uns herrschen würde und die Christen der Sache Jesu, die ja die Liebe ist, nicht so entfremdet wären, dann gäbe es nicht so viele Unsichtbare, Gedemütigte und Erniedrigte in unseren Gesellschaften, die sich auch noch christlich nennen.

Ist es denn diese Liebe, die die christlichen Schulen und katholischen Hochschulen auf der ganzen Welt ihren Schülern und Studenten vermitteln? Leben sie nicht »etsi Jesus non daretur«, als ob es Jesus niemals gegeben hätte und sie nichts gelehrt hätte über die Liebe zum Nächsten, das heißt zu dem, der am meisten ausgegrenzt ist? Es sind Lernfabriken, die dazu dienen, diejenigen auszubilden, die das perverse Gesellschaftssystem stützen, welches so viele Menschen ausschließt und das Paulus ein Projekt des »Fleisches« nennen würde.

Die zweite Aussage betrifft die Feindesliebe. Das ist eine neue Facette der Liebe, die Jesus gebracht hat. Er will die bedingungslose Liebe, die alle Barrieren überwindet. In der Realität, in der Welt, gibt es lebenslange Feindschaften, Feinde, die uns nicht mögen und uns übel mitspielen möchten, unseren Ruf zerstören oder uns sogar das Leben nehmen wollen. Diese aus der Liebe nicht auszunehmen stellt die größte Herausforderung für die Liebe dar, denn normalerweise hassen wir diejenigen, die uns hassen und reden schlecht über die, die ihrerseits schlecht über uns reden. Dieses instinktive Verhalten zu transzendieren und sich von der Energie der bedingungslosen und universalen Liebe leiten zu lassen, die niemanden ausschließt, stellt einen Akt dar, der Mut, Selbstüberwindung und das Übersteigen seiner selbst auf ein Größeres hin erfordert.

Diesen Sprung würden wir niemals ohne den Antrieb des Geistes wagen, der uns das Herz öffnet, auf dass in ihm auch für die Feinde Platz ist. Sie hören damit nicht auf, Feinde zu sein. Doch wir tun alles, um sie nicht vorzuverurteilen oder es ihnen heimzuzahlen und uns auf eine Stufe mit ihnen zu stellen. Der Hass wird auf diese Weise niemals das letzte Wort behalten.

Die dritte Aussage bezieht sich auf die göttliche Ebene der Liebe. Der Vater liebte Jesus, den er in die Welt sandte, auf dass er mit uns sei und uns aus unserem materiellen und spirituellen Elend heraushole. Dies ist eine Quelle der Befreiung und unaussprechlicher Freude. Doch diese Liebe kann die »Nacht des Geistes« durchmachen. Die Liebe des Vaters ging so weit, dass er den Sohn der Welt (den Strukturen der Perversion) auslieferte und ihn am Kreuz hängen ließ, was ihn verzweifelt schreien ließ, weil er sich sogar von Gott selbst verlassen glaubte: »Mein Gott, mein Gott, warum hast du mich verlassen?« (Mk 15,34). Dies ist die Liebe, die sich inmitten der »dunklen und schrecklichen Nacht« ereignet, von der die Mystiker sprechen, wenn man die Gegenwart Gottes nicht mehr spürt und eine existenzielle Hölle durchlebt.

Trotzdem zu lieben und nicht aufzuhören zu lieben – dies ist der höchste Ausdruck ungeschuldeter Liebe. Zu lieben um der

Liebe willen, ohne irgendeine Gegenleistung zu erwarten, denn die Liebe ist ein absoluter Wert in sich. Einzig und allein eine Liebe, die vom Heiligen Geist geweckt wurde und unter seiner Obhut steht, ist dieses spirituellen Wunders fähig.

Leben nach dem Geist heißt der folgenden Logik gehorchen: Die Liebe ist eine einzige Bewegung: vom Vater zum Sohn und dessen Jünger und Jüngerinnen; vom Sohn zum Vater und zu den Jüngern und Jüngerinnen. Eine solche Erfahrung der Liebe erweckt ein Gefühl tiefer Dankbarkeit und Zärtlichkeit. Und zugleich kann sie die Erfahrung der Gottesfinsternis, der spürbaren Abwesenheit seiner Liebe beinhalten. Und bei alledem kommt es darauf an, in der Liebe nicht nachzulassen, denn es steht fest, dass Gott liebt, selbst wenn er verborgen ist, und es steht fest, dass die Liebe stärker ist als alle Widrigkeiten und dass sie »niemals aufhört« (1 Kor 13,8).

Schließlich verschafft uns das Leben nach dem Geiste Zugang zu etwas Unsagbarem und absolut Geheimnisvollem: zur Teilhabe am Wesen Gottes selbst. Eine solche unerhörte Behauptung steht im zweiten Petrusbrief. Der Brief wird zwar dem Petrus zugeschrieben, wurde aber höchstwahrscheinlich von einem seiner Schüler zwischen 75 und 125 n. Chr. verfasst, also nach seinem Tod. Hier heißt es: »Alles hat uns seine göttliche Macht geschenkt, was zum Leben und zur Frömmigkeit gehört, durch die Erkenntnis dessen, der uns berufen hat durch seine eigene Herrlichkeit und Kraft. Durch sie wurden uns die kostbaren und größten Verheißungen geschenkt, damit ihr durch sie an der göttlichen Natur Anteil erlangt …« (2 Petr 1,3–4).

Für das christliche Verständnis, das sich von dem anderer monotheistischer Religionen unterscheidet, ist das Wesen Gottes Gemeinschaft von drei Personen und nicht Einsamkeit des Einen. Die göttliche Natur ist in ihrem Wesen dreieinig. Vater, Sohn und Heiliger Geist gehen zugleich hervor, ohne dass es ein Zuvor der einen Person vor der anderen gäbe. Sie sind zugleich, ewig und unterschieden. Sie sind unterschieden, um die Gemeinschaft und die absolute Reziprozität untereinander zu ermöglichen.

Hierin unterscheiden wir uns von der orthodoxen Theologie, die den Vater zum »Ursprung und zur Quelle der ganzen Gottheit« macht, die er an den Sohn und den Geist verleiht. Wir stellen klar, dass es keinen Ursprung und keine Quelle der Gottheit gibt, denn die drei göttlichen Personen sind zusammen Quelle und Ursprung und gehen aufgrund ihres innersten Wesens seit jeher und ewig als drei göttliche Personen hervor.

Die Liebe als kosmische Dimension, als Energie des Zusammenhalts, der Schaffung von Vielfalt und von Konvergenz hat also ihre letzte Grundlage im trinitarischen und relationalen Wesen Gottes. Da wir Wesen der Liebe und Gemeinschaft sind, haben wir in besonderer Weise teil am trinitarischen und gemeinschaftlichen Wesen Gottes. Oder umgekehrt: Weil Gott dreieinig und Beziehung ist, spiegeln alle Kreaturen dieses relationale und gemeinschaftliche Wesen in ihren Sein.

Dem Geiste nach leben heißt auch, einen anderen Blick auf das Universum, auf die Dinge, auf die Menschen und uns selbst zu bekommen. Wir alle haben unsere Wurzeln im Wesen Gottes. Wir alle sind in gewisser Weise vergöttlicht. Mystiker wie Johannes vom Kreuz oder Meister Eckhart gelangten zur Aussage, dass wir »Gott in der Weise der Teilhabe« sind. In dieser Perspektive dem Geiste nach leben erfüllt uns mit Würde und radikalem Respekt. Die anderen Menschen und alle Seinsformen zu sehen bedeutet in dieser Perspektive den dreieinigen Gott in ihrem Inneren emporsteigen zu sehen, sie im »göttlichen Bereich«, im Milieu Gottes anzuschauen, von dem Pierre Teilhard de Chardin spricht (vgl. Teilhard de Chardin 1962). In gewisser Weise sind wir bereits im Reich der Dreieinigkeit. Wir spüren es noch nicht, doch eines Tages wird sich diese höchste

Wirklichkeit zu erkennen geben und reines Erfahren und Erleben der dreieinigen Gottheit sein.

Die Gaben und Früchte des Geistes

Die Schriften des Ersten und Zweiten Testaments sprechen konkret von der Gegenwart des Geistes in der Gemeinschaft der Menschen und in den einzelnen Personen und nennen diese Weisen der Gegenwart Gaben des Geistes. Diese Gaben des Geistes gehören nicht dem Bereich des Außergewöhnlichen an, sondern sind Bestandteil des Alltags, sofern man diesen Alltag rechtschaffen und mit wacher Aufmerksamkeit für das Wehen des Geistes lebt. Die Gabe ist ein besonderes Wirken des Geistes im Einzelnen. Alle sind wir von seiner Selbstmitteilung und Liebe umgeben. Doch ein jeder wird mit irgendeiner Gabe, einer Fähigkeit und Besonderheit in dem Maße ausgezeichnet, das ihm der Geist zugesteht. Von den zahlreichen Gaben insgesamt hebt man für gewöhnlich im Anschluss an Jes 11,2 sieben besonders hervor. Wir wollen auf jede dieser sieben Gaben einen kurzen Blick werfen:

Die Gabe der Weisheit: Hierbei geht es um mehr als um Wissen. Das Wissen spricht die Vernunft an, die Weisheit hingegen spricht zum Herzen, denn sie lässt uns die Dinge »schmecken«, erfasst die andere Seite der Dinge. Sie lässt uns unter so vielen Botschaften diejenige heraushören, die am meisten Sinn ergibt und uns das rechte Maß und Gleichgewicht erkennen lässt; dadurch zeichnet sich die Weisheit aus. Jemand, der die Gabe der Weisheit besitzt, strahlt deshalb gelassene Heiterkeit, Ruhe und eine große Ausgeglichenheit aus. Der Weise ist ein sehr guter Ratgeber.

Die Gabe des Verstandes (der Einsicht): Das ist die Fähigkeit, die Wirklichkeit von innen zu sehen, sie von dem Sinn her zu begreifen, den sie in sich trägt. Die Vernunft analysiert, erfasst Details und zerlegt in die einzelnen Bestandteile. Der Verstand, die Einsichtsfähigkeit, erfasst das Ganze jenseits der einzelnen Teile und ist imstande, in den Teilen das Ganze zu erkennen. Er ist die Vervollkommnung der Vernunft, ihre oberste Spitze, von der aus sie in Wesensschau und Betrachtung übergeht. Leute mit Verstand sind nicht nur solche, die viel wissen, sondern solche, die überraschende Zusammenhänge sehen. Sie sind Leute mit *esprit*, das heißt solche, die erhellende Formulierungen finden.

Die Gabe des Rates: Das Leben ist komplex und voller Gegensätze. Der Weg, den man an einer Weggabelung einschlägt, mündet oftmals in einer Sackgasse oder verliert sich irgendwo im Wald. Angesichts so vieler Botschaften, Einflüsse, Weltanschauungen und innerer Impulse fühlen sich viele verwirrt und hilflos. Dies ist die Daseinsverfassung des Menschen in einer Welt, in der das Reich Gottes mit Kräften konfrontiert ist, die ihm entgegenstehen. Die Gabe des Rates ist die Fähigkeit, in verwirrenden Situationen klare Sicht zu behalten, den roten Faden zu erkennen, der einer komplexen Wirklichkeit innere Einheit verleiht, zu erkennen, was in einer Situation die beste Entscheidung ist, und eine klare Richtung vorzugeben. Und einer, der diese Gabe besitzt, gibt ihre Früchte an die anderen weiter, ganz besonders an jene, die ihn aufsuchen, um Klarheit zu finden. Wie vielen Menschen wurden schon durch das Wort einer erfahrenen und weisen Person die Verzweiflung genommen und eine Richtung für ihr Leben gewiesen! Diese Gabe gehört zu denen, die heute ganz dringend gebraucht werden, denn unsere Gesellschaft bietet uns eine Fülle von Wahlmöglichkeiten an, die nicht immer zu den vernünftigsten und inspirierendsten gehören. Sie fördert keineswegs die Suche nach dem rechten Maß und nach einem dynamischen Gleichgewicht. Deshalb gibt es so viele verzweifelte, traurige und verbitterte Menschen, die verlassen, einsam und ohne ein tröstendes Wort ihren Weg gehen.

Die Gabe der Stärke: Diese Gabe setzt den Realismus voraus, die Widersprüche, Risiken und Bedrohungen zu sehen, die mit dem Leben verbunden sind. Wir sind oft versucht, uns davonzustehlen, in vielfacher Weise der harten Wirklichkeit zu entfliehen und Scheinlösungen entweder in Formeln aus der Vergangenheit, die bereits ihre Überzeugungskraft verloren haben, oder in idealistischen Zukunftsprojektionen zu suchen. Aus diesem Bedürfnis heraus entsteht ein wahrer Markt von Rezepten zur Selbsthilfe, die sich aus psychologischen Versatzstücken, mystischen Kalenderweisheiten und Gemeinplätzen zusammensetzen. Nicht selten ist dies von einem Flair von Esoterik, Astrologie und alten Prophezeiungen umgeben. Stärke ist die Fähigkeit, den Hindernissen, die sich uns in den Weg stellen, furchtlos die Stirn zu bieten. Wir kennen den Ausdruck »Resilienz«, elastische Widerstandsfähigkeit. Sie ist die Kunst, selbst noch von den Niederlagen zu profitieren, wieder aufzustehen und an den Enttäuschungen zu reifen. Gegen jegliche Art von Mutlosigkeit brauchen wir die »Kraft des Höchsten« (vgl. Lk 24,49). Dies ist der Ausdruck, mit dem sich Jesus selbst auf den Heiligen Geist bezieht.

Die Gabe der Wissenschaft (der Erkenntnis): Es gibt »Wissenschaft« und Wissenschaft. Die letzten Jahrhunderte waren von der Wissenschaft in ihren vielfältigen Zweigen geprägt. Es entstand die Wissensgesellschaft. Sie bescherte uns unglaubliche Erleichterungen und Annehmlichkeiten im Alltag, sie veränderte die Landschaften und verbesserte das Lebensniveau der Gesellschaften; insbesondere führte sie zu immer gesünderen und besseren Lebensbedingungen. Doch bei aller Anerkennung dieser Fortschritte ist festzuhalten, dass die Wissenschaft zum Großteil in den Dienst der Macht gestellt wurde. »Wissen ist Macht« lautet ein geflügeltes Wort. Diese Macht orientierte sich nicht daran, das Leben aller zu verbessern, sondern Reichtum anzuhäufen, die Natur »auf die Folter zu spannen, bis sie ihre Geheimnisse preisgibt«, wie es Francis Bacon, der Vater der naturwissenschaftlichen Methode, selbst ausdrückte. Leider brachte die Wissenschaft im Dienst der Macht auch eine Todesmaschinerie hervor, die die Natur zerstörte, Kriege mit Abermillionen Opfern vom Zaun brach und die politisch-ökonomische Herrschaft kleiner Gruppen über die Mehrheit der Menschen etablierte. Es war keine Wissenschaft mit Gewissen, deren Ziel das Leben ist. Sie zog es vor, eine Wissenschaft für den Markt sowie für die Profite und Reichtümer einiger weniger zu sein. Doch es gibt auch eine Wissenschaft – und eben diese ist eine Gabe des Geistes –, die die menschliche Vernunft dazu benutzt, die Abläufe in der Natur besser zu verstehen, um ihr das zu entnehmen, was wir brauchen, und sie dabei gleichzeitig zu erhalten, damit sie sich regenerieren und weiterhin unseren Bedürfnissen und denen der kommenden Generationen zur Verfügung stehen kann. Es ist eine Wissenschaft im Dienst des Lebens, des Lebens für alle. Ohne diese Wissenschaft wären wir uns heute der Komplexität der Wirklichkeit nicht bewusst und wir könnten der Menschheit und der Mutter Erde keine hoffnungsvolle Zukunft garantieren. Eine Wissenschaft, die sich in eine Gabe des Geistes verwandelt, hat die messianische Aufgabe, das Leben zu erhalten und zu fördern.

Die Gabe der Frömmigkeit: Die Frömmigkeit, um die es hier geht, hat wenig mit dem landläufigen Verständnis dieses Wortes zu tun. Letzteres meint die Haltung der inneren Sammlung, die weihevolle Stimmung, die Ehrfurcht und das Gebet der Gläubigen. Dies hat durchaus seine Berechtigung, aber es entspricht nicht dem ursprünglichen Sinn, um den es hier geht. Dieser ursprüngliche Sinn stammt von der der römischen Kultur vertrauten Tugend der *pietas*, die sich heute noch in unserem Wort Pietät erhalten hat. Damit ist in der römischen Kultur die Liebe der

Kinder ihren Eltern gegenüber gemeint, die sich in besonderer Weise in Gebeten und Opfergaben für die Hausgötter ausdrückt. Die *pietas* trug dazu bei, im Haus Streitigkeiten zu vermeiden, sie förderte die guten Sitten und den liebevollen Umgang mit den Hausbewohnern, insbesondere mit den Alten und den Gästen. Wenn man nun diese *pietas* auf die Beziehung zu Gott anwendet, dann bedeutet sie, zu Gott ein Verhältnis der Kindschaft und einen vertrauten, intimen Umgang zu pflegen. Er ist liebevoller Vater und liebevolle Mutter, die sich um ihre Kinder sorgt. Diese Art von Frömmigkeit vertreibt alle Ängste und jegliche Furcht und weckt in uns das Gefühl, stets in der Hand Gottes geborgen zu sein.

Die Tugend der *pietas* in diesem Sinne muss sich heute auch auf die Mutter Erde und ihre Ökosysteme erstrecken, die ohne jegliche Ehrfurcht ausgebeutet wurden. Frömmigkeit, Ehrfurcht gegenüber der Erde, die als Mutter und Pachamama aufzufassen ist, heißt, ihre Schreie zu vernehmen, ihr die Möglichkeit zu geben, sich von den Wunden, die wir ihr zugefügt haben, zu erholen und ihre Grenzen und eigenen Rhythmen zu respektieren und zu achten. Nur so kann sie uns weiterhin das geben, was wir zum Leben brauchen.

Die Gabe der Gottesfurcht: Der biblische Sinn von Furcht ist verwandt mit der Bedeutung von Frömmigkeit. Sie ist nicht mit Furcht im üblichen Sprachgebrauch gleichzusetzen. Für uns hat das etwas mit Angst zu tun, auch wenn Ehrfurcht dabei im Spiel ist. Im biblischen Verständnis ist es gleichbedeutend mit ehrfürchtiger und respektvoller Liebe zu Gott. Gottesfurcht ist die liebende Bereitschaft, sich ihm und seinen Plänen zu fügen. Mit Gott treibt man kein Spiel. Wir gebrauchen seinen Namen nicht unnütz und eitel, wie es heute in so missbräuchlicher Weise in religiösen Radio- und Fernsehkanälen geschieht. Wir stehen vor der höchsten Wirklichkeit, der Wirklichkeit schlechthin. Diese Wirklichkeit ist Liebe, Zärtlichkeit, Mitleid und Erbarmen. Wir »fürchten« diesen Gott nicht so, wie wir vielleicht die Polizei oder ein strenges Gerichtsurteil fürchten. Doch wir lieben Gott und alles, was von Gott ist, in Ehrfurcht und Respekt: die Heilige Schrift, die Sakramente, die liturgischen Feiern und religiösen Feste (vgl. Kloppenburg 1997, 67–77; Congar 1982, 265–270, bes. 269).

Dem Geiste nach leben bedeutet, diese Gaben zu verinnerlichen. Sie verleihen unserem spirituellen Leben Qualität, denn wir spüren die Nähe und das Wirken des Geistes in der Welt, in den anderen und in uns selbst.

Neben den Gaben spricht man auch von den Früchten des Geistes. Wie bei einem Baum sind die Früchte das Ergebnis der Lebenskraft und Fruchtbarkeit. Das Leben dem Geiste nach verändert die Menschen. Sie strahlen Tugenden aus, die aus diesem Eintauchen in den Geist, das man auch »Geisttaufe« nennt, entstehen. Diese Geisttaufe ersetzt das christliche Sakrament der Taufe nicht und steht nicht in Konkurrenz zu ihr. Doch die »Geisttaufe« ist eine Vertiefung und radikalere Erfahrung der Gegenwart des Geistes, wie sie sich in der Taufe ereignet, ähnlich der Taufe Jesu am Jordan. Jesus war voll des Heiligen Geistes und wurde vom Geist in die Wüste geführt, um sich auf seine Sendung vorzubereiten.

Paulus zählt diese Früchte des Geistes im Kontext einer Polemik auf, in der er die Werke des »Fleisches«, die wir zuvor schon erläutert haben (die lasterhafte Ausrichtung unseres Lebens und die Zügellosigkeit unserer Leidenschaften) den Früchten des Geistes gegenüberstellt.

Er führt insgesamt fünfzehn Werke des Fleisches an: Unzucht, Unreinheit, Ausschweifung, Götzendienst, Zauberei, Feindschaften, Streit, Eifersucht, Jähzorn, Eigennutz, Zwistigkeiten, Parteiungen, Neid, Trinkgelage, Schlemmerei (vgl. Gal 5,19–20). Wer dem Fleische nach lebt, der entzieht sich dem Einflussbereich des Reiches Gottes.

Im Gegensatz zu den Werken des Fleisches führt Paulus neun Früchte des Geistes an: Liebe, Freude, Friede, Langmut, Freundlichkeit, Güte, Treue, Sanftmut, Enthaltsamkeit (Gal 5,23). Diese Ausdrucksformen des Geistes verstehen sich so sehr von selbst, dass wir darauf verzichten, sie zu kommentieren. Es sind menschliche Tugenden, die jedoch um ein Vielfaches verstärkt werden, wenn sie im Bewusstsein ihrer Zugehörigkeit zum Geist gelebt werden, der in uns wirkt und unser Handeln orientiert.

Dort, wo der Geist offene Türen findet, um aufgenommen zu werden, tritt er ein und verrichtet sein Werk der Inspiration. Deshalb fügt Paulus bekräftigend hinzu: »Wenn wir aus dem Geist leben, lasst uns auch im Einklang mit dem Geist sein« (Gal 5,25).

Der Geist: Quelle von Schöpfung, Kreativität und Kunst

Bis jetzt haben wir vom Geist hauptsächlich im religiösen und theologischen Kontext gesprochen. Doch der Geist überschreitet alle Grenzen. Er ist die Fantasie Gottes. Er ist vor der Kirche, ja selbst bereits vor Jesus Christus da. Er ist da gegenwärtig, wo die Liebe gelebt, die Wahrheit bezeugt, die Solidarität verwirklicht und das Mitleid in die Tat umgesetzt wird. Für alle Teile der Welt und alle Zeiten, für Vergangenheit, Gegenwart und Zukunft gilt: Wenn diese Haltungen die Menschen prägen, dann ist das ein Zeichen dafür, dass der Geist bereits da ist und in ihnen wirkt.

Es ist die Inspiration des Geistes, die die Dichter und Schriftsteller das Leben mit seinen Licht- und Schattenseiten, in seiner Dramatik und mit dem, was gelingt, darstellen lässt. Sie sind von einem inneren Licht und von Energien durchdrungen, die sie überraschende Verbindungen erkennen lassen und die der

Welt etwas hinzufügen, was es bis dahin noch nicht gab. Sie sind Schöpfer in der Kraft des Schöpfergeistes. Und nicht wenige Schriftsteller bekennen wie Nietzsche, dass sie sich von einer inneren Energie (einem »Dämon«, das heißt einem guten Geist) durchdrungen fühlten, die sie völlig in Beschlag nahm und sie denken und schreiben ließ.

Diese Inspiration des Geistes ist es, die den Künstler dazu befähigt, der Materie, einem Stück Holz, einem Stein, einem Marmor- oder Granitblock ein Bildnis zu entlocken, das nur er in seinem Inneren schlummern sah und ans Tageslicht bringt. Die Materie wird vergeistigt. Und der Geist nimmt materielle Gestalt an. Besonders im Tanz und im Ballett wird der Leib zur Ausdrucksgestalt des Geistes.

In der Musik findet der Geist seinen besonders dichten Ausdruck. Die Töne sind unsichtbar. Raum und Zeit können sie nicht zurückhalten – so wie den Geist, dessen Wirken nichts Grenzen setzten kann. Und diese Töne werden zu Melodien, die verzücken und in die Tiefe der Seele dringen, die trösten, deren Schönheit zu Tränen rührt und deren Zauber ein Lächeln hervorruft. Der große Theologe Karl Barth, der ständig Mozart hörte, behauptete, dass diese geniale Musik ihre bis heute so betörenden Melodien dem Himmel und dem Hauch des Geistes abgerungen habe.

Wenn Paulus von den verschiedenen Charismen spricht, dann bezieht er sich damit auf menschliche Fähigkeiten, die das Leben der Gemeinschaft stärken oder einfach das Hereinbrechen des Geistes in die Welt verdeutlichen. Er sagt in diesem Zusammenhang, dass der Geist den einen die Gabe des Wortes, den anderen die Gabe der Heilung, der prophetischen Rede, der Unterscheidung der Geister und die Gabe der Worte der Erkenntnis und Weisheit usw. verliehen habe. Und er schließt: »Alles das aber wirkt ein und derselbe Geist, indem er einem jeden zuteilt, wie er will« (1 Kor 12,11).

Die Kunst ist mit dem Geist wesensverwandt. Beide sind sie unantastbar. Sie sind Zweck an sich. Sie haben einen Wert in sich selbst. Sie dienen nicht als Mittel für andere Dinge, wenn sie auch in ihrer Verfallsform dem Markt dienen und Quelle von Reichtum sein können. Doch an sich haben Kunst, Musik, Poesie zwar einen Wert, aber keinen Preis. Es handelt sich um einzigartige Schöpfungen und nicht um Fließbandprodukte. Sie sind wie ein Geschenk für einen geliebten Menschen. Es hat einen Wert an sich. Sie sind in gewisser Weise über Zeit und Raum erhaben und bieten uns eine Vorwegnahme der Ewigkeit im Kleinen.

Die Inspiration schwebt in der Luft, sie schaut nicht auf die Hautfarbe, auf die soziale Herkunft oder den Bildungsgrad. Wie viele Künstler, die weder lesen noch schreiben können, erstehen im Inneren unseres Landes und in den Basisgemeinden am Rand der Städte, ohne dass man von ihnen Notiz nimmt: Dichter, Bildhauer, Maler, Sänger, Musiker, Mystiker! Es ist dem Geist eigentümlich, dass er kein Aufhebens macht – so wie das Wasser sich demütig jedem Boden und jedem Gefäß anpasst, immer den tiefsten Weg für seinen Lauf wählt.

Deshalb wird dem Geist nicht, wie dem Vater oder dem Sohn, eine bestimmte menschliche Gestalt zugeordnet. Er wird als Taube dargestellt, aber das, worauf es ankommt, ist die von ihr ausgehende Strahlkraft. Er ist der Hauch (auf Lateinisch *spiritus*), der das Leben offenbart, das Leben erhält und das Leben in jeglicher Gestalt zu neuem Leben erweckt.

Das Universum und alle Seinsformen sind von diesem Geist umfangen. Seine kosmische Gegenwart und sein Wirken in jedem Detail wahrzunehmen – dies ist das Wesen der Spiritualität, des Lebens dem Geiste nach.

XIII.
Die Hymnen an den Heiligen Geist

Die theologischen Reflexionen haben ein praktisches Ziel. Sie sollen nicht so sehr dazu dienen, über den Heiligen Geist nachzudenken, sondern vielmehr, ihn zu spüren und in ihm zu leben. Er ist seinem Wesen nach Energie, Bewegung, innere Ergriffenheit, Enthusiasmus und eine geheimnisvolle Kraft, die uns zum Handeln und zum Widerstand gegen die Regungen der Selbstbehauptung, des Hochmuts und der Herrschaft durch Gewalt antreibt.

Er ist schweigsam. Er offenbart sich in den Unebenheiten des Daseins. Er dringt allmählich in die sozialen Bewegungen der Schwachen ein, um ihnen Kraft zum Widerstand, Kraft in der Konfrontation und Kraft zur Befreiung zu verleihen. Immer wenn das Leben unter den Menschen und in der Natur bedroht ist, insbesondere unter den Armen, greift der Heilige Geist ein, macht gerade, was krumm ist, hilft dem Gefallenen auf und ermutigt den Schwachen.

In unserem Buch würde etwas Wichtiges fehlen, wenn wir nicht einige der wichtigen Hymnen der christlichen Liturgie und der Volksfrömmigkeit kommentieren würden. Darin finden wir alles Wesentliche zur Theologie des Heiligen Geistes. Dabei geht es nicht darum, jeden einzelnen Vers im Detail zu kommentieren. Dies hat übrigens mit großer Gelehrsamkeit der Exerzitienprediger der Päpste, Raniero Cantalamessa, für das *Veni Creator Spiritus* geleistet (Cantalamessa 1998).

»Veni Sancte Spiritus«: Der Ursprung des Hymnus

Autor dieses Hymnus war der Erzbischof von Canterbury, Stephen Langton († 1228). In England geboren, durchlief er seine akademische Karriere in Paris und wurde zu einem der renommiertesten Theologen seiner Zeit. Er war mit Papst Innozenz III. (1160–1216) befreundet, dem mächtigsten Papst der Kirchengeschichte überhaupt. Dieser Papst kreierte ihn im Jahr 1206, als er noch in Paris war, zum Kardinal. Den Erzbischofssitz von Canterbury, der ihm 1207 übertragen wurde, konnte er aufgrund des Widerstandes einiger Adeliger erst im Jahr 1213 einnehmen. Seine Bedeutung ist unter anderem auf die Tatsache zurückzuführen, dass er an der Magna Charta mitwirkte, die als Rechtsdokument in England und darüber hinaus in der ganzen Welt einen Meilenstein darstellt. Neben seiner politischen Tätigkeit gilt er als eine große religiöse Persönlichkeit. Ihm wurde sogar attestiert, »vielleicht der größte englische Erzbischof des Mittelalters« gewesen zu sein.

Wir geben im Folgenden den lateinischen Originaltext samt Übersetzung (Heinrich Bone, 1847) wieder:

Veni, Sancte Spiritus, *et emitte caelitus* *lucis tuae radium*	*Komm herab, o Heilger Geist,* *der die finstre Nacht zerreißt,* *strahle Licht in diese Welt.*
Veni, pater pauperum, *veni, dator munerum,* *veni, lumen cordium*	*Komm, der alle Armen liebt,* *komm, der gute Gaben gibt,* *komm, der jedes Herz erhellt.*
Consolator optime, *dulcis hospes animae,* *dulce refrigerium*	*Höchster Tröster in der Zeit,* *Gast, der Herz und Sinn erfreut,* *köstlich Labsal in der Not.*
In labore requies, *in aestu temperies,* *in fletu solacium.*	*In der Unrast schenkst du Ruh,* *hauchst in Hitze Kühlung zu,* *spendest Tost in Leid und Tod.*

O lux beatissima, *reple cordis intima* *tuorum fidelium.*	*Komm, o du glückselig Licht,* *fülle Herz und Angesicht,* *dring bis auf der Seele Grund.*
Sine tuo numine, *nihil est in homine,* *nihil est innoxium.*	*Ohne dein Lebendig Wehn* *kann im Menschen nichts bestehn,* *kann nichts heil sein noch gesund.*
Lava quod est sordidum, *riga quod est aridum,* *sana quod est saucium.*	*Was befleckt ist, wasche rein,* *Dürrem gieße Leben ein,* *heile du, wo Krankheit quält.*
Fove quod est frigidum, *flecte quod est rigidum,* *rege quod est devium.*	*Wärme du, was kalt und hart,* *löse, was in sich erstarrt,* *lenke, was den Weg verfehlt.*
Da tuis fidelibus *in te confidentibus,* *sacrum septenarium.*	*Gib dem Volk, das dir vertraut,* *das auf deine Hilfe baut,* *deine Gaben zum Geleit.*
Da virtutis meritum, *da salutis exitum,* *da perenne gaudium.* *Amen.*	*Lass es in der Zeit bestehn,* *deines Heils Vollendung sehn* *und der Freuden Ewigkeit.* *Amen.*

(zitiert nach Boff 2010 d, 110–111)

Kurzer Kommentar zu den einzelnen Strophen

Was gleich auf den ersten Blick die Aufmerksamkeit auf sich zieht, ist die Bitte: »Komm herab, o Heilger Geist«. Er kommt immer, ja, er war der Erste, der gekommen ist, denn er ist der Schöpfergeist, der beim allerersten Moment der Schaffung des Universums gegenwärtig war, der die Komplexität und darin das Leben, insbesondere das menschliche Leben, entstehen ließ, der Maria zu seiner bleibenden Wohnstatt machte, die heilige Menschheit Jesu im Schoß Mariens formte, Leben und Praxis

Jesu völlig mit seiner Inspiration durchtränkte. Er war es auch, der ihn von den Toten auferweckte.

Warum also dann die Bitte, dass er kommen möge? Sie ist eine Anrufung, die die Sehnsucht zum Ausdruck bringt, dass sich die Verheißung Jesu an die Apostel erfüllen möge, seinen Geist als Ratgeber und Beistand (Paraklet) zu senden. Wir müssen uns vorstellen, wie sich die erste Gemeinde wohl gefühlt haben muss: Sie war aufgrund des Todes Jesu verwirrt, sie hatte die Auferstehung nicht sofort begriffen, war Verdächtigungen und Verfolgung vonseiten der jüdischen Geschwister im Glauben ausgeliefert und voller Unsicherheit darüber, welcher Weg in die Zukunft eingeschlagen werden sollte.

In dieser Situation erinnern sie sich an die Worte Jesu: »… ich werde den Vater bitten, und er wird euch einen anderen Beistand [Paraklet] geben, der in Ewigkeit bei euch bleibt …« (Joh 14,16). Nun müssen sie keine Angst mehr haben: Sie haben ja den Geist, der ihnen mit seinem Rat zur Seite steht und ihnen hilft, die Aufgaben zu erfüllen, die sie in der weiten Welt auf sich nehmen.

Diese Bitte können wir immer wieder von Neuem sprechen: »Komm herab, o Heilger Geist.« Wie oft wissen wir nicht, welchen Weg wir einschlagen sollen! Wir fühlen uns wie beim Blindflug. Und doch müssen wir vorankommen. Welch ein Trost ist es da zu wissen, dass der Geist uns leitet und uns sein erhellendes Licht sendet!

Das Kommen des Geistes wird mithilfe der Lichtmetapher ausgedrückt. Sie ist die beste und einleuchtendste von allen. Was wir in Momenten der Dunkelheit, wenn wir den Leitstern aus den Augen verlieren, am meisten vermissen, ist das Licht, das uns einen Weg zeigt oder zumindest eine Richtung andeutet. Wenn wir von Fern ein Licht bemerken, und sei es noch so klein, dann fühlen wir uns bereits nicht mehr verirrt: Dort wohnt jemand, der uns aufnehmen kann.

Wenn wir die Richtung kennen, dann bahnen wir uns einen Weg, der uns an den ersehnten Ort führt. Dieser Weg kann mitunter steinig und voller Hindernisse sein. Doch wenn wir die Richtung kennen, dann überwinden wir diese Hindernisse in der Kraft des Beistandes.

Wer sich in dieser Welt am meisten verloren vorkommt, weil er ohne Dach über dem Kopf ist, nicht weiß, was er morgen essen wird, keine Arbeit und keinerlei Sicherheit hat, das ist der Arme. Heute haben wir es mit Massen von Armen zu tun. Die Armen schreien. Und Gott ist der Gott des Schreis, das heißt derjenige, der den Schrei des Unterdrückten hört. Er tritt aus seinem transzendenten Sein heraus und steigt herab, um die Unterdrückten zu hören und sie zu befreien, wie im Fall der Gefangenschaft in Ägypten (vgl. Ex 4,3). Der Geist ist es, in dem wir rufen »Abba, lieber Papi« (Röm 8,15; Gal 4,6). Deshalb ist der Geist der Vater der Armen und ihr Schutzpatron *(pater pauperum)*. Er nimmt sie in seine Obhut.

Natürlich tut er dies nicht auf mirakulöse Weise, sondern er verleiht ihnen Mut und Widerstandskraft, den Willen zum kämpfen und zu siegen. Er lässt nicht zu, dass sie ihre Arme sinken lassen. Er erleuchtete die Herzen der Armen, damit sie erkannten, welches die richtigen Initiativen sind, damit sie durchhielten und in der Tat bis heute am Leben blieben. Wenn die Indigenas nicht völlig ausgerottet werden konnten, wenn die Schwarzen nicht völlig dem Joch der Sklaverei erlagen, dann deshalb, weil es unter ihnen eine Energie des Widerstands und der Befreiung gab – das, was der Hymnus in der lateinischen Fassung »Gaben« *(munus)* und »Licht der Herzen« *(lumen cordium)* nennt: den Heiligen Geist.

Für die Verzweifelten wird er zum Trost ohnegleichen. Er steht ihnen nicht als Außenstehender bei. Er kehrt als Gast bei ihnen ein, um ihnen zu helfen und sie zu beraten, denn das ist ein Amt. In großer Bedrängnis und Zeiten der Krise gibt er sich als Hort des Friedens und der Ruhe, als Erfrischung zu erkennen.

Eine wichtige Aufgabe im Leben ist es, für seinen Lebensunterhalt zu arbeiten und darüber hinaus anderen zu helfen. Arbeit bedeutet immer Mühe und Verdruss. Der Geist ist die Erholung inmitten aller Plage und verschafft Erleichterung angesichts der brennenden Sonne. Wie oft treibt uns die Härte des Lebens die Tränen in die Augen! Wenn wir einen geliebten Menschen verlieren oder in der Liebe und im Beruf tiefe Enttäuschungen erleben, dann kommt es uns so vor, als würden wir in einen Abgrund stürzen. In diesen Momenten müssen wir bitten: »Komm, Heiliger Geist, sei unser Trost, wisch unsere Tränen ab, lass unser aufgewühltes Herz zur Ruhe kommen.«

Es gibt eine Zeile, in der der Hymnus uns etwas über das Wesen des Heiligen Geistes offenbart. Er wird »glückselig Licht« *(lux beatissima)* genannt. Wenn wir »Licht« sagen, dann begeben wir uns in die Dimension des Geheimnisses – Geheimnis sowohl für die wissenschaftliche Erkenntnis als auch für unsere alltägliche Wahrnehmung. Wir leben im Licht und unter dem Licht, aber wir haben niemals verstanden, was dieses Licht wirklich ist. Es durchläuft mit der höchsten Geschwindigkeit überhaupt (300.000 Kilometer pro Sekunde) das Universum von einem Ende zum anderen.

95 % all dessen, was auf der Erde existiert, stammt vom Sonnenlicht. Es ist so geheimnisvoll, dass uns die Wissenschaftler sagen, man müsse es als sich wellenförmig ausbreitende Energie und als aus Teilchen bestehend zugleich denken. Nur so können wir es vollständiger erfassen. Es bildet eine Analogie zur Menschwerdung des Gottessohnes, der ebenfalls »Licht der Welt« (Joh 1,4; 8,12) genannt wird. Auch er ist zugleich Gott und Mensch.

Wir können sagen, dass der Geist das »glückselig Licht« ist, das das gesamte Universum durchdringt, es im Dasein hält und ihm Bestand verleiht. Dieses »glückselig Licht« will uns begegnen. Es durchdringt mit Helligkeit und Wärme unsere Herzen, auf dass wir verwandelt und geisterfüllt werden (vgl. Boff 2010 e). Darin besteht sein großes Werk: uns zu Kindern des Lichtes und zu Wesen zu machen, die durch ihr Leben nach dem Geist spirituelle Strahlkraft entfalten.

Als intelligente Lebewesen, die Liebe und Güte auszeichnet, können wir vieles. Doch wir spüren, dass wir verletzlich und verletzt sind. In uns schwelt eine Wunde, die niemals verheilt. Wir sind wie krummes Holz, aus dem niemals ein glattes Brett werden kann (Kant). Warum sind wir so? Diese Problematik kann möglicherweise nur im Licht des Glaubens ein wenig erhellt werden.

An einem bestimmten Augenblick unserer Geschichte haben wir uns dem Licht, dem Leben und dem Ruf des Geistes gegenüber als untreu erwiesen. Diese Haltung hat geschichtlich fortgewirkt und uns tief geprägt. Sie hat uns nicht der Fähigkeit beraubt, Gott zu begegnen und ihn zu lieben. Doch sie hat uns schwach, hinkend und unfähig zurückgelassen, eine gute Sache zielstrebig und ohne Brüche zu verwirklichen. Wir fallen, stehen auf und fallen erneut. Das ist die Conditio humana, die konkrete Daseinsverfassung des Menschen, wie es die Erfahrung eines jeden Einzelnen sowie alle Philosophien und spirituellen Wege bestätigen können.

Angesichts dieser Situation der Hinfälligkeit bedürfen wir der Hilfe des Heiligen Geistes, denn ohne sie gibt es nichts Beständiges und gänzlich Reines in uns. In uns lebt der alte Adam neben dem neuen Adam. Der Geist stärkt den neuen Adam in uns, und auf diese Weise verlieren wir die Orientierung in unserem Leben nicht.

Der Geist ist stets am Werk. Die Schöpfung, die er ins Sein rief, ist von Chaos und Kosmos zugleich geprägt, das heißt von zwei einander widerstreitenden Dimensionen, von Ordnung und Unordnung. Auf die Ebene des Menschen übertragen ist dies der Gegensatz von Gnade und Sünde, Weisheit und Torheit. Es gibt Schmutziges in unserem Verhalten, eine Starrheit der Haltung und Krankheiten des Leibes und des Geistes. In diesen Situationen können wir rufen: Komm, Heiliger Geist, wasch den Schmutz von uns ab, löse unsere Starrheit und heile unsere Krankheiten.

Und wir sind auch noch anderen Begrenzungen sowie echten Sünden unterworfen. Wir sind hart im Umgang mit den anderen, kalt fremdem Leid gegenüber und verhalten uns moralisch falsch, indem wir unser inneres Gleichgewicht verlieren und andere dafür verurteilen. Wiederum spüren wir, dass wir uns über unsere Lebensführung keine Rechenschaft ablegen. Dann bitten wir demütig: »Komm, Heiliger Geist, lass uns freundlich mit den anderen umgehen, mach uns empfindsam für ihr Leiden, verleihe uns ein verantwortliches und allen zum Wohl gereichendes Verhalten.«

Um ein Leben nach dem Geiste schließlich mit dem letzten Glanz zu versehen, bitten wir um seine Gegenwart in Gestalt seiner sieben Gaben, wie wir sie vorher besprochen haben (Weisheit, Verstand, Rat, Stärke, Wissenschaft, Frömmigkeit und Gottesfurcht). Diese Gaben sind nichts anderes als konkrete Weisen des Wirkens des Geistes in den unterschiedlichen Situationen unseres Lebens.

Wenn wir dem Geist und seinem Wehen gegenüber eine aufmerksame und großherzige Offenheit an den Tag legen, dann werden wir ein tugendhaftes Leben führen. Wir erlangen die Anerkennung vonseiten Gottes *(meritum)*. Doch der Weg zur Vollendung liegt noch vor uns *(exitus)*.

Diese Vollendung ist ewige Freude – wiederum eine der Früchte des Geistes. Doch hier bedeutet sie ewiges Leben in seiner Strahlkraft, das nicht mehr bedroht ist, ein Leben ohne Entropie oder Verlust an Lebenskraft. Es wird höchstes Glück für den sein, der ein Leben dem Geiste nach führt und im Reich der Dreieinigkeit, des Vaters, des Sohnes und des Heiligen Geistes an deren Leben teilhat. Der hl. Augustinus schrieb: »Das wird das Ende ohne Ende sein, denn welches andere Ende wollten wir, als in das Reich zu gelangen, das kein Ende hat?« (Civitas Dei XXII, 30). Dies ist das Werk des Geistes.

»Veni Creator Spiritus«: Der Ursprung des Hymnus

Ein anderer berühmter, dem Heiligen Geist gewidmeter Hymnus, der im Rahmen des Stundengebets zur Vesper gesungen wird, ist das *Veni Creator Spiritus* (Komm, Schöpfer Geist). Dieser Hymnus wird Rabanus Maurus (784–856) zugeschrieben. Er wurde in Fulda geboren und wurde später Erzbischof von Mainz. Er galt als renommierter Theologe und Kenner der Tradition der Kirchenväter (Cantalamessa 1998, 384–387), was ihm den Ehrentitel *praeceptor Germaniae* (Lehrer Deutschlands) eintrug.

Doch die Autorenschaft ist nicht sicher. Andere Autoren führen den Hymnus auf einen anonymen Dichter zurück (vgl. etwa Righetti 1956, 239). An dieser Hypothese finde ich Gefallen, denn diese Namenlosigkeit passt zum Heiligen Geist, der sich nicht ankündigt, wenn er kommt.

Zunächst wurde der Hymnus nicht in der Pfingstmesse gebetet, sondern im Rahmen des Stundengebets, und zwar bei der Terz, in jener Stunde also, in der der Heilige Geist zu Pfingsten im Abendmahlssaal auf die Jünger herabgekommen sein soll (Righetti 1956, 240). Später fand der Hymnus dank der Mönche innerhalb der Kirche auf der ganzen Welt Verbreitung. Doch erst in der großen Abtei von Cluny wurde er vom heiligen Abt Hugo dem Großen als Sequenz in die Pfingstmesse aufgenommen.

Die beiden Pfingsthymnen, die oben wiedergegebene und besprochene Pfingstsequenz und der folgende Hymnus, waren in ein einzigartiges volkstümliches Ritual eingebettet. In Italien, in Frankreich und auch anderswo war es Brauch, in dem Augenblick, an dem diese Hymnen intoniert wurden, Rosen, Blumen und glühende Büschel von oben herabfallen zu lassen. In Rom, Palermo, Siena und Florenz wurde dieser Brauch bereits vor dem eigentlichen Pfingstfest an den Sonntagen der Osterzeit gepflegt. Man nannte das »Rosen-Osterfest« (vgl. Righetti 1956 Bd. 2, 240).

In den Kirchen ließ man Tauben und andere Vögel fliegen, die an den Heiligen Geist erinnern sollten. Von den Kirchenkuppeln ließ man rote Bänder herab, die acht Tage lang hängen blieben und im Wind flatterten. All diese Bräuche betonten die Bedeutung des Pfingstfestes als Hochfest neben Weihnachten und Ostern.

Wir geben hier den Hymnus im lateinischen Original, in der berühmten Nachdichtung von Johann Wolfgang von Goethe und in der deutschen Fassung wieder, die den Gläubigen hierzulande aus der Liturgie vertraut ist.

Veni, Creator Spiritus, *mentes tuorum visita:* *imple superna gratia,* *quae tu creasti pectora.*	*Komm, Heiliger* *Geist, du Schaffender!* *Komm, deine Seelen* *suche heim;* *Mit Gnadenfülle* *segne sie,* *Die Brust, die du* *geschaffen hast!*	*Komm, Heil'ger Geist,* *der Leben schafft,* *erfülle uns mit deiner* *Kraft.* *Dein Schöpferwort rief* *uns zum Sein:* *Nun hauch uns Gottes* *Odem ein.*
Qui diceris Paraclitus, *donum Dei altissimi,* *fons vivus, ignis, cari-* *tas et spiritalis unctio.*	*Du heißest Tröster,* *Paraklet,* *Des höchsten Gottes* *Hochgeschenk,* *Lebend'ger Quell und*	*Komm, Tröster, der die* *Herzen lenkt,* *du Beistand, den der* *Vater schenkt;* *aus dir strömt Leben,*

	Liebesglut Und Salbung heiliger Geisteskraft.	*Licht und Glut, du gibst uns Schwachen Kraft und Mut.*
Tu septiformis munere dextrae Dei tu digitus, tu rite promissum Patris sermone ditans guttura.	*Du siebenfaltiger Gabenschatz, Du Finger Gottes rechter Hand, Von ihm versprochen und geschickt, Der Kehle Stimm' und Rede gibst.*	*Dich sendet Gottes Allmacht aus im Feuer und in Sturmes Braus; du öffnest uns den stummen Mund und machst der Welt die Wahrheit kund.*
Accende lumen sensibus, infund' amorem cordibus, infirma nostri corporis virtute firmans perpeti.	*Den Sinnen zünde Lichter an, Dem Herzen frohe Mutigkeit, Dass wir im Körper Wandelnden Bereit zum Handeln sei'n, zum Kampf!*	*Entflamme Sinne und Gemüt, dass Liebe unser Herz durchglüht und unser schwaches Fleisch und Blut in deiner Kraft das Gute tut.*
Hostem repellas longius pacemque dones protinus; ductore sic te praevio vitemus omne noxium.	*Den Feind bedränge, treib ihn fort, Dass uns des Friedens wir erfreun. Und so an deiner Führerhand Dem Schaden überall entgehn!*	*Die Macht des Bösen banne weit, schenk deinen Frieden allezeit. Erhalte uns auf rechter Bahn, dass Unheil uns nicht schaden kann.*
Per te sciamus da Patrem noscamus atque Filium, credamus omnis tempore.	*Vom Vater uns Erkenntnis gib, Erkenntnis auch vom Sohn zugleich, Uns, die dem beiderseit'gen Geist Zu allen Zeiten gläubig flehn!*	*Lass gläubig uns den Vater sehn, sein Ebenbild, den Sohn, vestehn, dem Geist vertraun, der uns durchdringt und uns das Leben Gottes bringt.*

Deo Patri sit Gloria et Filio, qui a mortuis surrexit, ac Paraclito in saeculorum saecula. Amen.	*Darum sei Gott dem Vater Preis, Dem Sohne, der vom Tod erstand, Dem Paraklet, dem wirkenden, Von Ewigkeit zu Ewigkeit! Amen.*	*Den Vater auf dem ewgen Thron und seinen auferstand- nen Sohn, dich, Odem Gottes, Heilger Geist auf ewig Erd und Himmel preist. Amen*
(zitiert nach Kern 2012, 53–54)	(Johann Wolfgang von Goethe, zitiert nach Kern 2012, 54–55)	(Übertragung von F. Dörr, vgl. GL Nr. 342)

Kurzer Kommentar zu den einzelnen Strophen

»Komm, Heil'ger Geist«: Das ist wahrscheinlich die wichtigste an den Heiligen Geist adressierte Anrufung der Gläubigen. Er ist der Schöpfer, der den ersten Worten der Bibel zufolge (Gen 1,1) über dem ursprünglichen Chaos (der Gesamtheit der Möglichkeiten) schwebte und das Universum samt allen Seinsformen ins Dasein rief. Trinitätstheologisch betrachtet, handeln die drei Personen des dreieinigen Gottes stets gemeinsam. Alle haben am Schöpfungsakt teil. Doch dem Heiligen Geist wird ein besonderes, ihm eigenes Wirken dabei zugeordnet. Dies legt den Gedanken nahe, dass das ganze Universum, wie nicht wenige Kosmologen meinen, von Geist und Bewusstsein erfüllt ist. Es trat ja durch das Wirken des Geistes ins Sein, der in allen Phasen des kosmogenetischen Prozesses unaufhörlich am Werk war und ist.

Praktisch gewendet: Wenn wir die Schöpfung, die Galaxienhaufen, die Myriaden von Sternen und Himmelskörpern betrachten; wenn wir unseren Blick auf die Natur mit ihrer unüberschaubaren Artenvielfalt richten; wenn wir dann beim Menschen verweilen, dann entdecken wir eine Energie, eine Bewegung und eine Ausstrahlung, die nur vom Heiligen Geist herkommen kann. Unser Blick verklärt sich. Alles verwandelt sich in ein einziges Sakrament des Geistes, in einen heiligen Tempel, in dem er wohnt und wirkt.

Dieser Schöpfergeist wird nun aufgefordert, in unsere Seele einzukehren und unser Herz mit seiner Gnade zu erfüllen. In der Tat ist er die heilige Flamme, die immer schon in uns leuchtet. Die Anrufung hat den Sinn, das Bewusstsein für diese heilige Gegenwart in uns zu wecken. In diesem wachen Bewusstsein können wir seine Gegenwart aktiv feiern und uns an ihr erfreuen. Wir können unser Leben so entwerfen, dass es stets vom Licht des Schöpfergeistes inspiriert und erleuchtet ist. Wir bitten darum, dass sein schöpferisches Wirken sich bis in unseren eigenen Lebensentwurf hinein erstreckt.

Die zweite Strophe ist theologisch äußerst dicht. Sie versucht in gewisser Weise zu definieren, wer dieser Schöpfergeist für uns ist. Er wird »Paraklet« genannt. Das ist das griechische Wort für Beistand, Ratgeber und Helfer. Er ist jedoch nicht irgendein Berater und Helfer. Er ist uns in dieser Funktion vom höchsten Vater selbst gesandt worden. Aufgrund seiner göttlichen Natur ist er also der Ratgeber schlechthin, dessen Ratschläge und Eingebungen nicht irren oder uns täuschen können. Wir können uns von seinen Hinweisen vertrauensvoll leiten lassen. Deshalb gibt es keine wichtige Versammlung von Christen, Bischöfen, Kardinälen einschließlich dem Konklave, die nicht mit dem gregorianischen Gesang dieses Hymnus beginnt, dessen Schönheit aufgrund der schlichten Melodie unvergleichlich ist.

Der Geist zeigt sich auch als Helfer. Ein Helfer ist nicht jemand, der etwas an unserer Stelle tut und uns davon dispensiert, das Unsrige zu tun. Er ist vielmehr jemand, der uns zur Seite steht, um uns Sicherheit und Mut zugeben, der sich behutsam in unser Tun einmengt, es verstärkt und ergänzt. Er ist derjenige, der verhindert, dass unsere Praxis korrumpiert wird und vom rechten Pfad abkommt.

Wer von uns fühlt sich denn so allmächtig, dass er keine helfende Kraft, niemanden bräuchte, der ihm in entscheidenden Momenten beisteht, ihn vor Gefahren und vor dem Scheitern bewahrt, wenn er sieht, dass seine Pläne, die ihm so sehr am Herzen liegen, den Bach hinuntergehen? In diesen Situationen dürfen wir mit dem Geist als Helfer rechnen. Genau deshalb wurde er uns vom Vater und vom Sohn gesandt, um stets bei uns zu bleiben, uns zur Seite zu stehen, ja mehr noch: in uns zu bleiben.

Der Schöpfergeist ist »lebendiger Quell« *(fons vivus)*. Wir kennen tote Gewässer, deren Quellen versiegt sind. Er aber ist eine Quelle lebendigen Wassers. Kein Lebewesen kommt ohne Wasser aus. Es ist heilig und gehört wesentlich zum Leben. Deshalb darf es nicht zur Ware werden, aus der man Profit schlägt, denn es ist ein universales, unersetzbares und lebensnotwendiges Gut, das allen Lebewesen, insbesondere allen Menschen, zugänglich sein muss.

Was gibt es Schöneres als einen Brunnen mit lebendigem und frischem Wasser hinter dem Haus, der Tag und Nacht sprudelt! Er ist unerschöpflich, genauso wie der Schöpfergeist: Er stillt unseren Durst zu jeder Zeit und garantiert uns die Substanz, die uns das Weiterleben sichert. Das Wasser ist Symbol der Gnade und der lebenspendenden Gegenwart des Schöpfergeistes.

Symbolisch ebenso bedeutsam wie das Wasser ist das Feuer. Es erhellt und wärmt. Es reinigt und befreit das Gold von der Schlacke. Das Feuer steht am Ursprung des Universums. Beim Urknall betrug die Hitze etliche Milliarden Grad. Jeder Mensch birgt in sich eine heilige Flamme (Meister Eckhart nannte sie das Seelenfünklein), die die Begeisterung für seine Unternehmungen in ihm weckt und ihm die Motivation zu einem guten Tun verleiht. Dies ist das Wirken des Geistes.

Ein anderer Name für den Heiligen Geist, und zwar ein heiliger Name, der das innerste Wesen des dreieinigen Gottes zum Ausdruck bringt, ist die Liebe. Die Liebe ist die größte Kraft, die es im Kosmos gibt, denn sie zieht alles an sich, hält alles zusammen, bringt alles in harmonischen Einklang miteinander und bewirkt, dass alles zum Reich der Dreieinigkeit hinstrebt und dort zusammenfließt. Wir haben bereits genügend über die Liebe gesagt, sodass es hier keiner weiteren Kommentare bedarf. Der Heilige Geist als Liebe belebt die Menschen, macht sie liebenswert, entzündet ihre Herzen, damit sie einander begegnen und einander helfen, um die Last des Lebens leichter werden zu lassen. Wer die Liebe hat, dem fehlt es an nichts.

Die »geistliche Salbung« *(spiritalis unctio)*, von der die zweite Strophe spricht, bezieht sich auf die Weihe, die jemand empfängt, um eine bestimmte Aufgabe zu erfüllen. Die Gegenwart des Geistes wird denen in besonderer Weise zuteil, die sich in gefährliche Situationen begeben müssen, die öffentliche Verantwortung tragen, die Tausende von Menschen betrifft, und die durch ihre Charismen und Tugenden das Beste am Menschen zum Ausdruck bringen und so Gott und der Botschaft Jesu Glaubwürdigkeit verleihen. Martin Luther King zum Beispiel war ein vom Geist Gesalbter, um die Schwarzen, die in den USA keine garantierten Bürgerrechte hatten, zu befreien. Papst Johannes XXIII. war vom Heiligen Geist gesalbt, um die Türen und Fenster des alten Kirchengebäudes zu öffnen und dieses an die moderne Zeit anzupassen. Dom Hélder Câmara war gesalbt, um der große Prophet der Armen auf der ganzen Welt zu werden. Im Grunde ist ein jeder vom Geist gesalbt und auserwählt, ein Leben dem Geiste nach zu führen, das heißt ein Leben in der Liebe, in Mitleid, in Solidarität und Treue.

Die dritte Strophe handelt von den sieben Gaben des Geistes, die wir weiter oben schon besprochen haben. Hier soll nur noch einmal betont werden, dass die Gaben die konkrete Weise bezeichnen, in der der Geist in den Menschen in ihren unterschiedlichen Funktionen wirkt. Er ist die Verlängerung der mächtigen und liebevollen Hand des Vaters.

Die vierte Strophe ergänzt die dritte. Sie zeigt die Gegenwart des Geistes in unserem Verstand auf, um ihn für die Geheimnisse Gottes empfänglich zu machen. Er gießt Liebe, also jene unüberwindbare Energie ein, die, wie Dante am Schluss eines jeden Gesangs seiner *Göttlichen Komödie* sagt, den Himmel, die Sterne und auch unsere Herzen in Bewegung versetzt. Wie traurig, verzweifelt und absurd wäre das Leben, wenn wir nicht lieben und geliebt werden könnten! Schön hat dies der Dichter Tiago de Mello zum Ausdruck gebracht: »Es gibt keinen größeren Schmerz als dem keine Liebe mehr schenken zu können, den man liebt.« Der Geist bewegt die Menschen und führt sie zueinander. Er ist die Schwerkraft des Universums, die bewirkt, dass sich alle Seinsformen anziehen, und also solche offenbart er sich auch auf der Ebene des Menschseins.

Wir sind Lebewesen, die Krankheiten ausgesetzt sind, die uns schwächen, ja sogar töten können. Auch in diesen Situationen erweist sich der Geist, der Schöpfer des Lebens, als Helfer. Man kann ihn immer anrufen, um sich von seinen belebenden Energien geführt zu wissen.

Der Geist des Menschen kennt seine besondere Nahrung: die Tugenden. Diese entstehen aus guten Gewohnheiten; wir üben sie ein und verinnerlichen sie, bis sie so sehr Teil unseres Lebens werden, dass sie keiner Anstrengung mehr bedürfen und wir gar nicht mehr daran denken müssen. Hier erlangt die Tugend ihre Vollkommenheit. Der Geist als Helfer und Ratgeber, der er nun einmal ist, begleitet uns stets, damit wir unser Leben so gestalten, dass es von liebevoller Zuwendung, Geduld, friedlichem

Zusammenleben, Solidarität, angefangen bei den Letzten, geprägt, mit einem Wort: dass es ein tugendhaftes Leben ist.

Die fünfte Strophe konfrontiert uns mit der von Konflikten geprägten Realität. In der Welt gibt es Feindschaft, Ungerechtigkeit und Demütigungen. Es gibt das Reich Gottes, aber auch das Anti-Reich, die einander unversöhnlich gegenüberstehen. Der Feind, von dem hier die Rede ist, ist nicht irgendjemand. Es ist der Erzfeind, der große Gegenspieler, der Verursacher von Krieg, der den Tod bringt: die Kraft des Negativen, die als Dämon bezeichnet wird. Der Heilige Geist ist stärker als der Starke. Er treibt alles, was im Widerspruch zum Leben steht und lebensfeindlich ist, weit fort.

Als Folge davon bringt er uns den Frieden, den wir stets so sehr ersehnen. Die Erdcharta enthält eine Definition von Frieden, die zu den sachgerechtesten und stimmigsten Beschreibungen gehört. Friede ist demnach »die Gesamtheit dessen […], das geschaffen wird durch rechte Beziehungen zu sich selbst, zu anderen Personen, anderen Kulturen, anderen Lebewesen, der Erde und dem größeren Ganzen, zu dem alles gehört« (Die Erd-Charta 2001, Nr. 16, f.). Der Friede ist also kein automatisch gegebener Zustand. Er wird durch angemessene Beziehungen geschaffen, aus denen er als dauerhafter Zustand hervorgeht. Er ist kein Waffenstillstand, um den Konflikt bald danach wieder aufzunehmen. Er ist auch keine Pazifizierung, die der einen Seite von der anderen aufgezwungen würde. Der Friede ist das Gleichgewicht der Bewegung, er ist das Netz von Beziehungen, die einander so durchdringen, dass sie eine Welt hervorbringen, in der es nicht so schwer ist, füreinander Geschwister zu sein, in der die Liebe aufblühen und Früchte tragen kann. All dies ist nur durch den Helfer schlechthin, den Schöpfergeist und *ductor* (durch den, der uns führt) möglich, der uns von allem Bösen befreit.

Die sechste Strophe ist ausgesprochen theologisch. Der Heilige Geist gibt uns den Sohn zu erkennen, in dem er stets wirkt, und zusammen mit dem Sohn teilt er uns den Vater mit. Nach Auffassung der traditionellen Theologie geht der Geist aus dem Vater und dem Sohn hervor, das heißt, er kann nicht an sich, ohne seine ihm zuinnerst zugehörige Beziehung zum Vater und zum Sohn, gedacht werden. Das Wesen Gottes ist dreieinig, und von aller Ewigkeit her gehen die drei göttlichen Personen zusammen hervor und leben in steter Gemeinschaft und wechselseitiger Hingabe aneinander. Dies ist der Glaube der Christen aller Konfessionen.

Am Ende steht eine Doxologie, das heißt ein Lobpreis, der sich an die drei göttlichen Personen richtet. Ein besonderes Werk des Geistes wird dabei hervorgehoben: dass er Jesus von den Toten auferweckte und ihn zum »neuen Adam« als Erstlingsgabe des guten Endes aller Schöpfung machte. Alles endet mit einem Amen, also einer vollkommenen Zustimmung zu dem, was hier gesagt und gebetet wurde. Das davorstehende »von Ewigkeit zu Ewigkeit« drückt den Wunsch nach ewiger Dauer ohne Ende aus.

Dieses schöne Gebet zum Heiligen Geist erfüllt uns also mit heiterer Gelassenheit und Frieden, denn wir wissen uns von ihm in allem, was wir sind und tun, inspiriert und erleuchtet.

»Komm herab zu uns, göttliches Licht«

Es gibt noch einen Hymnus, der in den Kirchen Brasiliens immer gesungen wird und deshalb sehr populär ist. In ihm werden die Hauptmerkmale der Person des Heiligen Geistes und seines Wirkens in Kirche und Welt benannt. Hier der Text des Liedes:

Komm herab zu uns, göttliches Licht!
In unserer Seele entzünde
die Liebe, die Liebe Jesu. (Refrain)

Du bist die Seele der Kirche.
Du bist das Leben, bist die Liebe.
Du bist die wohltuende Gnade,
die uns in Christus geschwisterlich vereint.

Göttlicher Geist, komm herab!
Komm, und entflamme die Herzen
und mach unsere Seele bereit,
auf dass Gott zu uns sprechen möge.

Kurzer Kommentar des Liedes

Der Heilige Geist wird immer mit dem Licht in Verbindung gebracht. Das Licht ist das Kostbarste und Geheimnisvollste, was wir innerhalb der Welt der Natur kennen. Vom Licht weiß nur der etwas, der die Finsternis kennt. Das Licht eines Streichholzes genügt, um einen ganzen Raum zu erhellen. Deshalb sagen wir: Das Licht hat ein größeres Recht als die Finsternis.

Ohne das Sonnenlicht verliert die Natur ihre Lebenskraft, die Menschen werden bleich und alle verlieren die Orientierung. Die Schrift sagt: Gott wohnt in unzugänglichem Licht. Jesus wird das Licht der Welt genannt. Der Geist ist Licht, das das gesamte Universum verwandelt.

Wie es im Lied heißt, kommt er, um in uns die Liebe Jesu zu entzünden. Er ist dazu gesandt, das Werk Jesu fortzusetzen und zu vollenden. Eine wesentliche Dimension der Botschaft Jesu ist die bedingungslose Liebe, die Freunde und Feinde gleichermaßen einschließt, eine Liebe, die keine Schranken kennt. Der Geist ist es, der es möglich macht, dass wir etwas so Schwieriges, das in Jesu Botschaft aber so zentral ist, leben können.

Eine Kirche kann nicht allein von Dogmen, Moralvorschriften, von der Liturgie und dem Kirchenrecht leben. Mehr noch als alles andere muss sie der Ort sein, an dem man die geschwisterliche Liebe und die Liebe Gottes erfahren kann. Einer Kirche der Macht fällt es schwer, Zeugnis von der Liebe zu geben, denn diese verschwindet, sobald die Macht die Oberhand gewinnt, so »heilig« diese Macht auch immer sein mag *(sacra potestas)*. Die Macht kennt nur selten Barmherzigkeit und Großzügigkeit. Eine Gemeinschaft, für die die Ordnung und die Disziplin das Wichtigste ist, ist unfähig, Strahlkraft nach außen zu entwickeln, denn sie hat kein Leben.

Was Strahlkraft besitzt, die Menschen anzieht und sie überzeugt, das ist die Liebe. Niemand widersteht der bedingungslosen Liebe, insbesondere wenn sie sich in Form von Vergebung und Barmherzigkeit zeigt. Die Liebe ist die wichtigste Gabe des Geistes.

Der Geist ist Liebe und deshalb von seinem Wesen her Seele der Kirche, wie es im Lied heißt. Kirche ist der Leib, der von den Gläubigen gebildet wird. Bereits Paulus benutzte die Metapher vom Leib und der Vielfalt seiner Glieder, von denen ein jedes seine spezifische Aufgabe hat. Doch der Leib ist kein Leichnam. In ihm ist Leben, er strahlt Lebenskraft und Daseinsfreude aus. Der Leib ist beseelt, das heißt, er hat eine Seele. Diese Seele ist der Heilige Geist.

Er ist es, der verhindert, dass die Kirche zur bloßen Institution mit ihren Vorschriften und Verboten verkommt. Er bedient sich der Organisation und der notwendigen Mittel, durch die die Gemeinschaft lebt (es handelt sich dabei stets um Mittel, niemals um Zwecke an sich), durch die sie die Menschen erreicht und ihnen den Geist der Frömmigkeit, der Solidarität, der geschwisterlichen Liebe und der steten Offenheit für das Wort vermittelt. Das Zeugnis, das die Gemeinschaft der Kirche der Welt durch die zahlrechen Dienste gibt, die sie insbesondere den Bedürftigsten anbietet, wenn sie von der Liebe Jesu durchdrungen und vom Geist entflammt ist, ruft die Hochachtung und Wertschätzung aller hervor. Durch dieses Tun wird der Geist, der fast immer unsichtbar bleibt, sichtbar. Die Kirche wird zum Sakrament des Heiligen Geistes.

Im Lied heißt es noch: »Du bist das Leben«. So geheimnisvoll wie das Licht ist auch das Leben. Wir wissen, dass es vor etwa 3,8 Milliarden Jahren im Lauf des kosmogenetischen Prozesses hervorbrach. Die Kosmologen und Biologen beschreiben die Bedingungen, unter denen es entstand, und zwar zu einem Zeitpunkt, als die Energien des Universums und die Materie einen hohen Grad an Komplexität erreicht hatten. Wie ein kosmischer Imperativ brach unter diesen Bedingungen das Leben hervor. Niemand weiß, was Leben genau ist. Man weiß, dass es über einen gewissen Grad an Interiorität, Innerlichkeit (In-sich-Zentriertheit), verfügt, dass es in steter »dialogischer« Wechselwirkung mit seiner Umwelt steht und Energie und Materie austauscht, die es braucht, um sich zu erhalten, sich auszubreiten und sich zu reproduzieren.

Das Leben ist so geheimnisvoll, dass es keine Religion gibt, die Gott nicht als Leben und Lebensquell bezeichnet. Das Leben ist möglicherweise weder materiell noch geistig. Es ist einfach ewig. Es gelangt zu uns, belebt uns, erfindet den Tod, um es zu ermöglichen, dass wir uns verwandeln und in einer anderen Seinsweise bei der Quelle des Lebens leben, die Gott selber ist. Es ist das Werk des Geistes, das Leben in all seinen Formen (Artenvielfalt) zu schaffen, zu erhalten und weiterzugeben, was im geistlichen Leben seinen Höhepunkt erreicht, wie wir in unseren Überlegungen bisher gezeigt haben.

Im Lied heißt es noch: »Du bist die wohltuende Gnade«. Biblisch gesprochen ist Gnade nichts anders als der Heilige Geist. Die Gnade ist die konkrete und wohltuende Gegenwart des Geistes in den Menschen und in der Welt (vgl. Boff 1978). Durch die Gnade werden wir in gewisser Weise vergöttlicht, das heißt »wir haben Anteil an der göttlichen Natur«, wie es uns der Jakobusbrief in Erinnerung ruft.

Die Theologie hat immer betont, dass der Unterschied zwischen einem Leben in Gnade auf Erden und dem Leben in ewiger Herrlichkeit nur akzidentell sei. In ihrem Wesen sind beide gleich. Der Unterschied ist lediglich folgender: Hier auf Erden spüren wir die Gnade nicht, außer in besonderen geistgewirkten Fällen. Im Himmel aber erleben wir und erfahren wir sie und bewegen uns bewusst im Medium dieser Gnade, das heißt im Reich der Dreieinigkeit von Vater, Sohn und Geist.

Das Lied endet schließlich mit der Bitte, dass der Geist in uns stets die Bereitschaft und Offenheit schaffe, »auf dass Gott zu uns sprechen möge«. Er spricht nicht direkt in unser Ohr. Er erweckt uns, damit wir die Zeichen der Zeit erkennen, damit wir bemerken, was der andere dringend braucht, damit uns die Situation der Welt und das elende Schicksal der Armen bewusst wird. Der lebendige Gott sendet uns Botschaften. Der Geist ist es, der unsere Aufmerksamkeit wachhält, denn er kommt jedes Mal nur ein einziges Mal. Ein vorsokratischer Philosoph hat einst formuliert: »Wenn wir das Unerwartete nicht erwarten, dann erkennen wir es nicht, wenn es an uns vorbeizieht.«

So ist es auch mit dem Geist. Er ist eine sanfte Brise und kein Wirbelwind, ein Flüstern, kein Geschrei. Um ihn deshalb zu erfassen und aufzunehmen, müssen wir aufmerksam sein und ein bereites, empfindsames Herz haben.

Und wenn er als göttliches Licht herabkommt, dann verwandelt er unseren Blick, damit wir seine Gegenwart in den Unebenheiten des Lebens erkennen. Dies bringt uns einen Frieden, den keine Medizin verschaffen kann. Denn dieser Friede ist die Gabe des Geistes, der ewige Friede Gottes.

Schluss: Der Geist kam als Erster, und er kommt immer noch

Der Heilige Geist war die erste der göttlichen Personen, die sich in unsere Geschichte hineinbegab. Er schlug sein Zelt über Maria aus Nazaret auf. Das heißt: Er nahm in ihr seine bleibende Wohnstatt (Lk 1,35).

Diese seine Gegenwart war der Ursprung der heiligen Menschheit Jesu. Das Wort schlug sein Zelt auf (Joh 1,14) in der aus Maria geborenen Menschengestalt. In einem bestimmten Augenblick der Geschichte wird die einfache Frau aus Nazaret zum Tempel des lebendigen Gottes. In ihr entfalten zwei göttliche Personen ihre Gegenwart: der Geist, der sie zur Gesegneten unter allen Frauen macht (Lk 1,42), und der Sohn Gottes, dessen Mutter sie wahrhaft ist.

Dann kam der Geist auf Jesus herab und entzündete in ihm das Feuer, auf dass er seine befreiende Botschaft verkünde. Er kam auf die erste Gemeinde herab, die sich in Jerusalem versammelt hatte, und rief so die Kirche ins Leben. Und er kommt immer wieder von Neuem herab auf die Menschen, ob sie nun getauft sind oder nicht. So geschah es mit dem römischen Hauptmann Kornelius, der noch Heide war (Apg 11,45). Und im Lauf der ganzen Geschichte war er stets früher da als der Missionar und bewirkte, dass im Herzen des Volkes die Liebe gedieh, die Gerechtigkeit geübt und die Solidarität gelebt wurde. Nachdem er einmal in die Geschichte gekommen war, hat er sie nie mehr wieder verlassen. Er nimmt das, was Jesus eigen ist, trägt es weiter durch die Zeit, aber es heißt auch von ihm: »… das Kommende wird er euch verkünden« (Joh 1613).

Durch das Wirken des Geistes treten die Propheten auf den Plan, durch sein Wirken schaffen die Poeten Lieder, schaffen die Künstler ihre Werke und tun die Menschen das Gute und Wahre. Vom Geist bekommen die Heiligen ihr Profil, insbesondere diejenigen, die ihr Leben für das Leben der anderen hingeben.

Und im Geist erneuern sich plötzlich alte und dem Niedergang geweihte Institutionen und dienen den Gemeinden mit dem, was nottut.

Die Welt geht schwanger mit dem Geist, auch wenn der Geist der Bosheit an seinem Treiben festhält, das dem Leben und allem, was heilig und von Gott ist, mit Feindschaft begegnet. Der Geist ist unbezwingbar.

Er ist einmal gekommen und kommt seither immer wieder von Neuem. Doch in dramatischen Situationen wie der, die wir zurzeit erleben, müssen wir rufen: »Komm, Heiliger Geist, und erneuere das Antlitz der Erde.« Wenn der Geist nicht kommt, dann werden wir genau die Situation erleben, die der Prophet Ezechiel im 37. Kapitel beschreibt: Die mit Leichen übersäte Erde, überall verstreut Knochen. Doch wenn er kommt, dann erwachen die toten Leiber zu neuem Leben und die Wüste verwandelt sich in Grünland. Den Armen wird Gerechtigkeit zuteil, die Kranken erlangen die Gesundheit wieder, und die Sünder, zu denen wir alle gehören, empfangen Vergebung und Gnade.

Dies ist unser Glaube, ja mehr noch: unsere unzerstörbare Hoffnung.

Literaturverzeichnis

Basilius von Cäsarea, De Spiritu Sancto. Über den Heiligen Geist. Griechisch – Deutsch (Fontes Christiani 12) Freiburg i. Br. 1993.

Boff, Leonardo, Erfahrung von Gnade. Entwurf einer Gnadenlehre, Düsseldorf 1978.

–, Kirche: Charisma und Macht. Studien zu einer streitbaren Ekklesiologie, Düsseldorf 1985.

–, Der dreieinige Gott (Bibliothek Theologie der Befreiung), Düsseldorf 1987 (a).

–, Und die Kirche ist Volk geworden. Ekklesiogenesis, Düsseldorf 1987 (b).

–, Der Adler und das Huhn. Wie der Mensch Mensch wird, Düsseldorf 1989 (a)

–, Jesus Christus, der Befreier, Freiburg i.Br. 1989 (b)

–, Das mütterliche Antlitz Gottes. Interdisziplinärer Versuch über das Weibliche und seine religiöse Bedeutung, Düsseldorf 1995 (a).

–, Frei Betto, Mystik der Straße, Düsseldorf 1995 (b).

–, Zärtlichkeit und Kraft. Franz von Assisi mit den Augen der Armen gesehen, Düsseldorf 1995 (c).

–, Unser Haus, die Erde. Den Schrei der Unterdrückten hören, Düsseldorf 1996 (a).

–, Schrei der Erde – Schrei der Armen, Düsseldorf 1996 (b).

–, Die Erde ist uns anvertraut. Eine ökologische Spiritualität, Kevelaer 2010 (a).

–, Kleine Sakramentenlehre, Ostfildern 2010 (b).

–, Franz von Assisi und die Liebe Gottes zu den Armen (topos Taschenbücher), Kevelaer 2010 (c)

–, Meditation des Lichts. Göttliche Energie mitten im Alltag, München 2010 (d).

–, Die Kirche neu erfinden, Ostfildern 2011 (a).

–, Sehnsucht nach dem Unendlichen. Spirituell leben, Kevelaer 2011 (b)

–, Vater unser. Das Gebet der Befreiung, Ostfildern 2011 (c)

–, Kleine Trinitätslehre, Ostfildern 2012 (a).
–, Sehnsucht nach dem Unendlichen. Spirituell leben, Freiburg i. Br. 2012 (b).
–, Zukunft für Mutter Erde. Warum wir als Krone der Schöpfung abdanken müssen. Mit einem Vorwort von Heiner Geißler, München 2012 (c).
–, Achtsamkeit. Von der Notwendigkeit, unsere Haltung zu ändern, München 2013 (a).
–, In ihm hat alles Bestand. Der kosmische Christus und die modernen Naturwissenschaften (topos Taschenbücher), Kevelaer 2013 (b)
–, Mein Glaube, Freiburg i.Br. 2013 (c).
Boff, Lina, Espírito e missão na obra de Lucas e Atos, São Paulo 1996.
Breuer, Reinhard, Das anthropische Prinzip. Der Mensch im Fadenkreuz der Naturgesetze, Berlin 1984.

Cacciatore, O.G., Dicionário de cultos afro-brasileiros, Rio de Janeiro 1977.
Cantalamessa, R., O Canto do Espírito. Meditação sobre o Veni Creator, Petrópolis 1998.
Capra, Fritjof, Lebensnetz. Ein neues Verständnis der lebendigen Welt, München 1999.
–, Wendezeit. Bausteine für ein neues Weltbild, Bern 2004.
– / Steindl-Rast, David, Belonging to the Universe. Exploration on the Frontiers of Science and Spirituality, San Francisco 1991.
Carillo Adlay, S., A renovação no Espíritu, Rio de Janeiro 1986.
Caselles, H., Saint Esprit. Ancien Testament et Judaisme, in: Supplément au Dictionnaire de la Bible, IX, Paris 1991.
Comblin, José, O tempo da ação: ensaio sobre o Espíritu e a história, Petrópolis 1982.
–, A força da palavra, Petrópolis 1986.
–, Der Heilige Geist (Bibliothek Theologie der Befreiung), Düsseldorf 1988.
–, Vocação para a liberdade, São Paul 1999.
–, O povo de Deus, São Paulo 2002.
–, A vida em busca da liberdade, São Paulo 2002.
–, O Espirito Santo e a Tradição de Jesus, São Bernardo do Campo 2012.
Congar, Yves, Der Heilige Geist, Freiburg i.Br. 1982

Duhm, H., Die bösen Geister im Alten Testament, Tübingen 1904.
Duve, Christian de, Vital Dust. Life as a Cosmic Imperative, New York 1995.

Elbein, J., Os nagô e a morte, Petrópolis 1976.
–, A percepção ideológica dos fenômenos religiosos: sistema nagô no Brasil, negritude versus sincretismo, in: Revista Vozes 71 (1977), 543–554.
Die Erd-Charta. Deutsche Übersetzung hg. von Ökumenische Initiative Eine Welt und BUND, Diemelstadt-Wethen 2001.
Evdokimov, Paul, L'Ésprit Saint dans la tradition orthodoxe, Paris 1969.

Fierro,N., Hildegard of Bingen and Her Vision of the Feminine, London 1994.

Galot, Jean, L'Esprit saint, personne de communion, Plans-sur-Bex 1997.
Goswami, Amit, O universo auto-consciente, Rio de Janeiro 1998.

Hathaway, Marc / Boff, Leonardo, The Tao of Liberation. Exploring the Ecology of Transformation, New York 2009.
Hawking, Stephen, Eine kurze Geschichte der Zeit, Reinbek 2001.
Hegel, Georg Wilhelm Friedrich, Enzyklopädie, Teil 1: Die Logik (GWF Hegels Werke, vollständige Ausgabe, Bd. 6), Berlin 1840.
Hildegard von Bingen, Lieder. Lateinisch und Deutsch. Aus dem Lateinischen neu übersetzt von Bruno Kern, Wiesbaden 2009.
–, Wisse die Wege. Scivias, Salzburg ^{8}1987.

Juliana von Norwich, Offenbarungen der göttlichen Liebe, Paderborn 1926.

Kern, Bruno, Die großen Gebete der Menschheit, Wiesbaden 2012.
–, Theologie der Befreiung, Tübingen 2013.
Kittel, Gerhard (Hg.), Theologisches Wörterbuch zum Neuen Testament, 10 Bde., Stuttgart 1990 ff.
Kloppenburg, Boaventura, Parákletos – O Espírito Santo, Petrópolis 1997.
Köberle, J., Natur und Geist nach Auffassung des Alten Testaments, München 1901.

Leeuw, J.J. van, Phänomenologie der Religion, Tübingen 1956.
Loisy, Alfred, L'Évangile et L'Église, Paris 1902.
Lyonnet, S., Le récit de l'Annonciation et la maternité divine de la Sainte Vierge, in: L'ami du clergé 66 (1956), 33 46.

Maturana, H. / Varela, F, A árvore do conhecimento. As bases biológicas do entendimento humano, Camoinas 1995.
Monod, Jacques, Zufall und Notwendigkeit. Philosophische Fragen der modernen Biologie, München 1971.
Moltmann, Jürgen, Gott in der Schöpfung. Ökologische Schöpfungslehre, München 1985.
–, Der Geist des Lebens. Eine ganzheitliche Pneumatologie, München 1991.
Mühlen, Heribert, Una mystica persona. Die Kirche als das Mysterium der Identität des heiligen Geistes in Christus und den Christen, München ^{2}1967.
–, Erfahrung und Theologie des Heiligen Geistes, München 1974.
–, Einübung in die christliche Grunderfahrung. Bd. 1: Lehre und Zuspruch; Bd. 2: Gebet und Erwartung, Mainz 1976.

Piaget, Jean, Das Weltbild des Kindes, München 1988.
Pixley, Jorge, A vida no Espírito. O projeto messiânico de Jesus depois da ressurreição, Petrópolis 1997.

Richard, J., Conçu du Saint Ésprit, né de la Vierge Marie, in: Église et Théologie 10 (1979), 291–323.
Righetti, M., Storia Litúrgica, Bd. 3, Rom 1956.

Schmaus, Michael, Der Glaube der Kirche, Bd. II, München 1970.
Schnackenburg, Rudolf, Christologie des Neuen Testamentes, in: Johannes Feiner /Magnus Löhrer (Hg.), Mysterium Salutis. Grundriß heilsgeschichtlicher Dogmatik, Bd. 3/1: Das Christusereignis, Einsiedeln 1970, 227–388.
Schweizer, Eduard, Der Heilige Geist, Stuttgart 1978.
Swimme, Brian / Berry, Thomas, Die Autobiographie des Universums, München 1999.

Teilhard de Chardin, Pierre, Die Entstehung des Menschen, München 1961.
–, Pierre, Der göttliche Bereich (Werke, Bd. 1), Olten 1962.
Termolen, Rosel, Hildegard von Bingen: Biographie, Augsburg 1990.

Tillich, Paul, In der Tiefe ist Wahrheit, Stuttgart 1952.
–, Systematische Theologie, Bd. 1, Stuttgart 1955.
–, Systematische Theologie, Bd. 3, Stuttgart 1966.
–, Der Mut zum Sein, Berlin 1991.
Tylor, Edward Burnett, Primitive Culture. Researches into the Development of Mythology, Philosophy, Religion, Language, Art, and Custom, 2 Bde., o.O, 2013.

Volz, P., Das Dämonische in Jahwe, Tübingen 1924.

Welker, Michael, Gottes Geist. Theologie des Heiligen Geistes, Neukirchen-Vluyn 1992.
Westermann, Claus, Geist im Alten Testament, in: Evangelische Theologie 41 (1981), 223 ff.

Zohar, D. / Marshall, I., SQ, Spirituelle Intelligenz, Bern 2001.